Jürgen Heckel ∿∿∿∿ **Frei sprechen lernen**

Jürgen Heckel

Frei sprechen lernen

Ein Leitfaden zur Selbsthilfe

A1 Verlag

Inhaltsverzeichnis

Vorwort

Wozu noch ein Leitfaden für Kommunikation, werden Sie sich fragen, wo Sie doch Ihre kommunikative Kompetenz – Verstehen und Verständigung – im Alltagsumgang mit anderen Menschen tagtäglich erfolgreich unter Beweis stellen? Spätestens mit der Lektüre dieses Leitfadens von Jürgen Heckel wird uns bewußt, wie komplex Verständigungsprozesse ablaufen und wie wenig bekannt uns die Ursachen für Schwierigkeiten in der zwischenmenschlichen Kommunikation sind.

Jürgen Heckel läßt die Leserinnen und Leser mit dieser Erkenntnis nicht allein. Er geht vom Alltagswissen der Menschen aus und entwickelt gangbare Wege zur Verbesserung unserer Kommunikationsfähigkeit. Besonders reizvoll und anregend wird die Lektüre deshalb, weil der Autor hier eigene Erfahrungen einbezogen hat und durch praktische Beispiele, Übungen und persönliche Empfehlungen lebendig gestaltet. Viele dieser Erfahrungen sind uns vertraut, wir machen sie uns jedoch nur selten bewußt. Ein besonders interessanter Ansatz, und in Hinblick auf Kommunikationstraining etwas völlig Neues, ist aus den vom Autor in Selbsthilfegruppen gesammelten Erkenntnissen hervorgegangen. Heckel schlägt die Gründung von Lernselbsthilfegruppen vor, in denen keine Fremd-, sondern wechselseitige Selbsthilfe stattfindet.

»Frei sprechen lernen« ist kein »Kommunikationstraining aus dem Schnellkochtopf«, auch kein Rezeptbuch mit genau zu befolgenden Anleitungen, sondern ein reichhaltiges Angebot einander ergänzender Bausteine zwischenmenschlicher Kommunikation, die individuell kombiniert werden können.

Zu Recht kennzeichnet Jürgen Heckel Bücher mit Titeln wie »Kommunikation für Könner – schnell und spielend leicht trainiert« folgendermaßen: »Sie entsprechen dem Zeitgeist. Alles geht schnell, mühelos, ohne Anstrengung. Bei aller Verschiedenheit haben sie eines gemeinsam, die Vereinfachung des Komplizierten. Alles klingt wunderbar, ist oft hervorragend formuliert, doch letztlich mit einem großen Fehler behaftet: Es funktioniert nicht.«

Heckels Buch gibt ehrliche Antworten. Das Einüben neuer und anderer Verhaltensweisen ist eine immerwährende Aufgabe, ein niemals endender Prozeß der Entwicklung und Erweiterung von Fähigkeiten. »Frei sprechen lernen« ist ein interessantes und praktisch wertvolles Hand- und Arbeitsbuch, dem ich den verdienten Erfolg wünsche.

Prof. Dr. Peter Glotz, Erfurt/München

Vorbemerkung

Dieser Leitfaden hat den Charakter eines Arbeitsbuches, das vom Leser Eigeninteresse verlangt. Es ist ein Gebrauchsbuch, das Sie in die Lage versetzen soll, Ihre kommunikativen Fähigkeiten in Selbsthilfe zu verbessern. Ausgangspunkt ist das Freie Sprechdenken und als Übungsfeld schlage ich Ihnen die Gründung einer Lernselbsthilfegruppe vor.

Betrachten Sie die Möglichkeiten dieses Buches als Anregungen, wie Sie förderlicher mit Ihren kommunikativen Ressourcen umgehen können. Jedes Kapitel ist für sich selbst verständlich. Nicht ganz ohne Absicht treffen Sie auf Wiederholungen. Ich habe diese Methode in der Selbsthilfebewegung kennen- und schätzengelernt: Das Neue, das Sie erfahren, soll sich durch Wiederholungen festigen.

Wenn Sie in Ihrer Kommunikation immer wieder das tun, was Sie immer schon getan haben, werden Sie das bekommen, womit Sie auch bislang schon unzufrieden waren. Fast alle wissen, daß abgelesene Referate langweilig wirken, selbst dann, wenn sie es gar nicht sind. Aber diese einmütige Erkenntnis hält kaum jemanden davon ab, es bei der nächstbesten Gelegenheit nicht auch zu tun.

Einigen Autoren bin ich zu besonderem Dank verpflichtet: Friedemann Schulz von Thun, dessen Fähigkeit, komplizierte Sachverhalte in einer bildreichen Sprache auszudrücken, ich bewundere, und Carl R. Rogers, den ich verehre und dessen großartige Menschlichkeit mich immer wieder tief beeindruckt. Gleichermaßen beeinflußt bin ich von dem Lebenswerk zweier bemerkenswerter Frauen: Ruth C. Cohn und Virginia Satir. Entscheidende Anstöße zum Umdenken in meiner politischen Praxis verdanke ich der Münchner Psychoanalytikerin Thea Bauriedl.

Vieles in diesem Buch wird Ihnen bekannt vorkommen. Vielleicht sogar auch dann, wenn Sie noch nie ein Buch über Kommunikation gelesen haben. Staunen Sie darüber, wie viel Sie aus Ihrer Alltagserfahrung über Kommunikation wissen. Es ist kein technisches Wissen über Kommunikation, sondern erfahrungsbezogenes Wissen, das Ihrem »Bauch« entspringt. Erfahrungsbezogenes Wissen hat etwas mit dem ganzen Menschen zu tun, mit seinen Gefühlen, seinen Gedanken und den Worten, die er in seiner Sprache benutzt. Dieses Wissen ist erlebnisnäher als intellektuelles Wissen. Es ist vor allem auch ein Wissen, auf das wir uns verlassen können. »Ein eigentümlicher Fehler der Deutschen ist, daß sie, was vor ihren Füßen liegt, in den Wolken suchen«, schrieb Arthur Schopenhauer. Ich weiß nicht, worauf sich der Philosoph bezogen hat, aber für den Bereich der Kommunikation ist diese Aussage mehr als zutreffend.

Wirklich interessant wird es, wenn Sie bereit sind, eine Lernselbst-hilfegruppe Kommunikation zu gründen und sich die ersten Erfolge ein-stellen, wenn für Sie erfahrbar wird, daß die neuen Kommunikations-regeln tatsächlich sehr hilfreich sind und mit ihrer Hilfe Kommunikation deutlich besser gelingt. Sie müssen die Regeln allerdings ausprobieren, al-so ein Risiko eingehen, denn Reden lernen Sie nur durch Reden.

Alle Tips und Lernerfahrungen sind aus der Praxis für die Praxis. Sie können sie gleichermaßen im Alltag oder in der Lernselbsthilfegruppe ausprobieren. Verhalten Sie sich den vielen Tips gegenüber so wie beim Einkaufen im Supermarkt. Nehmen Sie nur die Vorschläge mit nach Hause, die Ihnen brauchbar und nützlich erscheinen und von denen Sie glauben, daß Sie sie in die Praxis umsetzen können. Der Tiefenpsycho-loge C. G. Jung schrieb: »Lerne alles, was du kannst, über Theorie, aber: Wenn du zum Patienten gehst, vergiß das Textbuch.« Das bedeutet: Ler-nen Sie so viel, wie Sie können (wollen) über Kommunikation. Aber wenn Sie vor den Menschen sprechen, dann vergessen Sie bitte die Theorie. Versuchen Sie, eine lebendige Verbindung herzustellen. Wenden Sie sich den Menschen zu, nicht den Regeln.

In diesem Zusammenhang erlaube ich mir, Ihnen die kleine Ge-schichte vom Tausendfüßler und der Küchenschabe zu erzählen. Die Küchenschabe begegnete einem Tausendfüßler und fragte bewundernd: »Toll, Tausendfüßler, wie schaffst Du es nur, mit solcher Eleganz und Harmonie Deine vielen Beine zu bewegen?« »Richtig«, antwortete der Tausendfüßler, »es ist tatsächlich großartig. Ich werde darüber nachden-ken.« Von diesem Augenblick an konnte er es nicht mehr.

Einige Kapitel habe ich abschließend nochmals in Kerngedanken zu-sammengefaßt. Ich nenne diese kleinen Zusammenstellungen »Nach-Denk-Bruch-Stück-Werke«. Es ist etwas zum Darüber-Nachdenken, und ich möchte gleichzeitig darauf hinweisen, daß Entwicklung ohne Brüche nicht möglich ist. Des weiteren habe ich Texte von bekannten Autorinnen und Autoren eingebaut, die ich für wertvoll halte und die das Ar-beitsbuch auflockern sollen. Ich habe diese Texte Findlinge genannt. Findlinge sind für Naturwissenschaftler erratische Felsblöcke, die weit vom Muttergestein fortgetragen wurden. Ich bin in Ostholstein, einem Endmoränengebiet, auf dem Bauernhof aufgewachsen und erinnere mich noch gut daran, wenn beim Pflügen plötzlich aus dem Boden ein Findling auftauchte. Für mich waren es geheimnisvolle, sagenumwobene Stein-brocken aus der Eiszeit. Für die Bauern aber war es ein Ärgernis, denn in Zukunft mußte der Findling umpflügt werden. Meine »Findlinge« sind sporadisch über das Buch verteilt. Mögen sie ein Stein des Anstoßes sein. Mögen sie anregen zum Nachdenken, anregen zum Weiterlesen.

»Was ist herrlicher als Gold?« fragte der König.
»Das Licht«, antwortete die Schlange.
»Was ist erquicklicher als das Licht?«, fragte jener.
»Das Gespräch«, antwortete diese.
Johann Wolfgang von Goethe

Einleitung

Es ist leichter, über Kommunikation zu reden, als darüber zu schreiben, und kulinarischer, mit hübschen Formulierungen über die eigenen Vorhaben zu reden, als sie tatsächlich auszuführen. Das war meine erste Lernerfahrung. Die zweite folgte sogleich: das Schreiben entpuppte sich als ein Prozeß zunehmender Selbsterkenntnis. Jenes Wissen über mich, das ich zwar weiß, aber gar nicht so genau wissen will, ist dabei gewaltig angewachsen.

Warum noch ein weiteres Buch über Kommunikation? Was unterscheidet dieses Buch von den anderen?

Ein starker Motivationsschub ergab sich aus keimendem Ärger über eine Vielzahl von Büchern, die »Kommunikationstraining aus dem Schnellkochtopf« versprechen. Sie heißen »Kommunikation für Könner – schnell trainiert«, »Nie wieder Redeangst« oder »Wie mache ich aus nörgelnden Untergebenen topfite Mitarbeiter?« All diese Bücher haben gemeinsam, daß sie schnelle Erfolge versprechen. Ich halte diese Versprechen für verantwortungslos. Sie widersprechen meinen Trainer- und Lebenserfahrungen fundamental.

Dieses Buch ist gegen den Zeitgeist geschrieben. Ich verspreche weder, daß dieses Buch »Frösche in Prinzen« verwandelt (so heißt das Grundwerk über Neurolinguistisches Programmieren der NLP-Begründer Bandler und Grinder, in der Originalausgabe »Frogs into princes«), noch huldige ich einer naiven Ideologie des »Glücks für den Tüchtigen«, die so viele Trainerkollegen und -kolleginnen[1] zur Schau stellen. Brüche, Zäsuren und die Unabänderlichkeit des persönlichen Schicksals sind Bestandteile meines Weltbildes. Nicht nur Freude und Erfolg, auch Schmerz,

Leid, Konflikt und Tod sind unabweisbare Elemente des Lebens. Sie sind nicht durch Vermeidung oder Verdrängung aus der Welt zu schaffen.

Kommunikative Verhaltensweisen sind stark persönlichkeitsverbunden und tief in der Persönlichkeit verankert. Viele kommunikative Fähigkeiten bzw. Defizite sind die Ergebnisse jahrelanger Einübung. Dabei sind sie zum festen Persönlichkeitsbestandteil geworden, stabilisieren unser seelisches Gleichgewicht und sind nicht beliebig austauschbar.

Wenn Sie sich vorstellen, daß Ihre kommunikativen Defizite – ich spreche ausdrücklich nicht von Problemen – 1 Meter lang sind, so machen die rhetorischen Techniken bestenfalls davon 10 Zentimeter aus. Es geht also in erster Linie nicht um Techniken, sondern um Haltungen. 90 Zentimeter der Kommunikationsprobleme sind genau besehen überhaupt keine. Es läßt sich deshalb nicht vermeiden, daß Sie im Laufe des Kommunikationstrainings an Ihrer Persönlichkeit arbeiten. Es besteht zum Beispiel ein elementarer Zusammenhang zwischen Kommunikation und Selbstwert. Wenn Sie durch Verbesserung Ihrer kommunikativen Fähigkeiten Ihr Selbstwertgefühl verbessern, so ist das auch ein großer Erfolg für Ihr Leben insgesamt.

Ich trainiere Rhetorik und Kommunikation seit über 20 Jahren. Nahezu alle Teilnehmenden erklärten mir, daß sie mit den vorhandenen Rhetorikbüchern wenig anfangen können. Die meisten sind ihnen schlicht unverständlich und zu kompliziert. Mein Ehrgeiz erwachte, und ich möchte ein Buch vorlegen, das für die Praxis tauglich ist. Ich habe ein Stilmittel verwendet, das Ruth Cohn »Erlebendes Schreiben« nennt. Ich versuche, eigenes Erleben in einer lebendigen, gefühlsnahen und bildreichen Sprache mitzuteilen. Einer meiner vielen »Merksprüche« an die Teilnehmer meiner Seminare ist folgender: »Sag es so einfach wie möglich, ohne zu vereinfachen.«

Das wichtigste Antriebsmoment für dieses Buch sind meine positiven Erfahrungen in der Selbsthilfebewegung. In der Selbsthilfebewegung hat sich eine neue Kommunikationskultur entwickelt, die ich für übertragbar auf die Gesellschaft halte. Für mich selbst und für meine Trainertätigkeit habe ich unverzichtbare und wertvolle Erfahrungen sammeln dürfen. Dort habe ich gelernt und erkannt, wie Veränderungsprozesse entstehen und wie sie gefördert werden können.

Was macht diese neue Kommunikationskultur in den Selbsthilfegruppen aus? Es ist die Einheit, das gleichberechtigte Nebeneinander von Gedanken und Gefühlen, von Wissen und Träumen. Standfestigkeit und Offenheit sind keine Gegensätze, sondern zwei Seiten ein und derselben Medaille. Ein solches Umfeld eröffnet viele Möglichkeiten, sich selbst zu entdecken. Es ist eine Lern- und Entwicklungsatmosphäre, die Menschen in die Lage versetzt, ein individuelles Leben im offenen Austausch mit Andersdenkenden zu führen. Was sich dort, weitgehend unter Ausschluß von Fachleuten, entwickelt hat, ist für mich überlebensnotwendiges Wissen aus der Anonymität. Gesprächsregeln, neue Kommunikationsformen, die für Menschen in äußerster Not hilfreich sind, sind es sicher für viele andere auch.

Die Erfahrungen, die ich in diesem Buch beschreibe, sind die Erfahrungen meines eigenen Wachstums. Die Rückgewinnung als auch den Neuerwerb kommunikativer Fähigkeiten habe ich der Selbsthilfebewegung zu verdanken. Aus den Gruppenerfahrungen kamen die entscheidenden Impulse zu diesem Buch.

Auch in mir selbst war eines Tages jegliche Kommunikation zusammengebrochen, und daraus resultierend, die Kommunikation mit anderen. Dank der Gruppe habe ich Fortschritte gemacht und kann mich häufiger so artikulieren und mitteilen, wie ich es mir schon immer gewünscht hatte. Diese Erfahrungen mit anderen und mir selbst habe ich versucht in dem Leitfaden »Frei sprechen lernen« umzusetzen.

Ich bin kein Kommunikationswissenschaftler und arbeite nicht über Theorien. Ich berichte über das, was bei mir selbst funktioniert hat, womit ich erfolgreich war. Vielleicht entdecken Sie Ähnlichkeiten und finden so den für Sie wichtigen ersten Lernschritt heraus.

Ich fühle mich keiner Schulrichtung verpflichtet. In dieser Frage halte ich es mit Bert Brecht: »Der Lernende ist mir wichtiger als die Lehre.« Den Streit um Methoden halte ich nicht nur für überflüssig, sondern manchmal sogar für schädlich. Ich bekenne mich zum Eklektizismus und versuche aus verschiedenen Schulrichtungen und theoretischen Systemen das herauszusuchen und zusammenzufügen, was ich für mein Kommunikationstraining gebrauchen kann. Entscheidend ist die Anwendbarkeit in der Praxis.

Ziel dieses Leitfadens ist die Verbesserung unserer Kommunikationsfähigkeiten, die Entwicklung und Entfaltung kommunikativer Kompetenz. Kommunikative Kompetenz ist die Fähigkeit, sich gegenüber vielerlei Empfängern in vielerlei Sprechsituationen verständlich zu machen.

Kommunikative Kompetenz entwickeln ist keine ausschließliche Angelegenheit des Verstandes, mit dessen Hilfe ich clever Kommunikationstechniken einübe, sondern ein Prozeß, in dem die Fähigkeiten des Herzens genauso entscheidend wichtig sind wie die des Kopfes.

Kommunikationsfähigkeit erfordert eine nach außen wie nach innen gerichtete Aufmerksamkeit. Die Voraussetzung dafür ist, die Stimmungen, Temperamente, Motivationen und Wünsche anderer Menschen zu erfassen, zuzuhören und in der Lage zu sein, flexibel und angemessen darauf zu reagieren.

Obwohl kommunikative Kompetenz eine Schlüsselqualifikation ist, überlassen wir unsere kommunikative Bildung weitgehend dem Zufall. Es ist ein Versäumnis, daß unsere Kinder in den Schulen nicht von klein auf in allen Fächern mit der sozialen Fähigkeit Kommunikation vertraut gemacht werden, denn Kommunikation ist eine Qualifikation, die nicht nur in den höheren Etagen, sondern überall im Arbeitsleben abverlangt wird. Der frühe Beginn in der Schule würde einen lebenslangen Vorteil sichern.

Kommunikation ist subjektiv, persönlich, einmalig, unvorhersehbar, unplanbar, und die Kommunikationswissenschaft stößt nur allzu schnell an Grenzen, woran mich immer wieder die Metapher von der Hummel erinnert: Wissenschaftler haben berechnet, daß eine Hummel bei ihrem Gewicht und ihrer Flügelspannweite nicht in der Lage ist zu fliegen. Glücklicherweise hat die Hummel von alledem keine Ahnung und brummt fröhlich durch die Gegend.

Sprich, damit ich dich sehe!
Sokrates

Grundlagen

Leider ist »Kommunikation« fast schon zu einem sinnentleerten Modewort verkommen. Allzu häufig steht es für alles oder nichts. Der Begriff kommt aus dem Lateinischen (communicatio = Mitteilung, Verständigung). Er deckt ein weites Feld von Bedeutungen ab: Verbindung, Kontakt, Mitteilung, Austausch, Umgang, Gemeinschaft, Gruppenfähigkeit. In den Sozialwissenschaften und der Psychologie ist »Kommunikation« ein elementarer Grundbegriff und bezeichnet den Austausch von Informationen und Handlungen als grundlegende Notwendigkeit für die Erhaltung und Entfaltung der menschlichen Seele wie auch des politischen, ökonomischen und kulturellen Lebens. Eine interessante Definition liefert der französische Arzt Alfred A. Tomatis: »Kommunikation heißt nicht nur, eine bestimmte Sprache im Umgang mit den anderen zu verwenden, sondern vor allem, sich diesem anderen ganz zu öffnen. Das ist Horchen. Den Dialog annehmen und ermöglichen. Mit dem anderen einen Einklang herstellen, der von Verständnis und Liebe getragen ist.«

Für Virginia Satir ist »Kommunikation der einzige und wichtigste Faktor, der bestimmt, welche Arten von Beziehungen der Mensch mit anderen eingeht und was er in seiner Umwelt erlebt. Wie er zurecht kommt mit seinem Leben, wie er vertraute Beziehungen knüpft, wie produktiv er ist, wie er einen Sinn findet, wie er mit seinem persönlichen Gott verbunden ist, all dies hängt weitgehend von seinen Kommunikationsfähigkeiten ab. Kommunikation ist der Maßstab, mit dem zwei Menschen gegenseitig den Grad ihres Selbstwertes messen, und sie ist auch das Werkzeug, mit dem dieser Grad für beide geändert werden kann.«

In ihrer weitesten Fassung wird Kommunikation von Paul Watzlawick als »Verhalten jeglicher Art« beschrieben, da »... man nicht nicht kommunizieren kann«.

Was macht Kommunikationstraining erfolgreich?

Der wirksamste Faktor bei der Einübung kommunikativer Kompetenz ist nicht die Anhäufung theoretischen Wissens, sondern die Einübung im Handeln, die andauernde korrigierende Interaktion mit anderen. Es muß in einer Gruppe für Sie erfahrbar werden, daß Sie gut reden können, wenn Sie sich nur trauen. Deshalb schlage ich Ihnen die Gründung einer Lernselbsthilfegruppe vor, die nach den Prinzipien der Selbsthilfe arbeitet. Selbsthilfe bedeutet: Hier hilft nicht einer dem anderen und der wieder ihm, sondern hier hilft jeder sich selbst und hilft dadurch den anderen, sich selbst zu helfen. Es findet keine wechselseitige Fremdhilfe, sondern wechselseitige Selbsthilfe statt. Dieser Grundsatz mobilisiert insbesondere die aktiven, autonomen Tendenzen des Menschen.

Dreh- und Angelpunkt der Gruppenarbeit ist das Gespräch über Kommunikation. Es ist überwiegend ein Reden über falsch programmierte Einstellungen mit dem Ziel, Veränderungen in den Lebensmustern der Teilnehmer zu erzielen. Kommunikationsspielen stehe ich eher skeptisch gegenüber. Ich habe die Erfahrung gemacht, daß das Gespräch der entscheidende Modus der Veränderungsarbeit ist.

Eine Lernselbsthilfegruppe Kommunikation ist alles andere als ein Laienhelferverfahren. Sie ist gegenüber anderen Formen von Kommunikationstraining unschlagbar aus drei Gründen:

1. Die über einen längeren Zeitraum kontinuierlich tagende Gruppe ist ein Erfahrungsfeld, das der Wirklichkeit sehr nahe kommt. Die Gruppe stellt für uns vorerst einen geschützten Raum dar, ein Trainingslager, in dem wir unter optimalen Bedingungen ausprobieren und unsere Fähigkeiten entdecken und entwickeln können.

2. Der »Praxistransfer« ist schon fest im Gruppenprozeß verankert. Das Hauptproblem ist nicht fehlendes Wissen über Kommunikation, sondern der Transfer der neuen kommunikativen Verhaltensweisen in die Praxis, der wunde Punkt jeglichen Kommunikationstrainings. Was im Kurs am Wochenende so wunderbar funktioniert, muß in den Alltag integriert werden, sonst ist Kommunikationstraining sinnlos.

3. Selbstorganisation ist erheblich billiger und spart Kosten. Viele Kurse sind teuer und stehen in keinem Verhältnis zum praktischen Nutzen. Doch Selbstorganisation spart nicht nur Kosten, sondern hat einen Wert an sich. Im Organisationsprozeß werden viele kommunikative Fähigkeiten abverlangt und somit geschult. Die Planung, Organisation, Koordination und Moderation der Trainingseinheiten, die sonst von Trainern wahrgenommen werden, erfolgt durch die Teilnehmer selbst.

Der Anfang: Das Freie Sprechdenken

Ich weiß aus Erfahrung, daß Menschen in ihrer kommunikativen und damit auch in ihrer persönlichen Entwicklung ganz unterschiedlicher Anstöße bedürfen. Nur Sie allein können herausfinden, welcher Startschritt für Sie geeignet ist.

Als ersten Schritt schlage ich Ihnen das Einüben des Freien Sprechdenkens vor. Aus zwei Gründen halte ich es für außerordentlich gut geeignet, erste Gehversuche zu unternehmen, um kommunikative Fähigkeiten zu verbessern: Sie beherrschen das Freie Sprechdenken, Sie brauchen es nicht zu lernen. Sie können es, wenn Sie sich nur trauen. Sie haben alle Fähigkeiten, Kräfte und Energien in sich, um diesen Vorgang zu bewältigen. Freies Sprechdenken ist eine Schlüsselqualifikation, die Ihnen privat, beruflich und gesellschaftlich mehr und mehr abverlangt wird. Dadurch entstehen Zwänge, sich diese Fähigkeiten zu erwerben. Über diesen »Zwang« sollten Sie sich nicht länger ärgern, sondern sich dieser Aufgabe stellen.

In der Praxis verläuft Freies Sprechdenken folgendermaßen: Ich trage (lese) nicht einen vorgefertigten und ausformulierten Text vor, sondern referiere anhand von Stichworten. Diese Stichworte senden Impulse aus, die mich spontan zum Denken anregen, und das Ergebnis des Denkens wird dabei in Worte umgesetzt. Beim Freien Sprechdenken, der »allmählichen Verfertigung der Gedanken beim Reden« (Kleist) werden die Sätze also erst während des Sprechvorganges gebildet, direkt aus der Eingebung des Augenblicks heraus. Dies ist in der Tat ein äußerst komplizierter Vorgang, der uns Angst einjagen könnte, wenn wir das Freie Sprechdenken erst lernen müßten. Wir haben es aber von klein auf gelernt. Wir beherrschen das Freie Sprechdenken, wenn wir uns trauen. Und wir trauen uns nur, wenn wir uns wohl fühlen bei diesem Vorgang. Dann fließt es wie ein munterer Quell aus uns heraus. Wenn ich mich aber beengt und unwohl dabei fühle, verängstigt, bedrückt und bedrängt, dann fließt nur ein trübes Rinnsal. Oder die Quelle versiegt ganz.

Letztlich wissen wir noch sehr wenig darüber, in welcher Weise wir Sprache hervorbringen. Wir können es einfach. Es geschieht unbewußt. Wir bringen es fertig, nach Regeln, die wir nicht kennen, komplexe, syntaktische Strukturen zu kreieren, denn ohne daß wir dabei überlegen müssen, sprechen wir eine Sprache, die Grammatik und Syntax besitzt.[2] Auf der unbewußten Ebene existiert in irgendeiner Form ein Programm in uns, das dafür sorgt, daß wir in der Regel wohlgeformte Sätze hervorbringen.

Auch bei einem Referat ist es das Freie Sprechdenken, das die elementare Kraft und Lebendigkeit eines Vortrages ausmacht und die Zuhörer begeistert, nicht ein vorgelesener Text. Selbst wenn er gekonnt vorgetragen wird, beginnt langsam ein Dahinsiechen der Lebendigkeit und ein Versanden der Beziehung zwischen Vortragendem und Zuhörer. Beim Freien Sprechdenken jedoch (wie bei der Improvisation beim Jazz) sende und empfange ich zugleich. Es spiegelt sich in diesem Vorgang sowohl meine innere Verfassung als auch die Verfassung des Publikums wider.

Freies Sprechdenken ist offen, spontan, intuitiv und authentisch. Es handelt sich um eine Mitteilungsform in Unmittelbarkeit und Direktheit. Wenn ich z. B. die Großmutter anspreche und sie bitte, mir doch noch ein allerletztes Mal zum Urlaub etwas dazuzugeben, habe ich im direkten Gespräch eine ganz andere Wortfolge, als wenn ich die Schreibmaschine benutze, wo ich mir mühsam einige Sätze abquäle.

Freies Sprechdenken ist eine ganzheitliche Art sich mitzuteilen, die allen anderen Kommunikationsformen (Vorlesen, schriftlichen Mitteilungen, Fernsehen, Telephonieren) überlegen ist, denn es entsteht zwischen Sender und Empfänger ein intensiver Kontakt. Beim Freien Sprechdenken erfolgt das Denken/Sprechen (Ich denke beim Sprechen bzw. ich spreche während des Denkens) im Dialog zwischen Sprechsender und Empfänger. Es ist unmöglich, während einer Rede zunächst zu denken und dann zu sprechen. Geschieht dies, so ist der Sende- bzw. Empfangsvorgang empfindlich unterbrochen. Sie erkennen es daran, daß der Blickkontakt vom Redner zum Publikum schlagartig unterbrochen wird, weil der Redner dann in die Luft starrt.

Der Anfang vom Anfang eines kommunikativen Vorgangs ist immer eine Selbstklärung, ist doch das Gesagte stets eine vielschichtige Gemengelage aus Gedanken, Fakten, Absichten, Gefühlen. Oft ist auch dem Sender das Gesagte nicht bewußt und liegt für ihn im Dunkeln. Freies Sprechdenken ist also nicht nur eine Mitteilung von Gedanken, die schon fertig in mir sind, sondern die Worte, die ich hervorbringe, sind auch vielschichtige Spekulationen über etwas, was ich erahne, aber noch nicht artikulieren und auf den Begriff bringen kann. Heinrich von Kleist sprach in diesem Zusammenhang von der Hebammenkunst der Gedanken. Die einzige Möglichkeit, mir meine Erlebnisse voll bewußt zu machen, führt über die Sprache im Austausch mit anderen. Allein verfalle ich häufig grübelnder Selbstbeobachtung oder dem fruchtlosen Kreislaufdenken, aus dem nur schwer herauszufinden ist. In diesem Zustand verwandelt sich mein Kopf, meine Denkmaschine, in eine Zerdenkmaschine.

Auch Probleme nehmen beim Sprechdenken oft erstmalig Gestalt an. Wir haben ein – meist unbewußtes – Bedürfnis, das, was in uns vorgeht, in Worte zu fassen. Denn wenn ich einen Sachverhalt sprachlich nicht meistere, so kann ich ihn mir weder vorstellen, noch kann ich ihn richtig verstehen, ich kann den Sachverhalt nicht einmal richtig wahrnehmen, geschweige denn, daß ich persönliche oder gesellschaftspolitische Veränderungen herbeiführen kann. Deshalb ist es auch so wichtig, daß ich das, was in mir vorgeht, benennen kann. Erst wenn ich etwas auf den »Begriff« bringen kann, kann ich es begreifen, und das ist wiederum die Voraussetzung dafür, daß ich es ergreifen und Problemlösungsschritte einleiten kann.

Sprache ist das am differenziertesten eingeübte Instrument, das wir zur Bewältigung unserer Konflikte besitzen. In Experimenten wurde nachgewiesen[3], daß Problemaufgaben schneller gelöst werden, wenn die eigenen Gedanken laut ausgesprochen werden. Der Gedankengang wird klarer und strukturierter.

Freies Sprechdenken ist ein wesentlicher Faktor, der Kreativität hervorbringt und verstärkt, und der spontane Austausch im Gespräch und die damit verbundenen Einfälle führen zu neuen Einsichten. Das wiederum regt unsere Phantasie an. Leider ist der Begriff Phantasie heute meist negativ besetzt. In der Philosophie der Spätaufklärung und der Romantik bedeutete Phantasie noch »produktive Einbildungskraft des Menschen« und genoß große Wertschätzung. Ist es doch im Leben durchaus sinnvoll, mit dem Kopf in den Wolken zu schweben, wenn nur die Füße fest auf dem Boden bleiben.

Aus meiner Sicht ist das Freie Sprechdenken ein idealer Wachstumspunkt, von dem aus Sie weitere Schritte unternehmen können, um Ihre kommunikative Kompetenz insgesamt zu verbessern. Ein Zuwachs in einem Teilbereich führt stets zu einem Zuwachs an Kommunikationsfähigkeiten insgesamt, unabhängig davon, wo Sie beginnen. Ob Sie sich mit der Erstellung eines Stichwortzettels beschäftigen, oder ob Sie das Gliedern und Ordnen üben, ob Sie sich mit Redeängsten auseinandersetzen, in jedem noch so kleinen Lernschritt liegen eine Menge Startimpulse für weitere Schritte ins Wunderland der Kommunikation.

Findling

Die allmähliche Verfertigung der Gedanken beim Reden.
»Wenn du etwas wissen willst und es durch Meditation nicht finden kannst, so rate ich dir ... mit dem nächsten Bekannten, der dir aufstößt, darüber zu sprechen ...
Oft sitze ich an meinem Geschäftstisch über den Akten, und erforsche, in einer verwickelten Streitsache, den Gesichtspunkt, aus welchem sie wohl zu beurteilen sein möchte. Ich pflege dann gewöhnlich ins Licht zu sehen, als den hellsten Punkt, bei dem Bestreben, in welchem mein innerstes Wesen begriffen ist, sich aufzuklären ... Und siehe da, wenn ich mit meiner Schwester davon rede, welche hinter mir sitzt und arbeitet, so erfahr ich, was ich durch ein vielleicht stundenlanges Brüten nicht herausgebracht haben würde. Nicht, als ob sie es mir, im eigentlichen Sinne sagte; denn sie kennt weder das Gesetzbuch ... Es liegt ein sonderbarer Quell der Begeisterung für denjenigen, der spricht, in einem menschlichen Antlitz, das ihm gegenübersteht; ... denn nicht wir wissen, es ist allererst ein gewisser Zustand unsrer, welcher weiß.«

Heinrich von Kleist, Sämtliche Werke und Briefe

Schlüsselqualifikation kommunikative Kompetenz

Dieser Leitfaden bezieht sich im wesentlichen auf eine Definition von Friedemann Schulz von Thun. Kommunikation wird als ein Vorgang beschrieben, bei dem Sender und Empfänger Nachrichten zum Zwecke der Verständigung austauschen. Hierbei geht es sowohl »um die Sache« als auch um die »persönliche Bedürfnisbefriedigung« der Kommunizierenden. Die Zielkonflikte, die in dieser Gleichzeitigkeit begründet liegen, und deren Bewältigungsversuche machen zwischenmenschliche Kommunikation kompliziert und vielschichtig. Um sich in diesem Dschungel zurechtzufinden und um das eigene Verhalten reflektierter und effektiver zu machen, ist die Fähigkeit zur Metakommunikation notwendig: Metakommunikation ist Kommunikation über Kommunikation, eine Auseinandersetzung über die Art, wie wir miteinander kommunizieren. Wenn ein Kommunikationspartner z. B. feststellt: »Wir reden gerade aneinander vorbei«, so befindet er sich auf der metakommunikativen Ebene. Metakommunikation erfordert die Fähigkeit, einen Schritt neben sich treten zu können und eigene Gefühle wahrzunehmen. Es erfordert Mut, diese auch offen zu äußern, und zwar in einer Weise, die den Gesprächspartner nicht unnötig verletzt.

Kommunikation als Selbstzweck

Kommunikation ist nicht nur Mittel zum Zweck, sondern auch Selbstzweck. Sie ist menschliche Bedürfnisbefriedigung wie Essen und Trinken. Wer nicht ißt, verhungert. Wer nicht trinkt, verdurstet. Wer nicht kommuniziert, verdorrt. Ohne die aufrichtige und ernsthafte Verbindung zu anderen Menschen sind wir gefühlsmäßig unterernährt. Der Philosoph Martin Buber schreibt: »Wenn wir uns auf Begegnungen nicht mehr einlassen, verlieren wir einen entscheidenden Bestandteil unseres Lebens. Es ist so, als würden wir aufhören zu atmen.« Ich halte den Wunsch nach emotionaler Offenheit verbunden mit körperlicher Nähe sogar für ein biologisch verankertes Grundbedürfnis.

Kommunikation ist also nicht nur Verständigungsmittel, sondern dient auch der Wahrnehmung von Grundbedürfnissen. Gerade in reichen Gesellschaften, in denen die materiellen Bedürfnisse weitgehend gedeckt sind, wächst der Wunsch, oft sogar ein regelrechter Hunger nach

Kommunikation: Hunger nach Zärtlichkeit und Nähe, nach Liebe und Begegnung.

Diese grundlegenden Erkenntnisse sind keineswegs neu, sondern schon seit alters her bekannt, so daß ich mich immer wieder wundere, wie wenig sie berücksichtigt werden. »So berichtete zum Beispiel der Chronist Friedrichs II., der Pater Salimbene von Parma, über ein vom Kaiser persönlich angeordnetes Experiment zur Beantwortung der Frage, welches die natürliche Ursprache des Menschen sei. Zu diesem Zweck ließ er mehrere Neugeborene von Ammen aufziehen, die strikte Anweisung hatten, sich der Kinder in jeder Weise anzunehmen, sich ihnen gegenüber und in ihrer Gegenwart aber des Gebrauchs der Sprache völlig zu enthalten. Durch die Herstellung dieses linguistischen Vakuums hoffte Friedrich, feststellen zu können, ob die Kinder spontan griechisch, lateinisch oder hebräisch zu sprechen beginnen würden. Bedauerlicherweise blieb das Experiment unschlüssig; es war, in den Worten Salimbenes, ›vergebliche Mühe, denn die Kleinen starben alle‹. Sieben Jahrhunderte später erbrachte bekanntlich René Spitz mit seinen Studien über Marasmus und Hospitalismus die moderne Erklärung für das katastrophale Ergebnis des kaiserlichen Exkurses in die Psycholinguistik.«[4]

Freies Sprechdenken ist also nicht nur eine erfolgversprechende Qualifikation für unser berufliches Fortkommen, sondern lebenswichtig, denn Lebenszufriedenheit und seelische Gesundheit hängen in hohem Maße von der zwischenmenschlichen Kommunikation ab. Aus dem Gespräch kommt Heilung. Freud bezeichnete seine Therapie nicht zu Unrecht als Redekur.

Sicher haben Sie schon einmal erfahren, wie erlösend es ist, etwas, das schon lange in Ihnen bohrt, endlich in Worte fassen zu können. Und natürlich, wie quälend es ist, etwas zu spüren, zu empfinden oder zu ahnen, es aber nicht auf den Begriff bringen zu können. Wir erleben diesen Zustand als eine ausgesprochene Drucksituation, die wir nur durch Miteinanderreden, durch Mitteilen abbauen können. Freies Sprechdenken führt wie Meditation zur Entspannung des Körpers und zur Beruhigung des Geistes. Der »Lärm der Selbstgespräche« verschwindet aus unserem Kopf, und wir schaffen Raum für Stille und Besinnung. Nur durch Mitteilen gelingt es uns, unser Kopfkino abzustellen und unsere Zerdenkmaschine in eine Denkmaschine zurückzuverwandeln.

Unter diesen Gesichtspunkten erscheint das Sprichwort »Reden ist Silber – Schweigen ist Gold« äußerst fragwürdig. Nur allzu häufig schweigen wir, wenn wir reden sollten und reden, wenn wir besser geschwiegen hätten. Wir müssen beides können! Schweigen und Reden.

Kommunikation und Gesellschaft

Ausgeprägte Sprachlosigkeit, Utopieverlust und ein Mangel an Spiritualität sind heute hervorstechende Merkmale unserer Industriegesellschaft. Eine der vielen Folgen des vielschichtigen Modernisierungsprozesses ist die Individualisierung. Dieser tiefgreifende gesellschaftliche Wandel hat bereits ein neues soziokulturelles Modell hervorgebracht.

Das neue kulturelle Modell besteht im Kern in einem Verhältnis des Individuums zu sich selbst, in einer neuen Form der »Sorge um sich«. An die Stelle von Opferbereitschaft und Selbstverleugnung der älteren Generation tritt die Suche nach Selbstverwirklichung, die Pflicht und der Zwang des Individuums zur Entfaltung des eigenen Selbst. »Schon die Suche nach Selbstverwirklichung begründet einen eigenen Individualismus«, schreibt Rainer Zoll. Erscheinungsformen des neuen soziokulturellen Modells sind eine starke kommunikative Grundhaltung, achtungsvolle Einstellung zur Gefühlswelt und zum persönlichen Empfinden des einzelnen, ein starkes Bedürfnis nach kreativen, sozial nützlichen Fähigkeiten, erkennbar werden und unverwechselbar sein. Emanzipationsinteressen werden nicht in die Zukunft verschoben, sondern hier und heute eingeklagt. Immer mehr Menschen sagen: Ich möchte nicht andere über mich entscheiden lassen und auch nichts ertragen, ohne selbst darauf Einfluß nehmen zu können.

Diese Entwicklung führt zu einem weltweit zu beobachtenden Wertewandel. Wertewandel bedeutet Vielfalt, ein Nebeneinander verschiedener Lebensstile, Weltanschauungen, Standpunkte und verschiedener Formen, miteinander zu kommunizieren. Ich glaube zum Beispiel, daß zwischen den Angehörigen verschiedener Berufsgruppen, wo die unterschiedlichsten Lebenseinstellungen oft hart aufeinanderprallen, die Unterschiede im Kommunikationsverhalten größer sind als zwischen Männern und Frauen. Es wird zu einer überlebensnotwendigen Aufgabe, diese Gruppen miteinander ins Gespräch zu bringen.

Viele Kommunikationsdefizite – private, berufliche, politische – sind unter dem Druck gesellschaftlich bedingter Verhältnisse entstanden. Wir leben in einer Gesellschaftsordnung, die nicht auf Lebendigkeit ausgerichtet ist, sondern in der wir funktionieren müssen. Doch viele kommunikative Probleme sind hausgemacht. Ein verheiratetes Paar in den USA z. B. bringt es täglich nur noch auf 4 Minuten für ein gemeinsames Gespräch, die Alltagsverwaltung dabei eingeschlossen. Alltagsverwaltung bedeutet: »Wer holt die Kinder von der Schule ab, wer bringt Julia am Dienstag zum Reiten?« Boshaft kommentiert: Sie reden gerade so viel miteinander, daß die Gefahr, sich kennenzulernen, gebannt ist. Diesen Sachverhalt ausschließlich auf gesellschaftliche Verhältnisse zurückzuführen und die Eigenverantwortung zu leugnen, ist abwegig.

Michael Lukas Moeller unterscheidet drei Sprachlosigkeiten:[5]

Sprachlosigkeit ersten Grades

Wir sprechen zu wenig miteinander. Dazu zählen auch die Monologe: Einer spricht – der andere hört zu. Wenn ich monologisiere, fallen mir immer nur dieselben Sachen ein. Ich wiederhole, was ich schon tausend Mal irgendwo irgendwann zu irgendeinem Thema gesagt habe. Erst ein dialogisches Gespräch produziert Einfälle und ermöglicht Weiterentwicklung und Wachstum. Wenn ich längere Zeit allein vor mich hinlebe und mich von allem zurückziehe, beobachte ich an mir, wie meine Kreativität nachläßt.

Sprachlosigkeit zweiten Grades

Das ist das technische oder sachliche Sprechen. Wir sind darauf fixiert und können nicht mehr zwischen der Beziehungsebene und der Sachebene unterscheiden. Beides vermengt sich. Dann können Beziehungsprobleme nicht mehr geklärt werden, weil sie als Sachprobleme behandelt werden und umgekehrt. Moeller schreibt dazu: »Besonders gern wehren wir das wesentliche Reden, wenn wir miteinander reden, mit verwaltendem Sprechen ab: wir besprechen, was alles noch zu regeln und zu tun ist.«

Sprachlosigkeit dritten Grades

Das ist das mediengesteuerte Sprechen. (Siehe den Godard-Film »Pierrot Le Fou«. In dem Film wird eine Party dargestellt, auf der die Gespräche aus einer Wiederholung von Medienwerbung bestehen). Der Einfluß des durchschnittlich fünfstündigen Tageskonsums[6] von Fernsehen dürfte nicht spurlos an uns vorübergehen. Wegen der Wortgebundenheit der Gedanken wird dadurch nach Auffassung Moellers direkt das Denken gesteuert. Wir kommen nicht mehr dazu, uns auszusprechen – im doppelten Sinne: uns aus uns heraus zu äußern und miteinander zu reden, bis das gesagt ist, was uns bewegt. Vielmehr bleibt die Sprache mehr und mehr für das reserviert, was Sache ist: das Geschäft, die Organisation, die Sachleistung, die Alltagsverwaltung. Moeller schlägt vor, sich durch Zwiegespräche ökologische Nischen zu schaffen, um diese dreifache Sprachlosigkeit zu überwinden.

Sozial isoliert zu leben ist nachweislich verbunden mit einer hohen Sterberate. In Hamburg lebt ein Krebsforscher, Dr. Walter Weber, der zu ausgefallenen, aber sehr interessanten Interpretationen gekommen ist: »Weber sieht die wesentliche Ursache der Krebsentstehung in der zunehmenden Vereinsamung des Menschen begründet, die einen dadurch bedingten allmählichen Rückgang der Kommunikation auch zwischen den einzelnen Zellen innerhalb des menschlichen Organismus verursacht. Die seelische Isolation des Menschen führt schließlich zum Verlust der ›sozialen Bindung‹ der einzelnen Zelle an den Zellverband, an die Organe und an das Sozialwesen Körper insgesamt. Die Zelle erleidet sozusagen einen Rückschritt an Kommunikationsfähigkeit mit den anderen Zellen, und sie wird dann ›bösartig‹, weil sie nur noch auf sich selbst Rücksicht nimmt und sich in der Folge ungehemmt teilt und uferlos wächst. Dadurch degeneriert sie wieder, wie dies in der früheren Entwicklungsgeschichte von Einzellern der Fall war, zu einem räuberischen ›Einzelgänger‹.«[7] Ich weiß natürlich nicht, ob Walter Weber recht hat, halte aber diese Spekulationen für außerordentlich interessant. Sollte Weber jedoch recht behalten, so bedeutet dies, daß Krebs rückbildungsfähig ist. Es müßten nur die richtigen Informationen an die wuchernden Krebszellen gelangen.

Politik und Kommunikation

Daß wir uns weltweit gesellschaftspolitisch in eine Lage manövriert haben, die nur noch durch Verständigungsprozesse gelöst werden kann und nicht mehr durch Gewalt, gehört mittlerweile zu den gesicherten Tatsachen. Die Entwicklung der Atombombe hat »schlagartig alles verändert, bis auf das Denken und Fühlen der Menschen« (Albert Einstein).

Die Menschheit ist jedoch nicht nur durch Atombomben und den Abfall aus Atomkraftwerken, sondern auch durch die schleichende Umweltzerstörung stärker existentiell bedroht als in den frühen Tagen der Steinzeit.

Auch Ulrich Beck weist eindrucksvoll darauf hin, daß es im atomaren Zeitalter keine »anderen« mehr gibt: »Alles Leid, alle Not, alle Gewalt, die Menschen Menschen zugefügt haben, kannte bisher die Kategorie der ›anderen‹ – Juden, Schwarze, Frauen, Asylanten, Dissidenten, Kommunisten. Es gab Zäune, Lager, Stadtteile, Militärblöcke einerseits, andererseits die eigenen vier Wände, hinter die sich die scheinbar Nichtbetroffenen sich zurückziehen konnten. Dies alles gibt es weiter und gibt es seit Tschernobyl nicht mehr. Es ist das Ende der ›anderen‹. Das Ende unserer hochgezüchteten Distanzierungsmöglichkeiten ist mit der atomaren Verseuchung erfahrbar geworden. Not läßt sich ausgrenzen, die Gefahren des Atomzeitalters nicht mehr. Daran liegt ihre neuartige kulturelle und politische Kraft.«[8]

Wenn wir die Hoffnung nicht aufgeben wollen, müssen wir in der Überzeugung leben, daß der Gegner oder die Gegner lernfähig sind, bereit sind, sich zu ändern. Ob es uns paßt oder nicht, es ist das Miteinander, das uns dazu befähigen wird, Probleme zu lösen.

Ich möchte meinen Standpunkt präzisieren: Ich behaupte nicht, daß wir Menschen uns verständigen werden. Wir sind gezwungen, wir sind verurteilt dazu, wenn wir überleben wollen. Wir werden uns also verständigen müssen.

Ethik, in der heutigen Zeit überwiegend als Privatsache angesehen, muß wieder zu einem öffentlichen Anliegen ersten Ranges werden. Voraussetzung dafür ist ein Minimum an gemeinsamen Werten, Normen, Haltungen mit dem Ziel planetarischer Verantwortung für Mitwelt und Nachwelt. Uns allen stellt sich folgende Frage: »Wer kann uns heute, wo wir mehr können als wir dürfen, sagen, wie wir leben sollen?«[9]

Ich bin der Auffassung, daß wir eine Basis für diese »Neue Ethik« nur durch kommunikative Verständigung, nur durch einen umfassenden Diskurs schaffen. Der Diskurs ist ein offener, argumentativer Dialog mit dem Ziel der Prüfung und Rechtfertigung der Handlungsorientierungen. Der Diskurs ist auch die Brücke zwischen Ethik und Politik. Entscheidend für die Überlebensfrage ist, ob dieser Diskurs überhaupt in allen gesellschaftlichen Bereichen zustande kommt. Das bedeutet aber auch: Schluß mit der Schwarzweißmalerei, heraus aus dem stereotypen Ja oder Nein. Vorstellungen von universalen Gegnern und einer Aufteilung der Welt in »gute« und »böse« Fakten sind dafür untaugliche Wegweiser.

Entscheidend wird sein, ob wir es schaffen, uns auf einen Kommunikationsprozeß einzulassen, in dem Argumente, Risiken und Konsequenzen aller Positionen in Wechselwirkung ausgelotet, bewertet und, falls es gelingt, in gemeinschaftliches politisches Handeln umgesetzt werden.[10] Dazu bedarf es der kommunikativen Fähigkeit eines jeden. »Dialogfähigkeit ist im letzten eine Tugend der Friedensfähigkeit. Sie ist gerade darin zutiefst human, weil sie um die Geschichte ihres Scheiterns weiß. Wo Dialoge abgebrochen wurden, brachen Kriege aus, im Privaten wie im Öffentlichen. Wo das Gespräch scheiterte, setzten die Repressionen ein, regierte das Faustrecht des Mächtigen, Überlegeneren, Cleveren. Wer Dialoge führt, schießt nicht«, schreibt Hans Küng.

Heutzutage ist derjenige ein Held, der einen Feind in einen Freund zu verwandeln vermag. Dies mag uns wie Sisyphusarbeit vorkommen, aber es gibt keine Alternative. Ich bin überzeugt, daß auch der einzelne etwas ausrichten kann. Joseph Weizenbaum, ein amerikanischer Computerspezialist, schrieb: »Die sogenannte Ohnmacht des einzelnen ist vielleicht die gefährlichste Illusion, die ein Mensch überhaupt haben kann.«

Früher war eine meiner philosophischen Lieblingsfiguren Diogenes in der Tonne. Ich träumte davon, es ihm gleichzutun. Ich bewunderte ihn. Die Legende erzählt folgendes: Eines Tages erschien Alexander der Große vor seiner Tonne und sagte: »Diogenes, ich bin Alexander der Große, der Beherrscher der Welt, was wünschst du dir?« Und Diogenes antwortete gelassen: »Geh mir aus der Sonne, Alexander.«

In unserer Zeit wäre Diogenes, im Gegensatz zu früher, ein verantwortungsloser Zeitgenosse, dem ich, da ich ein Menschenfreund bin, nur raten würde, wenigstens Transistorradio und Geigerzähler mit in die Tonne zu nehmen, denn es gibt keine »Insel der Unschuld und des Unbeteiligtsein« (Albert Camus) mehr.

Heute ist mein »Held« Sisyphos, der den Stein immer wieder versucht heraufzutragen und, nachdem er heruntergerollt ist, sich in Kenntnis der Tatsache, daß es wieder vergeblich sein wird, entschließt, es doch noch einmal zu versuchen. Albert Camus hat uns die Hoffnung überliefert: »Der Kampf gegen Gipfel vermag ein Menschenherz auszufüllen. Wir müssen uns Sisyphos als einen glücklichen Menschen vorstellen.«

Idealtypisch verzerrt ergibt sich in bezug auf die Kommunikationskultur in der Politik folgendes Bild:

Alte Kommunikationskultur: Mauscheln, taktieren, einschüchtern, ausgrenzen, mit Feindbildern operieren, negativ abgrenzen. Gruppenidentität entsteht nicht durch politische Inhalte, sondern durch Beschwörung und Dämonisierung des Gegners. Der politische Gegner wird stets als Irrläufer der Geschichte hingestellt nach dem altbekanntem Motto: »Nichts festigt die Freundschaft mehr als ein gemeinsamer Feind.« Je geringer die prinzipiellen Unterschiede in Grundsatzfragen, desto gehässiger der gegenseitige Umgang im Alltagsgeschäft. Die Parteien streiten in grundsätzlichen Fragen nicht so unversöhnlich gegeneinander wegen unüberbrückbarer, sondern wegen nicht vorhandener Gegensätze.

Neue Kommunikationskultur: Zuhören, begründen, aufeinander eingehen, ehrlich und offen sein, argumentieren, werben, aufbrechen, provozieren, ermuntern, konfrontieren, den eigenen Standpunkt begründen und dabei stets auch die Möglichkeit des eigenen Irrtums eingestehen. Ich nehme die Meinung des anderen nicht als Ärgernis wahr, sondern als Bereicherung des eigenen Standpunktes. Ein faires Ringen um Positionen kann zu neuen Einsichten auf beiden Seiten führen.

»Gute« Politik im Großen wie im Kleinen besteht aus dieser Sicht darin, daß man sich frühzeitig dafür engagiert, daß Sprachlosigkeit aufgelöst wird. Aus kommunikationspsychologischer Sicht ist Politik die Kunst der offenen Gesprächsführung. Ulrich Beck sagt: »Öffentlichkeit (herstellen) ist die Kunst, Fremde in ein dauerhaftes Gespäch über ihre ureigensten Angelegenheiten zu verwickeln.«

Unsere Zukunft wird nicht in erster Linie von den Naturwissenschaften abhängen, sondern von unseren sozialen Fähigkeiten. Sie wird davon abhängen, ob wir es verstehen, Menschen unterschiedlichster Herkunft miteinander ins Gespräch zu bringen. Die Voraussetzung dafür ist, die Interaktionen zwischen den Menschen verstehen zu lernen und auf dieser Basis Hilfreiche Beziehungen herzustellen.

Nach-Denk-Bruch-Stück-Werk

Anteilnehmen an der Politik bedeutet
Antworten geben auf innere und äußere Ereignisse.
Ich habe den Wunsch, verantwortlich zu sein.

Was hält mich davon ab?
Ohnmachtsgefühle
Wodurch entstehen Ohnmachtsgefühle?

Durch

Zuviel Anteilnahme	Zuwenig Anteilnahme
Zuviel Handeln	Zuwenig Handeln
Ich nehme zuviel Botschaften	Ich nehme zuwenig Botschaften
aus der Welt auf.	aus der Welt auf.

Ich nehme mich auch als unendlich kleinen Teil der Welt ernst.
Ich bin nicht allmächtig. Ich bin aber auch nicht ohnmächtig.
Es geht um das menschliche Maß.

Ich bin immer wieder bemüht, die Balance zwischen zuviel
und zuwenig herzustellen.

nach Ruth C. Cohn

Kommunikation in der Wirtschaft

Die Anforderungen an die kommunikativen Fähigkeiten haben sich in den letzten Jahren entscheidend gewandelt. Gesucht werden Führungspersönlichkeiten, die das Engagement des einzelnen fördern. Rigide Ellbogenkämpfer sind kaum noch gefragt. Die zunehmende Komplexität verbunden mit Spezialisierung erfordert Teamwork. War der Kommunikationsstil früherer Jahre geprägt durch Überlegenheit und äußere Autorität, so lauten die heutigen Forderungen: Kreativität freisetzen und Behinderungen bei der Arbeit beseitigen. Eine Befragung von Personalchefs und Weiterbildungsexperten kam übereinstimmend zu folgendem Ergebnis: Von der Führungskraft von morgen wird vor allem Kommunikation und Persönlichkeit verlangt.[11] Gesucht wird heute der kommunizierende Manager: Argumentieren, verhandeln, verkaufen, anleiten, ausbilden, moderieren, Konflikte regeln, Führung sichern. Fachwissen kommt an zweiter Stelle.

Es gibt viele Menschen, die ihre Stellung wegen kommunikativer Schwierigkeiten aufgeben, obwohl sie bei ein wenig Training mit diesen Problemen fertig werden könnten, und viele falsche Entscheidungen werden wegen kommunikativer Unzulänglichkeiten getroffen.

Lee Iacocca hat mit seinem Bestseller über die Sanierung des Chrysler-Konzerns Furore gemacht. Sein Rezept: »Management ist nichts anderes als die Kunst, andere Menschen zu motivieren.« Die einzige Möglichkeit, Menschen zu motivieren, ist die Kommunikation. »Der Schlüssel zum Erfolg sind nicht Informationen. Das sind Menschen.« Als Hauptgrund, warum fähige Menschen nicht vorankommen, nennt er, daß sie mit ihren Kollegen nicht gut zusammenarbeiten können, so daß manchmal die wertvollsten Leute nie in die Führungsetage aufsteigen. »Man muß mit den Leuten reden können, ganz einfach.«[12]

Heutzutage ein Unternehmen zu führen bedeutet kommunizieren: Mit dem Mitarbeiter wie mit dem Kunden, mit Presse und Öffentlichkeit und selbstverständlich mit der Politik. Das gilt auch für die Kommunikation, die ich über meine Produkte einleiten muß. Tendenziell gilt: Nicht das Produkt aus sich heraus entscheidet über Erfolg oder Mißerfolg. Der Erfolg eines Produktes ist vielmehr das Ergebnis geglückter Kommunikation. Die Kommunikationsleistung wird zur Voraussetzung für erfolgreiche Produkte.

Nach-Denk-Bruch-Stück-Werk

»Am Anfang war das Wort«, heißt es im Johannes-Evangelium.

Zu allen Zeiten wohl ist geahnt worden, daß die gegenseitige Wesens-beziehung zwischen zwei Wesen eine Urchance des Seins bedeutet, und zwar eine, die dadurch in Erscheinung trat, daß es den Menschen gibt. (Martin Buber)

»Wo das Gespräch verstummt, hört das Menschsein auf«, schrieb Bert Brecht in seinen Kalendergeschichten.

Ich möchte lebendig sein. Lebendigsein ist Bewegung. In Bewegung sein bedeutet, sich zu verändern. Stillstand bedeutet Rückschritt.

Wenn ich sprachlos bin, bin ich »losgetrennt« von allem Lebendigen. Wenn ich lebendig bin, trete ich in Kontakt mit allem Lebendigen. Dieser Kontakt schließt Ehrfurcht vor dem Leben und Besorgnis für alles Le-bendige mit ein.
Wenn ich in einem Zustand aufmerksamer Wachheit wahrnehme, was in mir und um mich herum geschieht, wird mir niemals langweilig sein.

Dazu bedarf es eines offenen kommunikativen Miteinanders. Einer sorg-fältigen Balance aus Nähe und Distanz.

Es sind Wege zum Ich, Wege zum Du, Wege zum Wir.

Wie in Deinen Ohren das Wort Brot klingt,
ist davon abhängig, wie hungrig Du bist.
Arabisches Sprichwort

Psychologische Vorgänge in der zwischenmenschlichen Kommunikation

Als Faktoren, die konstitutiv für das Vorliegen von Kommunikation anzusehen sind, gelten:

- Die Mitwelt: Alles was um mich herum ist, alles, was meine Kommunikation fördert oder einschränkt.
- die Kommunikationspartner: zwei oder mehr (wenn wir von intrapersonaler Kommunikation absehen)
- die Nachricht
- die Kanäle, auf denen die Nachricht transportiert wird und
- der Code, in dem die Nachricht verschlüsselt worden ist.

Kommunikation ist nicht ein Vorgang, indem Herr A. auf einer Einbahnstraße Nachrichten an Frau B. sendet, sondern Kommunikation findet in einem Kreislauf statt. Herr A. und Frau B. und viele andere mehr nehmen dort ihren Platz ein und reagieren aufeinander. Kommunikationspartner stehen in einer wechselseitigen Beziehung zueinander, und alle Partner sind in diesem Kreislauf Sender und Empfänger zugleich. Auch Außenstehende können diesen Prozeß beeinflussen.

In diesem Kreislauf spielen nicht nur die Eigenarten der beteiligten Individuen eine Rolle, sondern es existiert »in jeder Kommunikation eine Art sur-plus, eine Eigendynamik, die nicht nur aus der Summe der Anteile der einzelnen Kommunikationspartner zu erklären ist.«[13] Die Merkformel für diese systemische Sichtweise: 1 + 1 = 3.

Kommunikation ist nicht das Verhalten einer Person, sondern ein Funktionieren des ganzen Kreislaufes nach gewissen Regeln. Was die anderen in diesem Kreislauf tun, beeinflußt mich, was ich in diesem Kreislauf tue, beeinflußt die anderen. Ich übernehme für meinen Teil die Verantwortung.

Niemand kann in diesem Prozeß voraussagen, was geschieht, weil die Reaktion der einen Person die Kommunikation der anderen beeinflußt. In der Kommunikation geschehen viele Dinge gleichzeitig, so daß wir niemals den gesamten Prozeß von Kommunikation überblicken können, sondern immer nur kleine Teile davon. Kommunikation ist subjektiv, einmalig, unvorhersehbar und deshalb unplanbar. Ich kann mir zwar eine geeignete Strategie aus meinem Repertoire auswählen, nicht aber die Menschen, mit denen ich in einer Sprechsituation kommuniziere.

Kein Kommunikationsstudium der Welt kann Ihnen die Garantie geben, daß die anderen das hören, was Sie sagen wollten. Die Realität: Was ich sage, ist oft nicht identisch mit dem, was ich sagen wollte. Was der Zuhörer versteht, ist oft genug nicht identisch mit dem wirklich Gesagten. Wenn der eine Zuhörer meine Nachricht versteht, so ist das bei den anderen Beteiligten noch keinesfalls sicher.

Die Bedeutung meiner Mitteilung zeigt sich deshalb nicht in ihrem ursprünglichen Gehalt, sondern an der Reaktion, die ich bekomme. Welche Mittel ich für tauglich oder untauglich in kommunikativen Situationen halte, leite ich stets aus den Gegebenheiten und Besonderheiten der Gesamtsituation ab. Es gibt keine Patentrezepte, ich muß mich stets neu entscheiden, wie ich reagiere und worauf ich reagiere. Es gibt Situationen, wo Schweigen sinnvoller ist als Reden, und es gibt Momente, wo Metakommunikation alles nur noch verschlimmert. Auch Selbstoffenbarung kann bei bestimmten Gelegenheiten völlig unangebracht sein.

Was wir regelmäßig vergessen oder nicht wahrhaben wollen, aber uns immer wieder bewußt machen müssen: Kommunikation ist ein Kreislauf zwischen sehr unterschiedlichen Menschen. Eines der vielen Paradoxa in der Kommunikation lautet: Erst wenn ich die Unterschiede respektiere, kann ich Einfluß nehmen. Gehen Sie deshalb grundsätzlich von der wechselseitigen Ungleichheit statt von der gleichen Wellenlänge aus. Das ist eine realistische Basis.

»Was tue ich mit mir, wenn der andere nicht so ist, wie ich ihn haben will?« gibt Ruth Cohn gern als Thema für die Gruppenarbeit, in der Einsicht, daß dem »Herumdokternwollen« am anderen oft eine undurchschaute Eigendynamik zugrunde liegt. Gerade in bezug auf Kommunikation handeln wir nach der nur scheinbar bewährten Devise: »Wenn du keinen Erfolg hast, wenn deine Worte nicht ankommen, gib irgend jemand anderem die Schuld.« Das ist bequem, aber erfolglos.

Wenn ich meine Kommunikation verbessern will, habe ich nur eine Chance: Ich fange bei mir selbst an. In einer kommunikativ unbehaglichen Situation verändere ich mich so lange, bis die Sprechsituation insgesamt sich verändert hat. Dadurch verändere ich meine Beziehungen, und die anderen müssen sich ebenfalls ändern. Das ist die Umsetzung der alten Weisheit: Verändere dich selbst, und du veränderst die Welt.

Wenn Ihr Gesprächspartner Sie nicht versteht und es Ihnen durch Feedback zu erkennen gibt, ärgern Sie sich nicht, sondern nehmen Sie es als Aufforderung, sich kreativ auf die Suche nach einer neuen, bisher noch nicht versuchten Möglichkeit zu machen, sich verständlich mitzuteilen. Wenn der andere Ihre Kommunikation ablehnt, lehnen Sie im Gegenzug nicht die seine ab. Sie brauchen nicht darüber nachdenken, ob Sie den anderen wirklich angegriffen haben, entscheidend ist die Wahrnehmung: Fühlt er sich angegriffen? Jede Ablehnung wird mit Ablehnung beantwortet, verstärkt sich wechselseitig, und der Druck auf alle Kommunikationspartner steigt. Druck tötet jegliche dialogische Kommunikation.

Dies ist die Blickrichtung der »Systemischen Psychologie«, so genannt, weil sie das Verhalten und Erleben des Menschen nicht aus seiner innerseelischen Dynamik begreift, sondern aus den Gegebenheiten des sozialen Systems. Aus der systemischen Sicht ist Kommunikation nicht eine Ansammlung von Individuen mit Kommunikationsproblemen, die repariert werden müssen, sondern ein System von Beziehungen. Jede Person ist ein wertvoller Teil. Schon eine kleine Veränderung kann in diesem komplexen System einen Riseneffekt hervorrufen. Dazu gibt es eine eindrucksvolle Metapher aus der Physik, die als Schmetterlingseffekt bekannt ist. In der Theorie kann die Bewegung des Flügels eines Schmetterlings das Wetter auf der anderen Seite der Erdkugel verändern, denn der Flügelschlag könnte gerade zur entscheidenden Zeit am entscheidenden Ort den Luftdruck verändern.

Eine Sprechsituation ist ein vielschichtiges Geschehen, in dem die Wahrnehmungen der Beteiligten von allem mitbestimmt werden, was sie während des kommunikativen Prozesses bewegt. Um die Komplexität von Kommunikation durchschaubarer zu machen, haben Kommunikationswissenschaftler Modelle entwickelt, die Kommunikation darstellen und beschreiben. Kommunikationsmodelle sorgen für Einblick und Durchblick. Theorie und Kommunikationsmodelle helfen uns dabei, die Interaktionen zwischen Menschen besser zu verstehen.

Der Sender und die Nachricht

Aufgabe eines Kommunikationstrainings ist es, für die Teilnehmer erfahrbar zu machen, wie extrem unterschiedlich jeder von uns Sprechsituationen wahrnimmt. Modelle ermöglichen uns zu begreifen, daß, selbst wenn wir meinen, klar und deutlich »gesendet« zu haben, der andere die Botschaft noch lange nicht in unserem Sinne »empfangen« haben muß. Wenn eine Nachricht bei einem der Kommunikationspartner angekommen ist, können andere Teilnehmer derselben Sprechsituation wiederum einen ganz anderen »Empfang« haben.

Auch wenn Ihnen Kommunikation gut gelingt, so ist es doch ein großer Unterschied, ob man eine Fähigkeit einfach hat und (unbewußt) anwendet oder ob man sich darüber hinaus dessen bewußt ist, welche Verhaltens- und Vorgehensweisen zum Erfolg führen. Kommunikation zu durchschauen bedeutet allerdings nicht, Kommunikation zu beherrschen. Mein Ausgangspunkt ist ein psychologisches Modell der zwischenmenschlichen Kommunikation, das Friedemann Schulz von Thun entwickelt hat und das in meinen Augen ein ausgezeichnetes Erklärungsmodell[14] darstellt. Es bildet auch die Grundlage für die nachfolgenden Veranschaulichungen. Schulz von Thun beschreibt den Grundvorgang der Kommunikation folgendermaßen: Vereinfacht gesehen ist Kommunikation ein Vorgang zwischen Sender und Empfänger, der Sender sendet, der Empfänger empfängt. Ein Sender sendet eine Nachricht, die immer, ob der Sender will oder nicht, vier psychologisch bedeutsame Aspekte enthält. Vereinfacht ausgedrückt: Wir senden auf vier Kanälen.[15]

1. Sachinhalt

Einer der vier Kanäle der Nachricht sendet den Sachinhalt. Für den Sachkanal steht stets die Frage: Wie kann ich den Sachverhalt klar und verständlich mitteilen?

Friedemann Schulz von Thun führt zur Verständlichmachung ein mittlerweile schon klassisch gewordenes Beispiel an: »Eine Frau fährt Auto. Ein Mann fährt mit. Der Mann sagt: ›Du, da vorne ist Grün!‹«

Was ist der sachliche Gehalt dieser Äußerung? Er sagt lediglich aus, daß »die Ampel da vorne Grün ist«.

2. Beziehung

Auf einem weiteren Kanal wird der Beziehungsaspekt der Nachricht gesendet.

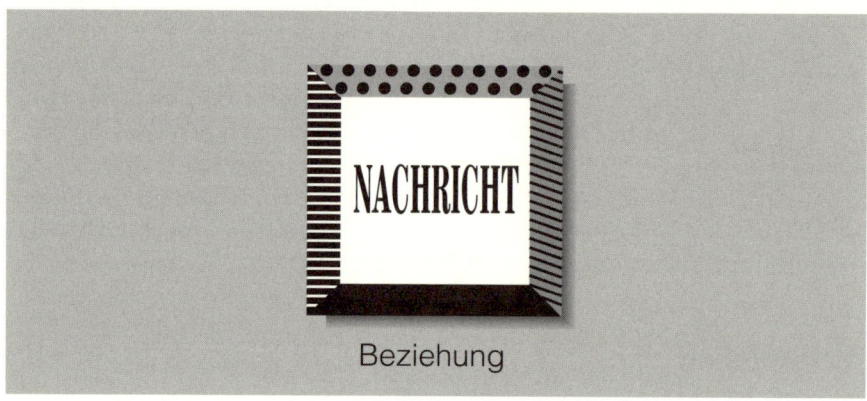

Beziehung

Auf diesem Kanal wird vermittelt, wie Sender und Empfänger zueinander stehen. Wie behandle ich die Empfänger durch die Art meiner Mitteilung? Bin ich oberlehrerhaft, überheblich, devot, kalt, zynisch, uninteressiert, gelangweilt oder engagiert, warmherzig, mitfühlend? Freue ich mich auf die Zuhörer, bin ich offen, neugierig, gespannt, erwartungsfroh, diskussionsoffen oder habe ich Angst vor ihnen?

Eine Nachricht kann noch so sachorientiert gesendet werden, die Beziehungsebene spielt mit. Der Wunsch, nichtsachliche Anteile aus der Kommunikation zu verbannen, ist illusionär. Die verdrängten Anteile wirken dann unheilvoll im Untergrund. Achten Sie bei Besprechungen oder in Meetings darauf: Der Moderator ringt verzweifelt die Hände und äußert zum wiederholten Male die Bitte, doch wenigstens die letzte halbe Stunde halbwegs sachlich zu diskutieren. Es funktioniert nicht. Solange die Beziehungsstörung nicht geklärt ist, geht in der Sache nichts voran. Ungeklärte Beziehungen drängen aus dem Untergrund immer wieder an die Oberfläche (die Sachebene). Störungen haben Vorrang, denn sie lassen sich nicht einfach beiseite schieben. Will eine Gruppe sachlich miteinander umgehen, muß vorab eine Beziehungsklärung erfolgen, die unerfahrene Gruppenleiter fürchten, weil sie Angst haben, daß das Team auseinanderfliegt. Gewitter jedoch reinigen die Luft. Eine andere Chance haben wir nicht.

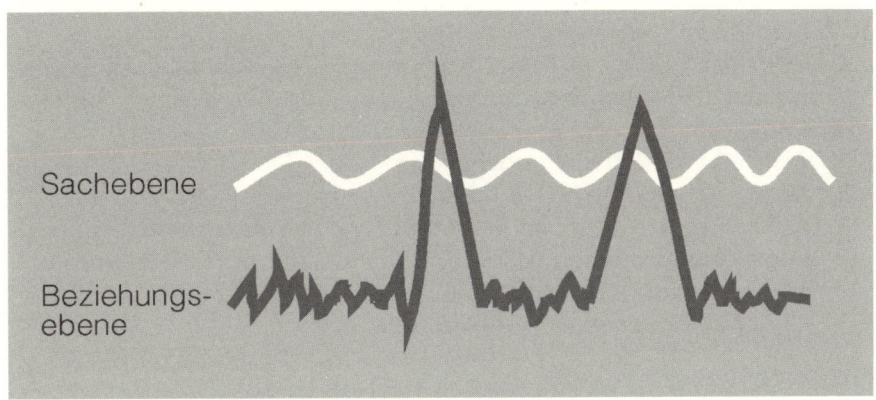

In dem Beispiel »Du, da vorne ist Grün!« zeigt der Mann – die Nachricht muß allerdings keinesfalls so ankommen –, daß er der Frau ein zügiges Fahrverhalten ohne seine Hilfe nicht zutraut. Die Frau wehrt sich gegen die Bevormundung: »Fährst Du oder fahre ich?«

Ist die Beziehung zwischen den beiden nicht die beste, könnte als Nachricht bei der Frau sogar ankommen: »Er meint immer noch, ich habe den Führerschein im Lotto gewonnen.« Der Mann könnte auch noch »nachlegen«: »Schätzchen, grüner wird es wirklich nicht mehr.« Ist die Beziehung der beiden gut, so kann das Empfangsergebnis durchaus auch lauten: »Mein Gott, ich fahre heute morgen tatsächlich unaufmerksam, ich sollte mich nicht ärgern, sondern froh sein, daß er mich darauf hinweist.«

Allgemein gesagt: Wenn ich eine Nachricht sende, drückt sich darin dem Empfänger gegenüber immer auch eine bestimmte Art von Beziehung aus: Wie redet der eigentlich mit mir?

Der Beziehungskanal sendet verbal, nonverbal und paraverbal: Verbal durch die Art der Formulierung z. B. »Schätzchen, grüner wird's nun wirklich nicht mehr!«, nonverbal durch die Mimik und Gestik und paraverbal durch den Tonfall. Probieren Sie selbst aus, mit wie vielen verschiedenen sprachlichen und nichtsprachlichen Nuancierungen Sie »Du, da vorne ist Grün!« ausdrücken können.

Die Beziehungsseite einer Nachricht ist von außerordentlicher Bedeutung. Ich kann mein Referat vom Sachinhalt her noch so gut aufbereitet haben, wenn die Beziehungsebene nicht stimmt, geht alles andere an den Zuhörern vorbei. In Watzlawicks Worten: »Jede Kommunikation hat einen Inhalts- und einen Beziehungsaspekt, derart, daß letzterer den ersteren bestimmt.« Das heißt nichts anderes als: Wie Menschen meine Kommunikation verstehen, hängt davon ab, wie ich sie während des Kommunizierens behandle.

Einer der häufigsten Fehler liegt darin, die Beziehungsauseinandersetzung auf die Sachseite zu verlagern. Das folgende Beispiel[16] ist zwar eine Karikatur, aber im Kern nicht so praxisfremd:

Frau: »Liebst Du mich noch?«

Mann: »Ja, weißt Du, da müßten wir erst einmal den Begriff Liebe definieren, da kann man ja nun sehr viel darunter verstehen ...«

Frau: »Ich meine nur, welche Gefühle Du mir gegenüber hast ...«

Mann: »Nun, Gefühle, das sind ja zeitvariable Phänomene, darüber gibt es keine generellen Aussagen ...« usw.

Es gibt natürlich auch den umgekehrten Fall. Ich weiche einer Sachauseinandersetzung aus, indem ich auf den Beziehungskanal ablenke, persönliche Auseinandersetzungen in den Mittelpunkt stelle und damit von der Sache ablenke: Dir geht es gar nicht um die Sache, Du willst mich immer nur verletzen.

Wir sollten unsere Sensibilität für unser Verhalten auf der Beziehungsseite unserer Nachrichten schärfen. Ich stelle immer wieder erstaunt fest, daß vielen dieses »Behandeln« der Zuhörer im Sprechvorgang nicht bewußt ist.

Merkvers 1

Sprich als Sender so zum Empfänger, wie Du selbst gern »behandelt« werden möchtest.

Der Empfänger, der sich akzeptiert fühlt, wird mutiger und selbstsicherer und hört besser zu.

Merkvers 2

Der Sachinhalt zielt auf den Kopf, die Beziehung zielt auf das Herz.

Das Herz ist nicht nur empfindlicher als der Kopf, es merkt sich auch viele Dinge nachhaltiger als der Kopf. Oft versteht das Herz, was der Verstand nicht begreift. »Man sieht nur mit dem Herzen gut!« sagt der kleine Prinz in dem wunderbaren Buch von Antoine de Saint-Exupéry.

3. Appell

Eine weitere Seite der Nachricht ist der Appell-Aspekt. Wir senden auch auf einem Appellkanal. Wenn wir etwas mitteilen, wollen wir etwas erreichen, auf den anderen Einfluß nehmen. Kommunikation bewegt sich im Spannungsfeld von Wahrhaftigkeit und Wirkungskalkül. Ich möchte nicht nur echt wirken, sondern auch etwas an Veränderung bewirken.

Appell

In dem Beispiel »Du, da vorne ist Grün!« könnte als Appell herausgehört werden, der »Gib endlich Gas, dann schaffen wir es noch« heißen könnte. Es könnte aber auch »Wenn Du gern Auto fährst, so lern es doch endlich« ankommen. Die Nachricht könnte aber genauso gut als hilfreicher Appell verstanden werden.

Auf dem Appellkanal versuchen wir Einfluß zu nehmen und das Gespräch zu führen. Es sind Aufforderungen, zu handeln und in eine gewisse Richtung zu fühlen. Der Versuch, Einfluß zu nehmen, kann entweder offen oder verdeckt sein. Wir unterscheiden deshalb zwischen offenen und verdeckten (versteckten) Appellen. Wenn ich auf einer Party sage »Wann fährt eigentlich die letzte Tram in die Stadt?«, ist es in der Regel ein versteckter Appell und heißt im Klartext: Ob mich wohl jemand nach Hause fahren kann, damit ich länger bleiben kann? »Kommt alle am Samstag zur Demo« ist dagegen ein eindeutig offener Appell.

Weshalb sind verdeckte Appelle so beliebt? Es ist leicht zu erklären. Der Sender muß für verdeckte Appelle nicht die Verantwortung übernehmen und kann bei Ablehnung notfalls dementieren.

Achten Sie in Ihrer persönlichen Kommunikation auf verdeckte Appelle. Oft durchweben sie Kommunikation wie ein Krebsgeschwür. Die Zuhörer werden durch verdeckte Appelle mißtrauisch, und das keineswegs zu Unrecht.

Die Kommunikationspsychologie stellt Wegweiser einer neuen und anderen Kommunikationskultur auf. Ein Grundbestandteil dieser Wegweiser ist der offene Appell, die Ich-Botschaft, die direkte Aufforderung, der offen geäußerte Wunsch. Deshalb verschaffe ich mir in meiner Alltagskommunikation Klarheit über die Appellseite meiner Nachrichten. Ich weiß, daß Appelle in der Regel erfolglos sind, denn jeder Spruch erzeugt einen Widerspruch. Es ist hilfreicher, sich in die Gefühlswelt des Gesprächspartners einzufühlen und ihm dadurch die Chance zu eröffnen, eigene innere Barrieren abzubauen.

Die Faustregel lautet: Möglichst wenig Appelle! Und wenn schon Appelle, dann offene.

4. Selbstoffenbarung

Der vierte Nachrichtenkanal enthält den Selbstoffenbarungsaspekt der Nachricht. Auf dieser Seite der Nachricht offenbart sich, was ich von mir selbst beim freien Sprechen kundgebe.

Beim Freien Sprechdenken wird immer auch etwas über die aktuelle Befindlichkeit des Senders ausgesagt. Jede Nachricht enthält also auch Informationen über die Person des Senders (Selbstdarstellung wie Selbstenthüllung). Selbstoffenbarungsanteile sind Kostproben der Persönlichkeit. Dieser Sachverhalt löst bei vielen Menschen Redeängste aus.

Auch jede wissenschaftliche Nachricht enthält eine Selbstoffenbarungsseite, eine Ich-Botschaft, und es ist keineswegs unwissenschaftlich, dies deutlich zu zeigen. Die Menschen haben ein Recht darauf, etwas von der Person des Wissenschaftlers zu erfahren. Ich empfehle in diesem

Zusammenhang, Publikationen oder Bücher des Physikprofessors und alternativen Nobelpreisträgers Hans-Peter Dürr zu lesen, z. B. »Das Netz des Physikers«. Sie werden feststellen, daß sich Wissenschaftlichkeit und hohe Selbstoffenbarungsanteile keineswegs widersprechen. Carl Rogers schreibt: »Es mag Ihnen merkwürdig vorkommen, daß ich soviel Persönliches von der Suche nach einigen einfachen und vorläufigen Formulierungen erzähle. Ich tue es, weil ich glaube, daß 9/10 davon sich immer unter der Oberfläche verbergen; man sieht nur die Spitze des Eisberges, und das täuscht. Nur selten beschreibt jemand das Ganze in der Forschungsmethode, so wie es im Individuum existiert. Auch ich möchte etwas vom Ganzen der Untersuchung, etwas von dem, was sich in mir abspielte, und nicht nur den unpersönlichen Teil mitteilen.«[17]

Darüber hinaus ist nachgewiesen, daß fast alle Empfänger lernbereiter sind, wenn über den Sachinhalt des Referates hinaus auch die Person des Vortragenden durchschimmert.

Friedemann Schulz von Thun hat mittlerweile den Begriff »Selbstoffenbarung« durch »Selbstkundgabe« ersetzt: »Diesen neutralen Begriff ziehe ich inzwischen dem Begriff ›Selbstoffenbarung‹ vor; dieser erinnert allzusehr an ›Selbstentblößung‹ und macht im Rahmen der Erwachsenenbildung unnötig Angst.« Auch ich spüre in meinen Kursen Abwehr bei diesem Begriff, »benutze« jedoch diese Abwehr als Aufhänger, um über die Gründe und Ursachen der Abwehr nachzudenken.

In dem Beispiel »Du, da vorne ist Grün!« sendet der Mann unter anderem die Selbstoffenbarung: »Ich habe es eilig.«

Der vierohrige Empfänger

Es wird nicht nur auf vier Kanälen gesendet, es wird auch mit vier Ohren empfangen. Das Dilemma: Der vierohrige Empfänger hat die freie Auswahl, auf welchen Ohren er uns zuhört. Kommunikation ist deshalb so mühsam, weil die Empfänger unserer Nachrichten prinzipiell die freie Auswahl haben, auf welche Seite der Nachricht sie reagieren. Es lohnt sich, sich folgendes immer wieder klar zu machen: Der Empfänger hat die Freiheit, den Sender gründlich mißzuverstehen. Genau das ist es, was Kommunikation so schwierig macht.

Bildlich stelle ich mir das folgendermaßen vor: Die vier Ohren bestehen aus vier gleich großen Luftballons, die aber verschieden groß aufblasbar sind. Welche Ohren wie groß (empfindlich) aufgeblasen sind, hängt gleichermaßen vom Empfänger wie vom Sender ab. Sendet der Sender seine Nachrichten ausgesprochen arrogant, und ist das Selbstwertgefühl des Empfängers gering, dann bläst er das Beziehungsohr des Empfängers auf. Wird das Beziehungsohr größer (empfindlicher), dann verlieren die anderen Ballons (Ohren) an Luft und damit an Sensibilität und Hörfähigkeit. Unter Umständen schlafft das Sachohr sogar ganz ab.

Aber auch der Empfänger kann von sich aus, aus seiner Befindlichkeit heraus, die einzelnen Ballons verschieden groß aufblasen. Benötigt er für ein Ohr viel Luft, so fehlt ihm diese in den anderen Ohren. Bläst er z. B. sein Beziehungsohr groß auf, so »vertrocknet« sein Sachohr, wird hörunfähig, und er läuft Gefahr, selbst beziehungsneutrale Nachrichten als Angriffe auf die eigene Person zu interpretieren.

1. Das Sachohr

Es existiert nicht nur ein Sachkanal beim Senden, sondern auch ein Sachohr beim Empfangen.

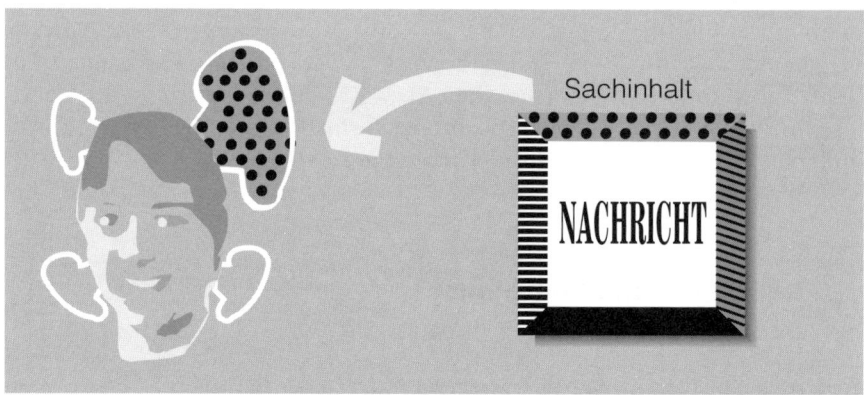

Das Sachohr fragt beim Empfang ständig: Wie ist der Sachinhalt zu verstehen? Dieses allerdings nur, wenn es auf Empfang geschaltet ist. Deshalb ist es wichtig, daß wir unsere Nachrichten gut aufbereitet und gegliedert an den Mann und die Frau bringen. Ein guter Inhalt ist nur durch eine entsprechend gute Form zu transportieren.

Das Sachohr ist bemüht, den sachlichen Informationsgehalt zu verstehen. In unserem Kulturkreis sind wir auf das Hören mit dem Sachohr geeicht.

2. Das Beziehungsohr

Das Beziehungsohr hört mit folgender Fragestellung: »Wie redet die oder der eigentlich mit mir? Wen glaubt sie oder er vor sich zu haben?« Signale der Inhaltsebene liefern Informationen, während die Signale der Beziehungsebene Informationen zu den Informationen liefern.

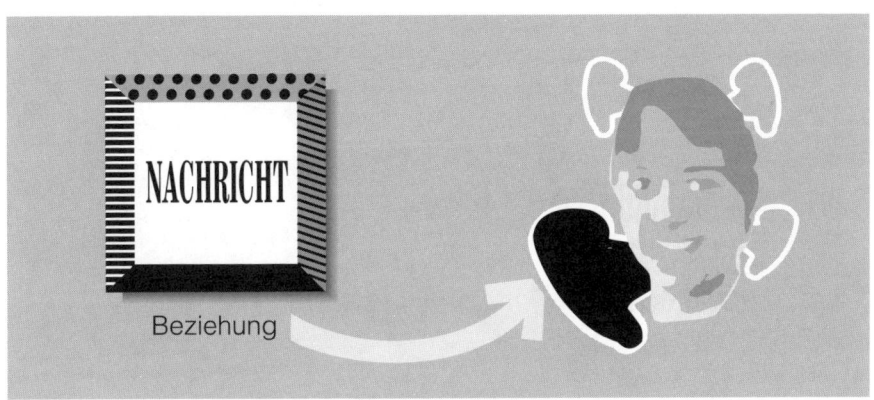

Das Beziehungsohr ist in der Regel äußerst empfindlich, häufig sogar überempfindlich. Die »Beziehungsbotschaften« bestimmen das Selbstwertgefühl eines Menschen. Je geringer das Selbstwertgefühl ist, desto überempfindlicher ist das Beziehungsohr.

Wer kennt sie nicht, die Kollegin oder den Kollegen mit dem überempfindlichen Beziehungsohr? Da kann man sagen, was man will, es gibt Menschen, die immer sofort beleidigt sind. Wenn jemand lacht, fühlen sie sich ausgelacht, und jede noch so harmlose Bemerkung wird als massiver Angriff auf die eigene Person (miß)verstanden.

3. Appellohr

Das Appellohr stellt u. a. folgende Fragen: Was soll ich tun, denken, fühlen aufgrund ihrer/seiner Mitteilung?

Dieses Ohr ist empfindlich für den Druck, der durch die Reden der anderen auf mich entsteht. Der andere will ja etwas bewirken, will Einfluß nehmen. Natürlich besteht auch die Gefahr, überempfindlich auf dem Appellohr zu hören.

Ich erzähle Herrn B. begeistert von meinem kleinen Auto, das ohne große Reparaturen zweihunderttausend Kilometer gefahren ist, und wünsche mir eigentlich nur, er möge sich mit mir freuen. Herr B. jedoch ist auf dem »Appellsprung«. Er fürchtet, daß ich ihm meinen Wagen aufschwatzen will. Während ich noch rede, ist er schon ständig damit beschäftigt, sich zu überlegen, wie er dieses Ansinnen abwehren kann. Deshalb kann er mir auch nicht einfühlsam zuhören, und wir kommunizieren aneinander vorbei.

Als ich aus meinem kleinen Dorf in eine Internatschule kam, entwickelte mein Appellohr eine außerordentliche Sensibilität. Ich brachte es zur Meisterschaft, die Reaktionsweisen meiner Mitschülerinnen und Mitschüler zu erkunden. Bald wußte ich bei allen, die mir wichtig erschienen, was sie von mir erwarteten, und richtete mein Verhalten danach aus.

Subjektiv habe ich immer geglaubt, durchaus einer zu sein, der gegen den Strom schwimmt, nur weil ich überwiegend Minderheitspositionen vertrat. Von Ingeborg Bachmanns Aufforderung zur »Tapferkeit vor dem Freund« hatte ich zwar gehört, wollte aber gar nichts davon hören. Ich wundere mich immer noch darüber, wieviel Erfolg ich damit gehabt habe. Wahrscheinlich reagiere ich auch heute noch viel zu empfindlich auf Appelle, aber ich schalte mittlerweile die eigene Persönlichkeit dazwischen. Das ist bedeutend unbequemer, dafür aber erheblich gesünder.

4. Das Selbstoffenbarungsohr

Dieses Ohr ist wie ein guter Therapeut diagnostisch tätig: Was ist das für eine/einer? Was ist mit ihr/ihm?

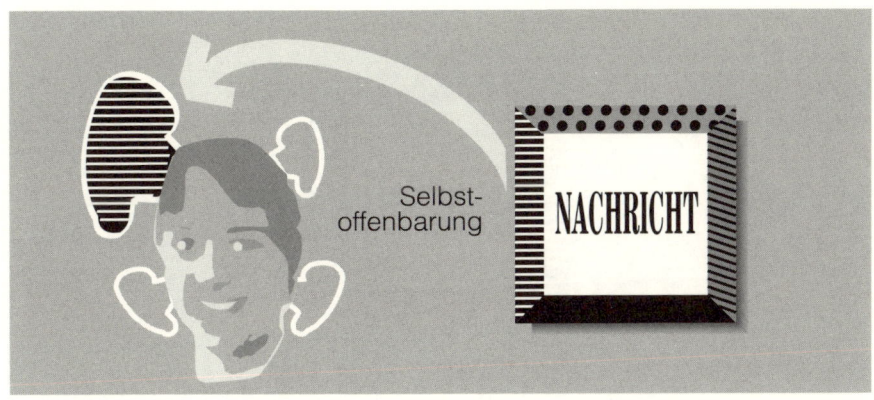

Der Empfänger möchte wissen, was für eine Person der Vortragende oder der Gesprächspartner ist. Steht er als Person zu seinen Aussagen? Redet er nur so oder handelt er auch danach? Wenn jemand einen Vortrag zur Umweltproblematik hält, dann stellen die Zuhörer auch die Frage: Verhält der Referent sich auch im Alltag danach? Oder predigt er Wasser und trinkt Wein? Wenn bei mir in dieser Hinsicht Zweifel aufkommen, tut sich eine Glaubwürdigkeitslücke auf, und ich höre immer empfindlicher auf dem Selbstoffenbarungsohr, was wiederum zur Folge hat, daß vom sachlichen Ertrag viel verlorengeht.

Beim Beziehungsohr versuche ich meine Empfindlichkeiten zu relativieren. Ich frage mich, warum verletzt mich die Äußerung des anderen so unverhältnismäßig stark? Ich überprüfe, ob es vielleicht nur meine subjektive Wahrnehmung ist. Mein Selbstoffenbarungsohr dagegen versuche ich deutlich zu sensibilisieren.

Die vierseitige Nachricht – Der vierohrige Empfänger

1. Eine Nachricht (»Du, da vorne ist Grün!«) enthält viele Botschaften.
2. Ob der Sender will oder nicht, gesendet wird immer auf allen vier Kanälen. Mauert er auf der Selbstoffenbarungsseite zu, sendet er die Selbstoffenbarung: Versuch gar nicht erst, in mich hineinzuschauen. Was ich als Person mit meiner Nachricht zu tun habe, erfährst du nie!
3. Die vier Dimensionen, diese vier Aspekte der Nachricht bestimmen die Qualität einer Nachricht.

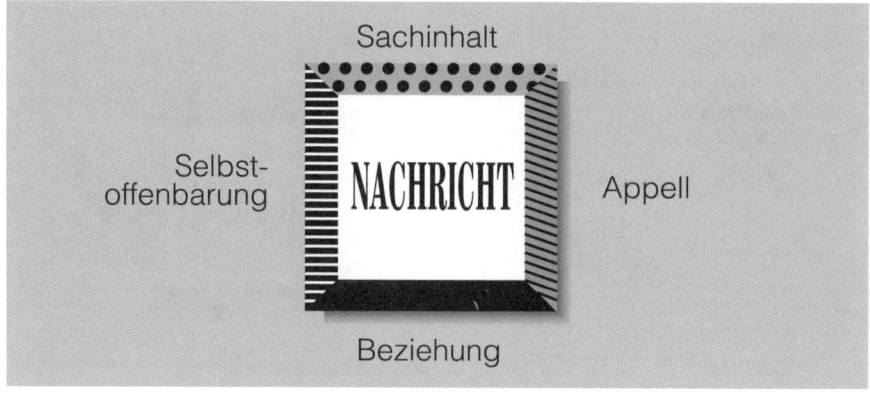

Sachinhalt

Selbst-
offenbarung   NACHRICHT   Appell

Beziehung

4. Es wird aber nicht nur auf vier Kanälen gesendet, sondern ebenfalls mit vier Ohren empfangen.

Was ist das
für einer ?
Was ist mit ihm ?

Wie ist
der Sachverhalt
zu verstehen ?

Wie redet der
eigentlich mit mir ?
Wen glaubt er vor
sich zu haben ?

Was soll ich tun,
denken, fühlen
auf Grund seiner
Mitteilung ?

5. Der Empfänger hat die freie Auswahl, auf welchem Ohr oder welchen Ohren er hören will oder ob er überhaupt zuhören will. Stets sind die vier Ohren nicht gleich groß (empfindlich), sondern unterschiedlich.
6. Signale der Inhaltsebene können um so besser verstanden werden, je positiver die Beziehung der Gesprächspartner verläuft.
7. Vierseitiges Empfangen ist ebenso ein Lernziel wie das vierseitige Senden. Nicht nur das Reden macht uns zu begehrten Gesprächspartnern, sondern auch das Ausmaß unseres Zuhörens.

Eine Nachricht ist nicht die Übersendung von Fakten, sondern die Interpretation durch den Empfänger. Da zur Erläuterung dieses Grundsatzes in diesem Buch kein „Hörbeispiel" möglich ist, habe ich ein „Sehbeispiel" gewählt. Je nach Sichtweise können Sie eine junge Frau oder eine alte oder beides sehen. Was Sie wahrnehmen ist abhängig von der Art und Weise, wie Sie gerade sehen. Sollten Sie nicht von Anfang an beide Frauen erkennen können, so lassen Sie die Augen entspannt und neugierig von einem Teil zum anderen schweifen. Wenn Sie verärgert oder ungeduldig sind, so ist das eine ungünstige Voraussetzung.

Kommunikationsdiagnose

Wir haben festgestellt, daß ein und dieselbe Nachricht viele Botschaften enthält, denn wir senden, ob wir es wollen oder nicht, immer auf allen vier Kanälen. Diese Vielfalt der Botschaften läßt sich mit Hilfe des »Nachrichtenquadrates« ordnen, und das Nachrichtenquadrat dient uns als Lupe, um Nachrichten in ihrer Vielfalt zu entschlüsseln.

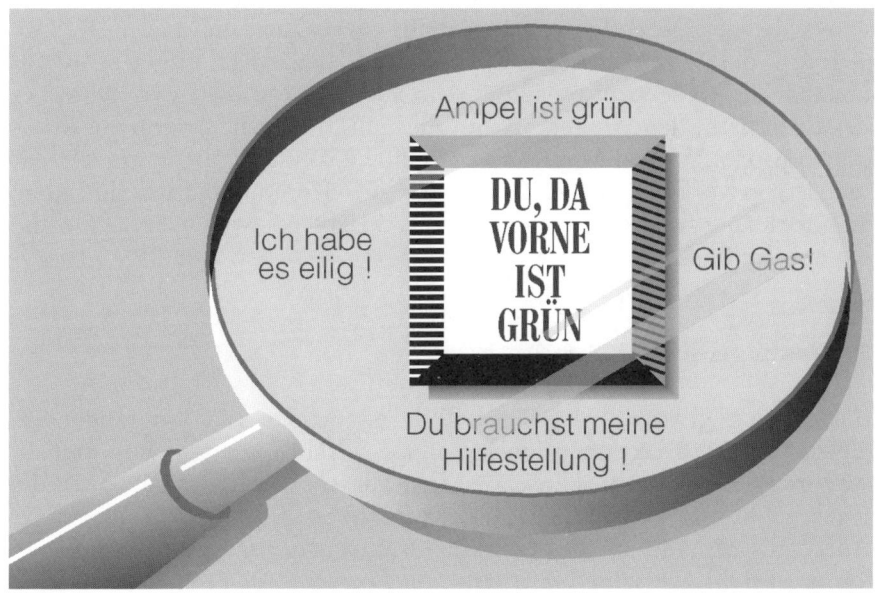

Was läßt sich alles mit dieser Lupe anstellen?

Ich bereite mich auf ein Gespräch vor oder denke über ein vergangenes Gespräch nach. Was ist gut gelaufen und warum? Was ging schief? Woran könnte es gelegen haben? Mit dem Kollegen M. bin ich inhaltlich stets einer Meinung. Weshalb herrscht zwischen uns trotzdem eine kommunikativ unbehagliche Situation?

Mit Hilfe der Lupe mache ich eine weitere Entdeckung: Die Seiten Selbstoffenbarung, Appell, Beziehung werden überwiegend nonverbal, also nichtsprachlich gesendet. Dadurch ist mir klar geworden, weshalb Gestik, Körpersprache und Stimme bei der Wirkung einer Rede eine so große Rolle spielen. Ich erkenne die überragende Bedeutung der nonverbalen Anteile in der Kommunikation.

1. Der Empfangsvorgang

Beim Freien Sprechdenken sendet der Sender auf vier Kanälen, und er muß versuchen, mit diesen vier Kanälen in die vier Ohren hineinzukommen. Doch der Sender kommt, für uns tagtäglich erfahrbar, keineswegs automatisch in die vier Ohren hinein.

Senden im Gleichklang (Kongruenz) kommt nur sehr selten vor. Häufig spricht der Redner über die Köpfe der Leute hinweg. Die Sendung kommt also gar nicht erst an, sondern saust – bildlich gesprochen – über die vier Ohren hinweg. Innerhalb kurzer Zeit muß es dem Redner gelingen, die Ohren der Zuhörerinnen und Zuhörer zu öffnen. Deshalb ist auch der Redebeginn wichtig. Ähnlich wie Vertrauen zwischen zwei Personen nicht von Anfang an da sein kann, ist auch kongruente Kommunikation nicht von Anfang an vorhanden, sondern muß in kurzer Zeit mühsam erworben werden. Türöffner in der Kommunikation sind hohe Selbstoffenbarungsanteile in unseren Nachrichten sowie »Angebote«, die ich auf der Beziehungsebene mache.

2. Wechselseitiges Feedback

Indem ich registriere, in meiner Rolle als Sender und Empfänger zugleich, welche Reaktionen ich bekomme, erfahre ich, was von meinen Nachrichten ankommt. Ich sende nicht nur, sondern empfange auch die Rückmeldungen (Feedback) aus dem Publikum. Feedback ist derjenige Anteil aus der Antwort des Empfängers, aus dem der Sender entnehmen kann, ob und wie seine Nachricht angekommen ist. Feedback ist nicht

die Begegnung mit der Nachricht, sondern die Begegnung mit dem Empfangsresultat.

Meine einzige Chance, in die vier Ohren hineinzukommen, ist, meine Nachrichtensendung so lange zu verändern, bis ich die Reaktion bekomme, die ich haben will. Das wiederum erfordert ein Höchstmaß an
Flexibilität und Wahlmöglichkeiten.

Kommunikation ist eine Beziehung. Ein Freier Sprechdenker ist in
diesem Kreislauf Sender und Empfänger zugleich. Freies Sprechdenken
ist kein Monolog, sondern ein Dialog!

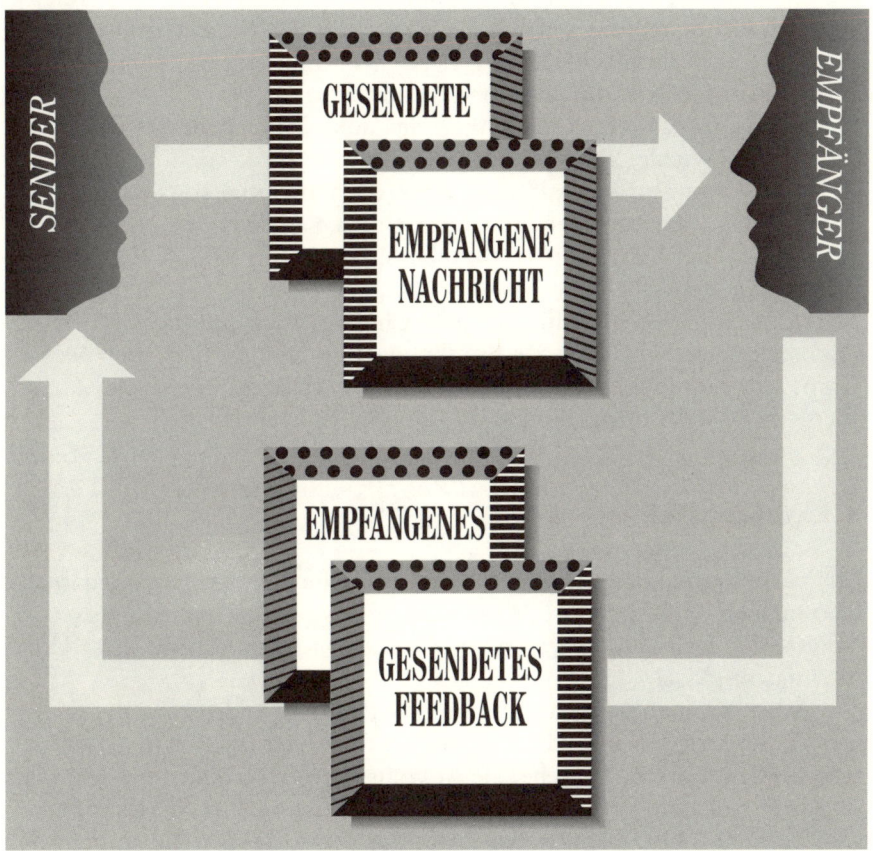

Wenn Frau A. spricht und Herr B. zuhört, ist Frau A. natürlich überwiegend Sender, aber auch Empfänger von Feedback. Herr B. ist überwiegend Empfänger, sendet aber auch – überwiegend nonverbal – zurück. Er gibt ständig Rückmeldungen. Dieses Senden und Empfangen

zugleich ist ein hochkomplizierter Vorgang. Es wäre sehr schwer, wenn wir diesen Vorgang lernen müßten. Wir haben es von klein auf gelernt, aber oft auch wieder verlernt.

Wir verfolgen jetzt noch einmal, was geschieht, wenn wir eine Nachricht senden: Wir wissen bereits, daß eine Nachricht eine Vielfalt von Botschaften enthält. Wir wissen auch, daß weder dem Empfänger noch dem Sender alles bewußt ist, was sie senden, sondern daß vieles unbewußt mitgeliefert wird. Auf den ersten Blick könnte man das Nachrichtensenden mit der Paketpost vergleichen. Der Sender schickt ein Paket (Nachricht), der Empfänger nimmt es an und meldet über Telefon zurück, was er empfangen hat.[18] Dieses Bild wäre nicht nur vereinfachend wie alle unsere Erklärungen zur Kommunikation, sondern auch falsch und irreführend. Was ist falsch daran?

Beim Empfangen ist das Paket, das ankommt, nicht das Paket, das abgeschickt wurde. Es sind nur Teile davon. Es kommt vor, daß gar nichts ankommt oder etwas ganz anderes, manchmal sogar das Gegenteil von dem, was der Sender vorbeischicken wollte. Ein Nachrichtenpaket kann die Wirkung einer Bombe haben. Trifft sie auf eine gewisse »chemische Befindlichkeit« beim Empfänger, dann kommt es zur Explosion (Du, da vorne ist Grün!). Ist die »Chemie« im Empfänger anders zusammengesetzt, wird aus der Bombe ein Blindgänger (Du, da vorne ist Grün! Die Empfängerin: Laß den alten Trottel doch reden, ich höre sowieso nicht mehr hin).

3. Empfangsfehler

Um zu kommunizieren, muß der Sender seine Botschaften (Gedanken, Fakten, Zahlen, Kenntnisse, Absichten, Wünsche) in Zeichen übersetzen, die von den Empfängern verstanden werden. Kodieren heißt diese Übersetzungstätigkeit.

Was oft jedoch nicht ankommt, sind die Bedeutungen, die der Sender mit seinen Nachrichten verbindet. Das liegt u. a. auch an der Vielschichtigkeit unserer Sprache. Sie ist voller Mißverständnisse, denn unsere Worte sind eng verknüpft mit unseren individuellen Sinneserfahrungen. Zum Empfang benutzt der Empfänger sein Gehirn, das in der Lage ist, Bedeutungen in die Zeichen hineinzulesen. Dieser Vorgang heißt dekodieren. Wovon hängt das Dekodieren ab? Von der inneren und äußeren Verfassung des Empfängers, von seiner gesamten Situation. Wie ist der Empfänger gestimmt? Ist er traurig oder lustig, was verbindet er mit den Zeichen? Aus welchem Sprachmilieu kommt der Empfänger? Denken Sie daran, welch unterschiedliche Reaktionen Sie bekommen, wenn Sie das Wort Liebe gebrauchen.

Schulz von Thun unterscheidet drei Faktoren, die häufige Störquellen sind und zu Empfangsfehlern führen: Erstens das Bild, das der Empfänger von sich selbst hat, zweitens das Bild, das der Empfänger vom Sender hat, und drittens das Phänomen der korrelierten Botschaften. Der Empfänger empfängt die Botschaft auf der einen Seite der Nachricht korrekt, hört aber gleichzeitig auf der anderen Seite der Nachricht weitere Botschaften mit, welche mit der Kernbotschaft häufig gekoppelt sind (korrelieren). Beispiel: »Du hast gestern abend zu viel getrunken« enthält häufig den Vorwurf »Du kannst mit Alkohol nicht umgehen«. Ohne Metakommunikation sind solche Korrelationen nicht zu knacken.

Daraus wird klar, weshalb eine Nachricht nicht die Übersendung von Fakten, sondern die Interpretation durch den Empfänger ist, und daß die empfangene Nachricht ein Produkt des Empfängers, nicht des Senders ist. Das Ergebnis meiner Kommunikation ist also die Reaktion, die ich hervorrufe.

4. Beliebte Sendestörungen

Drei Haupttechniken werden von uns bewußt, häufiger sogar unbewußt benutzt, in der (trügerischen) Hoffnung, daß wir dadurch weniger verletzlich sind.

Imponiertechniken

Sich aufspielen, sich produzieren, angeben, Eindruck schinden, wir zitieren, was wir gar nicht gelesen haben (schon Adorno hat gesagt ...), lassen über den »Kanal der Beiläufigkeit« wissen, welch berühmte Persönlichkeiten wir kennen, oder wir erzählen Vorfälle aus unserem Leben, wo es besonders günstig für uns ausgegangen ist. Wir offenbaren unsere Schokoladenseiten.

Mauertechniken

Ich versuche, meine weniger positiven Eigenschaften zu tarnen oder zu verschleiern. Ein sprachliches Mittel zur Selbstverbergung sind die »Man-Sätze«. So werden Inhalte verallgemeinert, ich sage nichts darüber aus, was ich mit der Sache zu tun habe, sondern spreche für die Menschheit schlechthin.

Die konsequenteste Fassade: Ich melde mich in einer Versammlung erst gar nicht zu Wort. Ich schweige einfach. Jeder von uns kennt solche Situationen. Ich bitte die Leserin oder den Leser jetzt innezuhalten. Sie sind Mitglied in einem Verein, in einer Arbeitsgruppe oder in einer Partei. Sie wollten immer schon einmal einige Dinge zur Sprache bringen, die Ihrer Meinung nach tabuisiert werden. Obwohl Sie sich fest vorgenommen hatten, sich zu Wort zu melden, haben Sie sich an diesem Abend wieder nicht getraut. Mit welchem Gefühl gehen Sie nach Hause?

Demonstrative Selbstverkleinerungen
Andere Menschen wiederum machen sich nicht groß, sondern klein. Sie stellen sich als schwach, wertlos und hilflos dar. »Ich kann das alles nicht, das müssen Berufenere tun.« Sie täuschen Unfähigkeit vor, so daß sich kaum einer traut, ihnen etwas abzuverlangen.

Die Techniken sind nur scheinbare Hilfen, in Wirklichkeit behindern sie Kommunikation. Auf der Selbstoffenbarungsseite zuzumauern schützt uns auch nicht vor Redeängsten, sondern hat vielerlei Auswirkungen:

- Es bedeutet eine Gefahr für den sachlichen Ertrag. Gerade ein wissenschaftlicher Vortrag wird durch Selbstoffenbarungsanteile interessanter und lebendiger. Achten sie darauf, auf welche Teile eines Referates in der anschließenden Diskussion eingegangen wird. Es sind die Teile, die hohe Selbstoffenbarungsanteile enthalten.
- Mauern schaffen zwischenmenschliche Trennwände und sind deshalb eine Gefahr für unsere seelische Gesundheit.
- Wenn ich ständig Anteile von mir vor den anderen verbergen muß, beherrscht mich stets die Angst, »entdeckt« zu werden. Das kostet unnütz viel Energie und steigert erheblich die unbewußten Anteile der Redeangst. Körper, Geist und Seele verkrampfen sich.

5. Die Chance der Hilfreichen Beziehung

Aufgrund meiner Lernerfahrungen ist für mich der Aufbau einer Hilfreichen Beziehung zu den Kommunikationspartnern Dreh- und Angelpunkt gelungener Kommunikation. »Wie kann ich in einer Sprechsituation zu dem anderen eine Beziehung herstellen, die er zu seiner eigenen Kommunikationsentfaltung nutzen kann?« ist für mich die wichtigste Frage überhaupt.

Ich versuche, in einer Sprechsituation mich so einzubringen, daß die positiven Kräfte in der Dynamik eines Gesprächsablaufes sich entwikkeln und zum Vorschein kommen. Eine Hilfreiche Beziehung ist eine Beziehung, in der zumindest eine der Parteien die Absicht hat, beim anderen Entfaltung, Entwicklung, Heranreifung und besseres Agieren zu fördern. Ich versuche, die Welt des anderen einfühlsam zu verstehen, sein Weltbild zu erfassen, seine Einmaligkeit herauszufinden. Ich versuche, zu den anderen Drähte zu knüpfen, Brücken zu bauen, Berührungspunkte ausfindig zu machen, indem ich in die »vier Ohren« auf der Basis wechselseitiger Unkenntnis hineinhorche.

Es besteht ein elementarer Zusammenhang zwischen Kommunikation und Selbstwert. Wenn ich dem Gesprächspartner helfe, sein in Sprechsituationen stets gefährdetes Selbstwertgefühl zu verbessern, so eröffne ich die Chance, eine Hilfreiche Beziehung zu ihm aufzubauen. Wenn ich jedoch, wie in unserer Alltagskommunikation üblich, sein Selbstwertgefühl verletze oder sogar angreife, schlage ich mich nur noch mit diesem Ballast herum. Es geht dann nur noch um unsere Beziehung, nicht mehr um die Sache.

Wenn es mir gelingt, eine vertrauensvolle kommunikative Beziehung herzustellen, wird der Gesprächspartner seine Fähigkeiten, die in ihm schlummern, entdecken und sie auch nutzen. Und wenn ihm Kommunikation bisher mißlang, wird er vielleicht den Wunsch verspüren, diese Fähigkeiten zu entfalten.

Was bewirke ich durch eine Hilfreiche Beziehung? Ich erweitere bei allen beteiligten Kommunikationspartnern die inneren und äußeren Voraussetzungen des Dialogs, indem ich sie nicht einschüchtere, sondern die Möglichkeit eröffne, daß sie an ihre Ressourcen, Fähigkeiten und inneren Quellen herankommen, indem ich Blockaden lockere und eine kommunikativ behagliche Atmosphäre schaffe. Denn die eigenen Kräfte zu mobilisieren gelingt uns in der Regel nur, wenn wir uns bei diesem Vorgang wohl fühlen. Nur in einem Zustand des Sich-Wohl-Fühlens kommen wir in Kontakt mit unseren inneren Stärken.

Steht ein Konflikt ins Haus, bemühe ich mich um eine niederlagenlose Konfliktlösung, mit der beide Teile leben können. In einer Hilfreichen Beziehung suche ich immer Wege zu einem gemeinsamen Ziel. Bei optimaler Kommunikation in einer Hilfreichen Beziehung gibt es zwei Gewinner, in der durch Einschüchterung und Manipulation geprägten Kommunikation gibt es zwei Verlierer: einen Verlierer und einen Schein-Sieger.

Die Lernselbsthilfegruppe Kommunikation ist ein ideales Trainingslager, um Hilfreiche Beziehungen einzuüben. Es ist die neue Qualität der Beziehungen untereinander, die es ermöglicht, alte Verhaltensweisen zugunsten neuer und anderer Verhaltensmuster aufzugeben.

6. Wie kann ich mich als Individuum verbessern?

Zugang zu sich selbst finden

Kommunikationsfähigkeit erfordert eine nach innen wie nach außen gerichtete Aufmerksamkeit: Ich versuche, meine Innenwelt zu erspüren. Wer bin ich, was will ich, was will ich davon mitteilen? Der Anfang vom Anfang ist immer eine Selbstklärung. Die Voraussetzung dafür: Sich selbst anschauen, sich nicht aus dem Weg gehen, ich akzeptiere auch die von mir als negativ empfundenen Anteile. Zugang zu sich selbst finden ist die Voraussetzung, Zugang zu den anderen zu finden, denn der Weg zu den anderen führt über den Umweg zu mir selbst.

Zugang zu anderen finden

Ich bin in der Lage, meine kommunikativen Fähigkeiten realistisch einzuschätzen. Mir ist die Art und Weise bekannt, wie ich mich nach außen gebe, wie ich Kontakt herstelle, wie ich reagiere, nach welchen Mustern und Glaubenssätzen ich handle. Ich kann meine kommunikativen Fähigkeiten auch beurteilen: Was kann ich, was kann ich nicht? Bei welchen Gelegenheiten nützen sie mir, wann schaden sie mir, was behindert mich? Wichtig ist, daß der Dialog zwischen Innen und Außen nicht abreißt.

Wahrnehmungsfähigkeiten steigern

Wir haben innere und äußere Wahrnehmungsorgane, mit denen wir die Welt ganzheitlich, ganzsinnig erfassen. Die Pforten der Wahrnehmung (Aldous Huxley) sind unsere Augen, Ohren, Nase, Mund und Haut. Es sind unsere Berührungspunkte mit der Welt. Es gilt, unsere Sinnesorgane offenzuhalten bzw. überhaupt erst zu öffnen: Mehr hören, riechen, schmecken, fühlen und sehen als bisher. Ich verzichte auf jede Form von »Hellseherei« (ich weiß genau, was Du mir jetzt sagen willst ...), sondern frage behutsam und empfindsam nach. Ich versuche mit allen Sinnen, feinere Unterschiede zu erfassen. Ich versuche, meine Intuitionen nachzuempfinden. Ich baue meine Erlebnisfähigkeit aus. Ich bemühe mich immer wieder, hinter dem Gesagten das Gemeinte zu erspüren und darauf einzugehen.

Leider sind wir kulturell trainiert, gewisse sinnliche Erfahrungen nicht wahrzunehmen (z. B. Körperkontakt jenseits des Sexuellen). Es ist verpönt, bewußt auf Körpersprache zu achten. Es empfiehlt sich, gerade auf diesen Gebieten unsere Beobachtungsgabe zu schulen.

Eine gute Metapher für einseitige, gefilterte Wahrnehmung ist die Art, wie das Auge eines Frosches funktioniert. Das Auge eines Frosches ist ein Meisterwerk der Natur, es sieht hervorragend alle Gegenstände in seiner Umgebung. Aber der Frosch reagiert nur auf zwei Dinge: Erstens auf Dinge, die sich bewegen, und zweitens auf Dinge, die die Form und Struktur seiner Nahrung haben. Wegen dieser Wahrnehmungsfilter würde er in einem Terrarium mit toten Fliegen verhungern. Er sieht nur aus der Froschperspektive.

Je flexibler ich reagieren kann, desto größer ist meine Handlungsfreiheit und um so besser kann ich mich auf den Gesprächspartner einstellen. Flexibilität sowohl im Denken als auch im Handeln ist dabei der höchste Wert. Nur dann haben meine »Nachrichten« eine Chance, beim Empfänger anzukommen. Wenn ich keine Wahlmöglichkeiten habe, wiederhole ich immer wieder das, was bislang schon nichts gebracht hat.

Da ich das Wirkungsgeflecht meiner kommunikativen Handlungen nicht voraussehen kann, bin ich gezwungen, ein Risiko einzugehen. Ich lege deshalb meine Kommunikation fehlerfreundlich an. Kluge Leute machen in bezug auf Kommunikation jeden Tag einen neuen Fehler, weniger kluge jeden Tag den gleichen.

Der Frosch, der im Brunnen lebt,
beurteilt das Ausmaß des Himmels
nach dem Brunnenrand.
Sprichwort aus der Mongolei

Exkurs: Erklärungsmodell »Landkarte«

Das Erklärungsmodell »Landkarte« wird häufig von NLP-Autoren verwendet, ist aber auf Alfred Korzybski[19] und den Philosophen H. Vaihinger (»Die Philosophie des Als Ob«) zurückzuführen. Vaihinger hat (laut Fritz Perls) die philosophischen Grundlagen zu Perls Gestalttherapie gelegt. Ähnliche Gedanken finden sich auch bei Aldous Huxley.

Das Landkartenmodell geht von folgenden Überlegungen[20] aus: Unsere Welt besteht aus einer Unendlichkeit von Sinneseindrücken. Wir wären völlig überfordert, völlig orientierungslos, wenn wir alle Sinneseindrücke aufnehmen würden. Gegen diese unendlich vielen Sinneseindrücke schützen Filter unser Gehirn. Wir nehmen nur einen kleinen Teil davon wahr.

Und dieser kleine Teil wird noch zusätzlich kräftig gefiltert durch

- unsere individuellen Erfahrungen, die wir in der Welt machen,
- unsere Kultur, z.B. auf Körpersprache nicht bewußt zu achten,
- unsere Glaubenssätze (»Es lohnt sich nicht Freundschaften zu schließen, man wird ja doch nur enttäuscht«),
- unsere Einstellungen (»Öffentlich reden ist nur etwas für Akademiker, aber doch nicht für mich«),
- unsere Interessen (»Was mich interessiert, verfolge ich, was mich nicht interessiert, übersehe ich«),
- unsere Annahmen (»Ich kann nicht vor dreißig Leuten eine Rede halten. Das schaffe ich nie«),
- unsere hormonale Befindlichkeit.

Auf der Grundlage dieser Sinneseindrücke konstruieren wir uns ein Modell, erschaffen wir uns eine Repräsentation dieser Welt. Unsere Vorstellungen von der Welt sind aber nicht die Welt, sondern unsere Vorstellungen von der Welt. Jeder Mensch lebt nicht in einer, sondern in seiner einzigartigen Welt, und seine Abbildung der Welt gibt es kein zweites Mal. Diese (subjektiven) Vorstellungen tragen wir – bildlich gesprochen – in eine Landkarte ein.

»Man muß sich daran erinnern, daß die ganze Vorstellungswelt in ihrer Gesamtheit nicht die Bestimmung hat, ein Abbild der Wirklichkeit zu sein – es ist dies eine ganz unmögliche Aufgabe – sondern ein Instrument, um sich leichter in derselben zu orientieren.«[21]

Wir können auch sagen: Unser Gehirn ist nicht dazu da, um die Wirklichkeit zu erkennen, sondern ist so konstruiert, daß wir uns in der Wirklichkeit zurechtfinden. Auch unsere Landkarte bildet nicht die Welt in ihrer Gesamtheit ab, sondern sie ist für uns eine Ansammlung von Anleitungen (ein Computerfreak würde sagen, unsere Software), um uns in der Welt zurechtzufinden.

Wir richten unser Verhalten danach aus. Menschliches Verhalten ist regelgeleitet, was nicht mit determiniert (vorausbestimmt) zu verwechseln ist. Hierin liegt auch der Grund, weshalb die meisten Menschen immer wieder die gleichen Fehler machen.

Ob wir Handlungsoptionen im Leben haben, ob wir in der Lage sind, verschiedene Wege und Strategien zu wählen, ist von der Qualität und der Quantität unserer Einträge in der Landkarte abhängig. Sie bestimmen weitgehend, wie unsere Erfahrungen von der Welt sein werden, wie wir die Welt wahrnehmen, welche Wahlmöglichkeiten wir haben und aus welchem Blickwinkel wir unser Leben sehen.

Was macht die Brauchbarkeit einer Karte aus?

Die Brauchbarkeit einer Karte beruht auch (nicht nur) auf der Vereinfachung. Es gibt naturgemäß einen Zwang zur Einschränkung. Wenn z. B. auf einer Autokarte alles eingetragen wäre, was existiert, so würden wir uns im Dschungel der vielen Einträge nicht mehr zurechtfinden. Die Landkarte böte keine Orientierung, sondern durch die Vielzahl der Einträge nur noch Desorientierung. Eine Landkarte, die Orientierung bietet, ist eine dem Gebiet ähnliche Struktur, darin ist ihre Brauchbarkeit begründet.

Unsere Fähigkeit, aus der Vielzahl der Sinneseindrücke ein Modell dieser Welt zu konstruieren und eine Landkarte anzulegen, um uns in der bunten Vielfalt der Welt zurechtzufinden, sichert uns Überleben, Wachstum, Wandel, Kontinuität, Veränderung, Freude, Leid, Kreativität und ermöglicht uns ein gelungenes Leben.

Doch diese Fähigkeit, die es einerseits erlaubt, daß Menschen in das Weltall fliegen und Albert Einstein seine Formel $E = m \cdot c^2$ entwickeln konnte, ist gleichzeitig derselbe Prozeß, der andererseits unser Verhalten blockieren kann, nämlich dann, wenn wir den Fehler begehen, die Landkarte mit dem Gebiet (der real existierenden Welt, der Wirklichkeit) zu verwechseln.

Wir kommunizieren nicht direkt mit der Welt, sondern immer über den Umweg »Landkarte«. Wenn ich einem Lehrer begegne, begegne ich ihm durch die Filter meiner frühen Erfahrungen. Mich beeinflussen die Meinungen meiner Eltern, meine persönlichen Erfahrungen mit Lehrern, kurzum alles, was an Sinneseindrücken in meiner Landkarte festgeschrieben ist. Wie differenziert mein Bild ist, hängt von der Zahl meiner Einträge ab, vor allem auch von den verschiedenen Sichtweisen.

Wenn jemand nach dem Glaubenssatz »Es lohnt sich nicht, Freundschaften zu schließen, man wird ja doch nur enttäuscht« handelt, weil er eine einmal gemachte schlechte Erfahrung für alle Zeiten generalisiert und fest in seine Landkarte eingetragen hat und er im weiteren Verlauf seines Lebens keine neuen und anderen Erfahrungen zusätzlich eingetragen hat, kann er nicht aus einem Verhaltensrepertoire entsprechend der jeweiligen Situation auswählen. Sein Verhalten ist regelgeleitet. Er macht sich gar nicht erst auf die Suche nach interessanten Leuten, er schränkt seine Handlungsmöglichkeiten von Anfang an ein. Begegnet ihm doch einmal ein interessanter Mensch, signalisiert er mit dieser Einstellung Interesselosigkeit. Es geht deshalb auch niemand auf ihn zu. Dadurch fühlt er sich in seiner Meinung bestätigt, daß außer ihm auf der ganzen Welt nur uninteressante Typen herumlaufen. Sein Glaubenssatz wird für ihn zu einer sich selbst erfüllenden Prophezeiung.

Erinnern Sie sich noch an die Metapher vom Frosch? Ihm wird nachgesagt, daß er ein vorzügliches Auge hat, alles mit großer Schärfe in einem Riesenblickwinkel erfaßt, ein Wunderwerk der Natur ist, und trotzdem kann er nur als Nahrung erkennen, was wie ein Wurm oder wie eine Fliege ausschaut und sich bewegt. Weitere Eintragungen in bezug auf Nahrung sind in seiner Landkarte nicht verzeichnet. In einem Terrarium voll köstlicher Fliegen und Würmer, die sich nicht bewegen, würde er verhungern. Seine Landkarte »erlaubt« ihm die Handlung »Fressen« nicht. Sein brillantes Auge ist für ihn nutzlos.

Mein Ziel ist eine vielseitige und vielsichtige Repräsentation dieser Welt mit vielen Sichtweisen, so daß stets verschiedene Wahlmöglichkeiten zur Verfügung stehen. Deshalb schärfe ich meine Sinne und Wahrnehmungsfähigkeiten und überprüfe meine Filter auf Durchlässigkeit. Neue Erfahrungen führen zu neuen Einträgen. Ich bereichere meine Landkarte durch neue und andere Sichtweisen. Sie weist eine dem »Gebiet ähnliche Struktur« auf.

Wenn ich Menschen idealtypisch einteile in solche, die ein gelungenes Leben, und in solche, die ein verarmtes Leben führen, kann ich folgendes beobachten: Menschen, denen ihr Leben gelingt, besitzen ein vielseitiges Repräsentationssystem dieser Welt, eine Landkarte mit vielen unterschiedlichen Einträgen, verbunden mit einer hohen Bereitschaft, weitere Einträge zu machen. Wenn ein Weg nicht funktioniert, wählen sie einen anderen.

Diejenigen Menschen aber, die ein verarmtes Leben führen, haben ein einseitiges Repräsentationssystem dieser Welt, die Karte ist flach, die Sichtweisen sind schwarz/weiß, die Einträge gering und verfestigt. Sie zeigen keine Bereitschaft, neue Erfahrungen zu machen und verzichten auf neue Einträge. Ihr Blickwinkel ist die Froschperspektive.

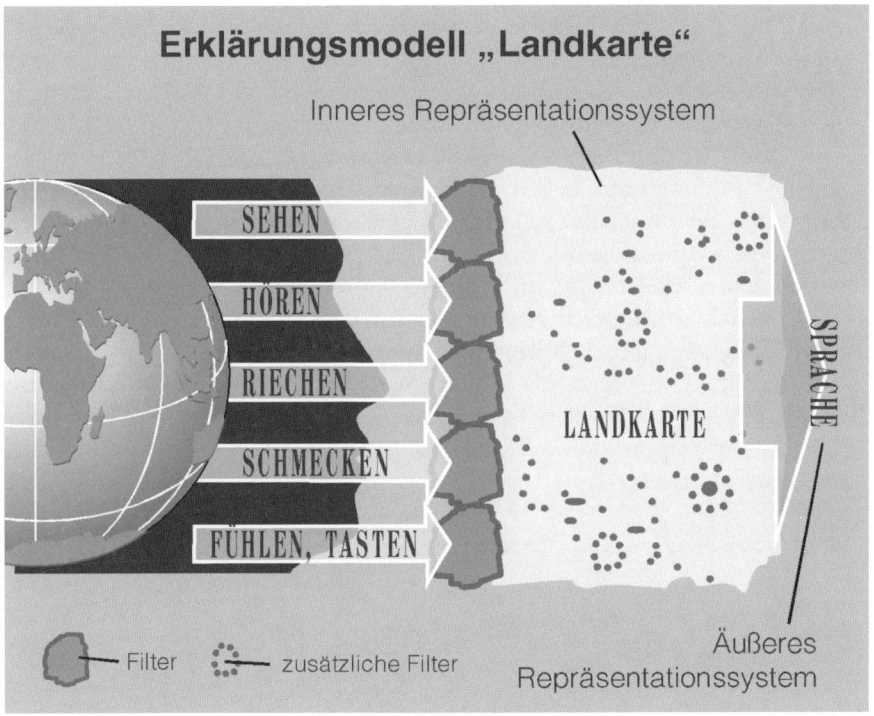

Erklärungsmodell „Landkarte"

Inneres Repräsentationssystem

SEHEN

HÖREN

RIECHEN

SCHMECKEN

FÜHLEN, TASTEN

LANDKARTE

SPRACHE

Filter   zusätzliche Filter

Äußeres
Repräsentationssystem

Findling

»Es ist anzunehmen, daß die Funktion des Gehirns und Nervensystems und der Sinnesorgane hauptsächlich eliminativ und nicht produktiv sind. Jeder Mensch ist in jedem Augenblick fähig, sich all dessen zu erinnern, was ihm je geschehen ist, und alles wahrzunehmen, was irgendwo im Weltall geschieht. Es ist die Aufgabe des Gehirns und des Nervensystems, uns davor zu schützen, von dieser Menge größtenteils unnützen und belanglosen Wissens überwältigt und verwirrt zu werden, indem sie das meiste dessen, was wir sonst in jedem Augenblick gewahr werden oder uns erinnern würden, ausschließen und nur die sehr kleine und besondere Auswahl übriglassen, die voraussichtlich praktisch nützlich sein wird.

Gemäß einer solchen Theorie ist potentiell jeder von uns Freier Geist. Damit ein biologisches Überleben möglich werde, muß der Freie Geist durch das Reduktionsventil des Gehirns und Nervensystems durchgeschleust werden. Was am anderen Ende herauskommt, ist ein spärliches Rinnsal der Art von Bewußtsein, die uns hilft, auf der Oberfläche dieses speziellen Planeten am Leben zu bleiben. Um die Inhalte des so eingeschränkten Bewußtseins zu formulieren und auszudrücken, hat der Mensch die Symbolsysteme und implizierten Philosophien, die wir Sprache nennen, erfunden und endlos ausgestaltet.

Jeder Mensch ist zugleich Nutznießer insofern, als die Sprache Zugang zu den angesammelten Dokumenten der Erfahrung anderer Menschen gewährt; Opfer insofern, als sie ihn in dem Glauben, dieses reduzierte Bewußtsein sei das einzige Bewußtsein, bestärkt und seinen Wirklichkeitssinn verwirrt, so daß er nur allzu bereit ist, seine Begriffe für Tatsachen, seine Worte für wirkliche Dinge zu halten.«

Aldous Huxley, Die Pforten der Wahrnehmung

In keiner Sprache kann man sich so schwer
verständigen wie in der Sprache.
Karl Kraus

Exkurs: Sprache und Kommunikation

Um sich zu entwickeln, mußte der Mensch vor allem sich selbst verändern. Die Hauptinstrumente seines erwachenden Bewußtseins waren, wenn wir den Anthropologen glauben dürfen, seine eigenen Gesten und Laute, heute sagen wir, seine nonverbale Kommunikation. Die Errungenschaft der Sprache ist wohl der entscheidendste und damit größte Entwicklungssprung in die menschliche Zivilisation gewesen, der jemals gemacht wurde. Erst mit Hilfe des stimmlichen Ausdrucks konnte der Mensch den Bereich seiner sozialen Gemeinschaft erweitern. Lewis Mumford formulierte es so: »Und als er schließlich das Stadium verständlicher Sprache erreichte, schuf er eine üppig wuchernde Symbolwelt, zum Teil unabhängig vom steten Wechsel der täglichen Erfahrung, ablösbar von jeder spezifischen Umwelt oder Gelegenheit und unter ständiger menschlicher Kontrolle, wie es noch auf Jahrtausende kein anderer Lebensbereich werden konnte: das Reich der Bedeutung. Hier, und hier allein, herrscht der Mensch uneingeschränkt.«[22]

Sprache ist ein großartiges Hilfsmittel. Sprache schafft Verbindungen zwischen den unterschiedlichen inneren und äußeren Welten. Aber Sprache ist stets auch eine Quelle von Mißverständnissen, denn unsere Worte sind eng verknüpft mit unseren individuellen Sinneserfahrungen. Oft vergessen wir, daß wir die unterschiedlichsten Erfahrungen mit den gleichen Worten verknüpfen. Die Worte sind gleich, aber jeder meint etwas anderes, und so wird aneinander vorbeigeredet.

Auch die Erfahrungen in uns selbst und in der Welt werden durch Sprache dargestellt. In der Verwendung bestimmter sprachlicher Redewendungen zeigt sich die Art, wie wir unsere Umwelt sinnlich wahrnehmen. Sprache ist der individuelle Daumendruck unserer Persönlichkeit. Die Wörter, die wir verwenden, spiegeln wider, wie wir denken und fühlen, riechen, schmecken und sehen. Sie widerspiegeln unser Wertesystem und unsere Glaubenssätze. Über die Bedeutung des Wortes Erdbeertörtchen werden wir uns wahrscheinlich sehr schnell einig werden. Aber denken Sie nur daran, was das Wort »Ausländer« alles in Menschen auslösen kann, oder das Wort »Ehrgeiz« oder »Liebe«. Liebe wird gebraucht in der Spannweite von St. Pauli in Hamburg bis hin zur Bergpredigt. Was bedeutet ein Wort, fragte mich meine kleine Freundin Julia. Ich konnte es nicht erklären und antwortete deshalb: »Es kommt immer darauf an, für wen.«

Sprache ist nicht nur Verständigungsmittel, sondern auch Denkmittel. Ich denke beim Sprechen bzw. ich spreche während des Denkens. Sprache kanalisiert unsere Gedanken in bestimmte Richtungen und macht es leicht, auf bestimmte Weise zu denken, und schwer, auf andere Weise zu denken. »Schließlich«, so Viktor Klemperer, »lenkt Sprache auch unsere Gefühle – um so stärker, je unbewußter wir uns ihr überlassen. Worte können sein wie winzige Arsendosen. Sie werden unbemerkt verschluckt, sie scheinen keine Wirkung zu tun, und nach einiger Zeit ist die Giftwirkung doch da.«

Verfolgt man Äußerungen von Schriftstellern oder Politikern, die gründlich über Sprache nachgedacht haben, wird man immer wieder auf Ambivalenzen und Widersprüche aufmerksam gemacht. Vaclav Havel hat in seiner Dankesrede für den Friedenspreis – »Ein Wort über das Wort« – auf die Ambivalenz der Sprache und den engen Zusammenhang zwischen Wort und Redner hingewiesen: »Jedes Wort enthält auch die Person, die es ausspricht. Dasselbe Wort kann einmal große Hoffnung ausstrahlen, ein anderes Mal nur Todesstrahlen aussenden. Dasselbe Wort kann einmal wahrhaftig und ein anderes Mal lügnerisch sein, einmal faszinierend und ein anderes Mal trügerisch.« Huxley schreibt dazu: »Jeder Mensch ist zugleich Nutznießer und Opfer der sprachlichen Tradition, in die er hineingeboren wurde – Nutznießer insofern, als die Sprache Zugang zu den angesammelten Dokumenten der Erfahrung anderer Menschen gewährt; Opfer insofern, als sie ihn in dem Glauben, dieses reduzierte Bewußtsein sei das einzige Bewußtsein, bestärkt und seinen Wirklichkeitssinn so verwirrt, so daß er nur allzugern bereit ist, seine Begriffe für Tatsachen, seine Worte für wirkliche Dinge zu halten.«

Sprache hat einen Doppelcharakter. Wir gebrauchen Sprache einerseits, um unsere Erfahrungen zu repräsentieren (denken, studieren, lernen, phantasieren), und die Sprache ist dabei unser Repräsentationssystem. Wenn wir Sprache benutzen, schaffen wir uns ein Modell unserer Erfahrungen, legen aufgrund unserer Wahrnehmungen in der Welt eine Landkarte an. Andererseits gebrauchen wir Sprache für Mitteilungen, zur Kommunikation. (Reden, diskutieren, schreiben, durchaus auch zum

Verbergen nach dem Motto »Die Sprache ist dazu da, um zu verbergen, welche Gedanken man hat.«)

Wir repräsentieren aber gleichzeitig in der Mitteilung unsere Erfahrungen, denn beim Mitteilen von Informationen enthält unsere Sprache stets Zusatzinformationen, die beim genauen Hinhören deutlich werden, über unser Weltbild, unser Wertesystem, über Vorurteile und unser Selbstbild. Hierzu schreibt Lewis Mumford: »... In der Entwicklung von Funktion und Zweck der Sprache neigt unsere Generation dazu, am falschen Ende zu beginnen: Wir halten uns an ihre wertvollsten spezialisierten Charakteristika, ihre Eignung, abstrakte Begriffe zu bilden, exakte Beobachtungen und bestimmte Aussagen zu vermitteln, als stellten sie die ursprünglichen Motive für die Verwendung von Worten dar. Aber die Sprache war ein Mittel zur Widerspiegelung und Erweiterung des Lebens, lange bevor sie für die begrenzten Zwecke geistiger Kommunikation geformt werden konnte. Gerade jene Eigenschaften der Sprache, die den logisch denkenden Positivisten ein Ärgernis sind – ihre Vagheit, ihre Unbestimmtheit, ihre Mehrdeutigkeit, ihre emotionale Färbung, ihre Bezugnahme auf unsichtbare Objekte oder nicht verifizierbare Ereignisse, kurz, ihre ›Subjektivität‹ –, zeigen, daß sie von Anfang an ein Mittel war, den lebendigen Organismus menschlicher Erfahrung zu umfassen und nicht bloß das dürre Gerippe definierbarer Ideen. Umfangreiche Lautäußerung muß der nüchternen verständlichen Sprache lange vorausgegangen sein ... Was die Bemühungen betrifft, die Emotionalität auszuschalten, in der Annahme, die Berücksichtigung emotionaler Worte führe notwendigerweise zur Verfälschung der Wahrheit, so übersieht dieser Standpunkt die Tatsache, daß gerade die ›Trockenheit‹ sogenannter objektiver Beschreibung an sich schon ein Anzeichen für einen unglücklichen negativen Zustand sein mag, der ebensolche Gefahren der Entstellung in sich trägt: Außer für die begrenzten Zwecke exakter Beobachtung ist diese Methode nicht unbedingt erstrebenswert.«[23]

Die Doppelfunktion der Sprache ist es, die Kommunikation, die die Verständigung untereinander so schwierig macht. Sprache präzise anzuwenden ist ein hohes Lernziel und entscheidend für jeden, der kommuniziert. Der amerikanische Semantiker Mandino meint dazu: »Immer wenn ich Worte höre/lese, glaube ich, ohne darüber nachzudenken, der Sender hätte mit seinen Worten genau das gemeint, was ich gemeint hätte, wenn ich diese Worte verwendet hätte!« Es lohnt sich deshalb, das eigene Sprachbewußtsein und Sprachgefühl zu sensibilisieren.

Wie kann ich mich optimal mitteilen? Wie kann ich sicherstellen, daß ich sage, was ich meine, und so klar wie möglich verstehe, was andere Leute meinen?

- Wenn ich die Vielzahl meiner Erfahrungen mitteilen will, muß ich selbst vielseitige und komplexe Ausdrucksweisen besitzen. Deshalb ist es so wichtig, einen großen Wortschatz zu haben.
- Ich muß mich in den anderen hineinfühlen, um seine Worte erfassen zu können. Ich muß gleichermaßen präzise erkennen, was der andere mit seinen Worten meint.
- Für den guten Kommunikator kommt es darauf an, durch Einfühlsamkeit in die Landkarte und durch empfindsames Nachfragen über das Gesagte an das Gemeinte heranzukommen.[24]

Wie werden Gedanken in Worte umgesetzt? Sprache kann nie der Vielfalt, Geschwindigkeit und Sensibilität des Denkens gerecht werden, es handelt sich immer nur um Annäherungen. Sprache existiert auf einer sehr tiefen Ebene in unserer Neurologie. Diese Tiefenstruktur ist uns nicht bewußt. Wenn ich z.B. von einer Sitzung berichte, muß ich von dem, was ich gehört habe, immer auswählen. Was wir tatsächlich sagen, nennen Linguisten Oberflächenstruktur. Um von der Tiefenstruktur zur Oberflächenstruktur zu kommen, machen wir unbewußt folgendes: Wir tilgen, wir lassen vieles aus, wir verzerren, wir geben eine vereinfachte Version wieder und verallgemeinern, damit es nicht zu weitschweifig wird. Wir können sagen, unsere Oberflächenstruktur ist unsere Sprechblase, unsere Sprache, unser äußeres Repräsentationssystem, die Tiefenstruktur ist unser inneres Geschehen, unser inneres Repräsentationssystem.[25]

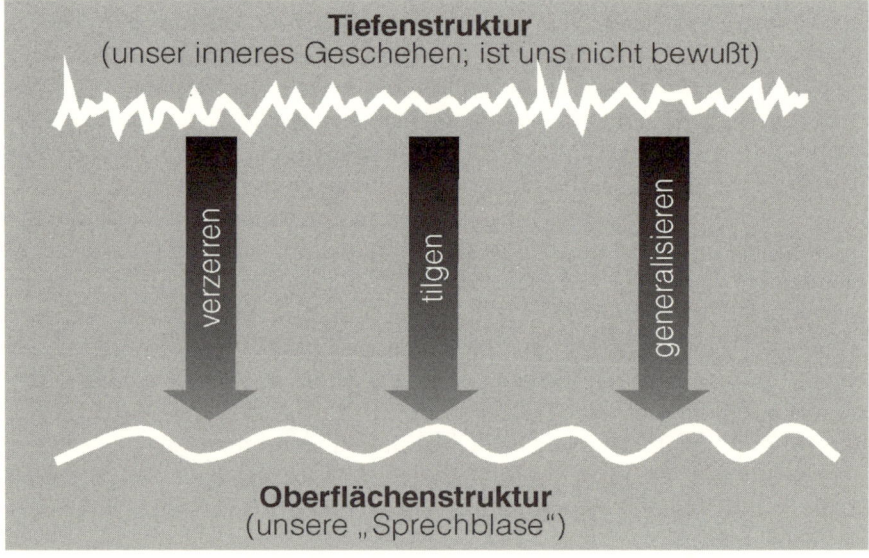

Findling

»Die Gabe des Sprechens und eine wohlgeformte Sprache sind für alle bekannten Gruppen von Menschen charakteristisch. Kein Stamm ist jemals entdeckt worden, der ohne Sprache wäre, und alle Behauptungen des Gegenteils können als reine Folklore abgetan werden. Es scheint nicht die geringste Berechtigung für die Behauptung zu geben, die manchmal aufgestellt wird, daß es bestimmte Menschen gäbe, deren Vokabular so eingeschränkt sei, daß sie nicht ohne den zusätzlichen Gebrauch von Gesten auskommen können, so daß eine sinnvolle Verständigung zwischen Mitgliedern einer solchen Gruppe im Dunkeln unmöglich würde. In Wahrheit ist Sprache geradezu ideal für die Ausdrucksmöglichkeit und für die Kommunikation zwischen allen bekannten Menschen. Man kann getrost annehmen, daß von allen Aspekten der Kultur die Sprache als erste eine hochperfektionierte Form erhielt und daß ihre unerläßliche Verbesserung eine Voraussetzung für die Entwicklung der Kultur als Ganzes darstellt.«

Eduard Sapir[26]

Nonverbale Kommunikation

Wir kommunizieren keineswegs nur mit Worten, wir reden mit unserem ganzen Körper. »Der Körper spricht Bände«, sagt der Volksmund und weist damit treffend auf die nonverbalen Aspekte der Kommunikation hin. Unsere Körper teilen sich ständig etwas mit. Selbst wenn wir den Inhalt der Wörter verstehen, unbewußt achten wir doch mehr auf die nonverbalen Begleitsignale. Wenn wir etwas nicht glauben, schütteln wir den Kopf oder ziehen die Augenbrauen hoch, wenn wir gleichgültig sind oder gleichgültig erscheinen wollen, zucken wir die Achseln, wir schlagen uns auf die Stirn, wenn wir etwas vergessen haben, wir ziehen Grimassen oder setzen unser Pokergesicht auf. Wir wissen, wie ein zorniger Gesichtsausdruck oder wie Schmerz aussieht, und wir können erkennen lernen, ob die Gefühle eines anderen echt oder vorgetäuscht sind.

Die Körpersprache umfaßt jede bewußte oder unbewußte Bewegung unseres Körpers. Mit ihrer Hilfe übermitteln wir der Außenwelt offene und versteckte emotionale Botschaften. Einige Gesten können wir überlegt und damit gezielt einsetzen, die meisten jedoch laufen unbewußt ab. Nur selten übermitteln wir unsere Körperbotschaften bewußt. Körpersprache ist die älteste Form zwischenmenschlicher Kommunikation. Erst später entwickelte sich die Stimme, dann differenzierte Laute und zuletzt die Sprache.

Der Darstellung und wissenschaftlichen Erforschung der Körpersprache hat man den Namen Kinesik gegeben. Die Kinesik versucht, die Verhaltensmuster der nicht verbalen Kommunikation zu deuten und zu entschlüsseln. Das ist ein sehr schwieriges Unterfangen und bedeutet das Studium der Mischungen und Kombinationen aller Körperbewegungen, seien sie bewußt oder unbewußt. Ich rate dabei zu äußerster Vorsicht, die Gefahr von Mißverständnissen und Fehlinterpretationen ist mindestens so groß wie bei verbaler Kommunikation. In verschiedenen Kulturen z. B. kann ein und dieselbe nonverbale Kommunikation eine ganz andere Bedeutung haben. In Griechenland wird »Nein« mit Kopfnicken angezeigt. Die Amerikaner zählen anders mit den Fingern als die Europäer – wenn ein Deutscher in den USA die Zahl Drei mit Daumen, Zeigefinger und Mittelfinger signalisiert, ist das für einen Amerikaner entweder unverständlich oder bedeutet »Zwei«.

Seltsamerweise glauben viele Menschen, daß Kommunikation ausschließlich durch Worte bewerkstelligt würde. Wenn wir uns nur mit Hilfe von Sprache mitteilen könnten, wäre Kommunikation ungeheuer zeitaufwendig. Ich kann mich nicht einmal dagegen wehren, mit Sprache und Körper zu antworten. Ich kann zwar bewußt aufhören zu sprechen, ich kann aber nicht aufhören, durch meine Körpersprache zu kommunizieren. Ein ängstliches Husten, ein nervöses Zucken der Schulter, gesenkte Augenlider, zusammengekniffene Augenbrauen, flacher Atem, ein langes Gähnen, hervorstehende Augen, unruhiges Scharren der Füße – all das sind Signale, die Einstellungen und innere Gefühle mitteilen. Der Körper kann seine Mitteilungen auf ein Mindestmaß beschränken, und doch teilt er mir selbst und anderen immer etwas mit. Es ist dem Körper unmöglich, nichts zu sagen. Auch für nonverbale Kommunikation gilt: Ich kann nicht nicht kommunizieren.

Sprache und Körpersprache

Die Bedeutung dessen, was wir sagen wollen, wird nicht nur mit Sprache, sondern mit dem ganzen Körper sichtbar gemacht. Körpersprache und andere Formen nonverbaler Kommunikation (Kommunikation durch Objekte und Symbole, Kommunikation durch Raum, Körperkontakt) spielen deshalb im menschlichen Sozialverhalten eine zentrale Rolle, bei der Wirkung einer Rede sogar die entscheidende Rolle.

Ein tiefes Einatmen, ein kurzes Lächeln, ein Seufzer, ein Fingerschnalzen, ein hastiges Schlucken, eine plötzlich vorgenommene Veränderung unserer Sitzhaltung verraten oft mehr als verbale Mitteilungen. Es ist ein Irrweg, durch Unterdrückung der Körpersprache den Körper aus unserer Kommunikation auszuschalten. Selbst Denken ist keine rein abstrakte, keine rein »geistige« Angelegenheit.

Es gibt viele Untersuchungen darüber, was die Wirkung einer Rede ausmacht. So unterschiedlich die Ergebnisse der einzelnen Untersuchungen auch ausfallen, eines haben alle gemeinsam: Der Sachinhalt einer Rede spielt in bezug auf die Wirkung einer Rede eine untergeordnete

Rolle. Im Akt des Sprechens wird immer wesentlich mehr ausgesagt, als das, was wir im ersten Moment erfassen. Der Sachinhalt ist – bestenfalls – die Spitze des Eisberges. Was liegt darunter?

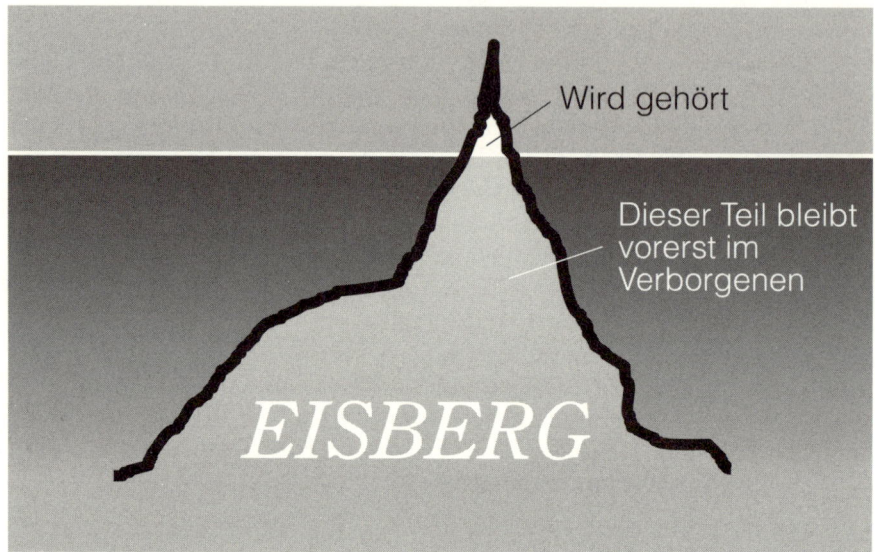

Nach Professor Mehrabian macht der Sachgehalt bei der Wirkung einer Rede gerade 7 Prozent aus. Auf die Stimme entfallen 35 Prozent und auf Gestik und Körpersprache 58 Prozent. Andere Wissenschaftler gelangen zu anderen Anteilen. In der Tendenz liegen sie alle gleich. Alle Untersuchungen verweisen auf die überragende Bedeutung der nonverbalen Anteile in der Kommunikation.

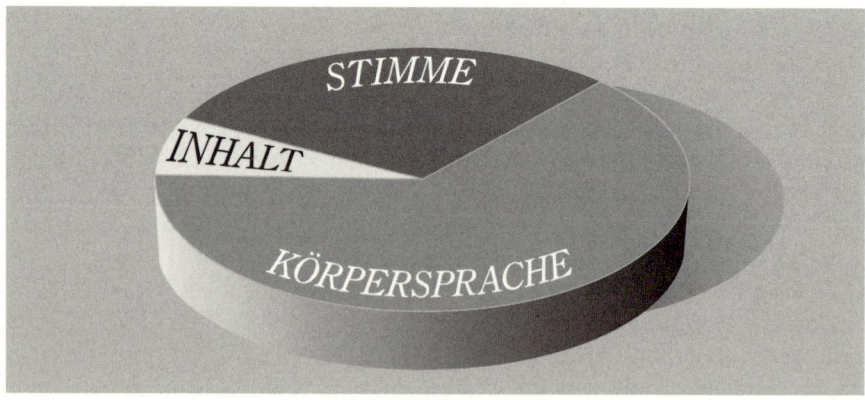

Ich bin mein Körper

Der Körper sagt sehr viel über den Charakter des Menschen und seine Befindlichkeit in der Welt aus. Haltung und Bewegungen, seine Hautfärbung, seine Proportionen, seine Spannungszustände und seine Vitalität drücken den Menschen aus, der in ihm steckt. Selbst aus größerer Entfernung ist ein Mensch an seinem Gang zu erkennen. Menschen repräsentieren ihre Erfahrungen auch in ihren Bewegungen und Körperhaltungen, sogar in den Muskelkontraktionen. Achten Sie darauf, schärfen Sie Ihre Beobachtungsgabe.

Unsere Lebensgeschichte und unsere gesammelten Lebenserfahrungen spiegeln sich in unserem Körper wider. Seelische Vorgänge sind ein Aspekt körperlicher Vorgänge und umgekehrt. Wir lernen auch mit unserem Körper. Ich versuche deshalb, nicht nur auf den Kopf, sondern gleichermaßen auf »Herz und Nieren« zu hören.

Mich überzeugt die fernöstliche Weisheit: Ich habe nicht einen Körper, ich bin mein Körper. Sehr eindrucksvoll drückt das die englische Sprache aus: »Somebody« (irgendein Körper) heißt »jemand«, »nobody« (kein Körper) dagegen »niemand«.

Die größte Schwierigkeit im Umgang mit nonverbaler Kommunikation besteht darin, daß sie nicht eindeutig kodierbar und dekodierbar ist. Sie ist keinesfalls so einfach zu entschlüsseln, wie manche »Experten« uns weis machen wollen.

Ich möchte es an einigen Beispielen deutlich machen. Das Signal »Tränen« vermittelt Botschaften zwischen Schmerz und Freude. In seinem Buch »Gestalt – Wahrnehmung. Verworfenes und Wiedergefundenes aus meiner Mülltonne« beschreibt der Gestalttherapeut Frederik S. Perls die Spannbreite von Weinen. »In Esalen[27] zu weinen ist ein Statussymbol. ›Ein Junge weint nicht‹ wurde ersetzt durch ›Wein mal ordentlich‹, aber – ich weiß nicht, wieviel Arten der Tränenproduktion es gibt. Ich bin sicher, daß irgend jemand eines Tages ein Stipendium für ein Tränenforschungsprogramm erhalten wird, um alle Bereiche zu untersuchen – vom herzzerreißenden Schluchzen einer Mutter, die ihr einziges Kind verloren hat bis hin zu den ›Schauspielern‹, die ihre Tränen auf Kommando laufen lassen können. Ich habe erlebt, wie einer meiner Studenten von seiner Verlobten mit diesem umfassend ausgebauten Trick unterdrückt wurde. Jeder, dessen Wahrnehmungsfähigkeit ungestört ist, spürt sofort den Unterschied zwischen echtem, mitgefühlerregendem Kummer und einer Inszenierung, die beim Zuschauer lediglich kalte Neugier weckt. Ich habe das auch schon einmal gemacht, um Mitleid zu erlangen. Ich weiß nicht mehr, bei welcher Gelegenheit. Ich wußte, wenn ich Mitleid erwecken konnte, würde ich Nachsicht anstelle von Strafe bekommen. Ich fühlte überhaupt nichts. In kalter Berechnung beschwor ich in meiner Phantasie die Beerdigung meiner Großmutter herauf. Ich brauchte ein paar Minuten, aber dann schaffte ich es. Die Tränen kamen, und ich kam davon.«

Auch das nonverbale Signal »Schweigen« ist äußerst vielschichtig: Nachdenken, die Hoffnung, der andere möge beginnen oder die Ablehnung einer Aussage. Genauso kann es aber als Schweigezeit interpretiert werden. Ich kann schweigen aus Unsicherheit, oder weil ich einfach nicht weiter weiß, weil ich abwarten will, was der andere zu sagen hat oder weil ich dem Gesagten große Bedeutung beimesse.

Das Signal »Lächeln« kann Freude oder Verlegenheit sein, vielleicht will ich damit Überlegenheit demonstrieren. Es gibt Hunderte von weiteren Interpretationsmöglichkeiten. Wenn ich mich bei einer Rede nicht konzentrieren kann, versuche ich Konzentration durch geballte Fäuste zu erlangen. Dieses geschieht bei mir meist unbewußt. Nun gilt schlechthin die geballte Faust als etwas Kämpferisches. Für mich ist es eine Methode, die mir hilft, mich besser zu konzentrieren.

Das Thunsche Nachrichtenquadrat läßt sich nicht nur auf verbale, sondern genausogut auf nonverbale Nachrichten anwenden. Oft ist dann allerdings die Sachseite der Nachricht leer. Um es an dem Beispiel Tränen aufzuzeigen:

▪ Selbstoffenbarung: vielleicht Traurigkeit, seelisches Elend oder vielleicht Freude.
▪ Beziehung: die Nachricht enthält vielleicht eine Bestrafung des Empfängers (»Da siehst du, was du angerichtet hast, du Saukerl!«)
▪ Appell: hier sind die Signale besonders schwierig auszumachen. Vielleicht handelt es sich bei dem einen um eine bewußte oder auch unbewußte strategische Entscheidung oder um die Bitte um Zuwendung oder es soll nur eine »Nachricht« sein, in der um »Schonung« – »Ich bin klein und hilflos« – gebeten wird.

Problemfall Eindeutigkeit

1. Explizit und implizit

Jede Botschaft enthält explizite und implizite Nachrichten, die auf allen vier Kanälen gesendet werden. Explizit bedeutet: Der Inhalt einer Nachricht wird ausdrücklich formuliert, implizit sagt aus, es wird etwas in die Nachricht »hineingepackt«, ohne daß es direkt gesagt wird. Sehr häufig enthält der implizite Nachrichtenanteil sogar die eigentliche Hauptbotschaft. Für implizite Botschaften werden überwiegend die nicht-sprachlichen Kanäle bemüht (mit Hilfe von Tonfall, Gestik, Mimik etc.). Wir wissen von der Bedeutung impliziter nonverbaler Nachrichten, aber in unserer Alltagskommunikation sind wir in der Regel bemüht, unsere nonverbalen Anteile zu unterdrücken.

Weshalb unterdrücken wir – bewußt und unbewußt – durch Fixierungen unsere Körpersprache?

Die Antwort ist einfach: Wir haben Angst, uns preiszugeben. Wir wollen uns lieber bedeckt halten. Offen miteinander zu kommunizieren, und darauf lassen wir uns ein, wenn wir unsere Körpersprache zulassen, geht einher mit der Angst vor Verletzungen. Nonverbale Äußerungen sind spontaner und weniger verfälschbar als verbale, und zumindest unbewußt wissen wir, daß wir unsere Gefühle nicht mit der gleichen Leichtigkeit kontrollieren können wie unsere Worte. Deshalb verschanzen wir uns in unserer Alltagskommunikation nur allzu gern hinter einer Schutzmauer der Unverbindlichkeit. Wir hoffen, daß wir dadurch weniger verletzlich sind.

Es ist wesentlich einfacher, mit Sprache etwas vorzutäuschen, als Körpersprache gezielt für Täuschungsmanöver einzusetzen. Leider dient Sprache ja nicht nur dazu, unsere Gedanken mitzuteilen, sie dient auch dazu, unsere Gedanken zu verbergen.

Nonverbale Äußerungen kommen überwiegend aus dem Unbewußten, und das Unbewußte ist um vieles schneller als das Bewußte. Regt sich in mir Widerstand, so kann ich ihn vielleicht verbal unterdrücken, nonverbal wird es mir auch bei gewaltigen Fixierungen nur unzureichend gelingen, ganz jedoch nie. Aus diesen Gründen sind nonverbale Äußerungen schwerer zu kontrollieren als verbale. Wir müssen also auf der Hut sein, zumindest dann, wenn wir uns nicht preisgeben wollen oder etwas zu verbergen haben.

»Man lügt wohl mit dem Mund«, schrieb schon Nietzsche, »aber mit dem Maule, das man dabei macht, sagt man doch die Wahrheit.« Die Muskelanspannungen im Gesicht, die Farbe der Haut, unsere Stimmlage, die Lippengröße und Lippenform, selbst die Atmung »verraten« mehr über uns, als uns bewußt ist. Nonverbale Zeichen sind äußere Ausdrucksformen unserer inneren Gedanken. Oder anders gesagt: Es sind innere Gedanken in körperlicher Gestalt. Häufig signalisieren wir Gefühle, von denen wir gar nicht wissen, daß wir sie haben, denn der Körper »begreift« viele Dinge früher als der Verstand.

Spüren Sie der Sprache Ihres Körpers nach, wenn Sie frisch verliebt sind. Zu Beginn benötigen wir kaum Worte, um intensiv zu spüren, daß wir uns nahestehen. Am Anfang steht überwiegend nonverbale, am Anfang vom Anfang sogar ausschließlich nonverbale Kommunikation, die unbewußt abläuft. In einer dauerhaften Beziehung ist jedoch Zärtlichkeit und Nähe ohne verbale Kommunikation nicht herzustellen. Gerade die Sprachlosigkeiten sind es, die Partnerschaften gefährden.

2. Kongruent und inkongruent

Mit Kongruenz ist nach Carl Rogers die Übereinstimmung zwischen drei Bereichen der Persönlichkeit gemeint: Inneres Erleben (was ich fühle, was sich in mir regt), Bewußtsein (was ich davon bewußt mitkriege) und Kommunikation (was ich davon mitteile, nach außen hin sichtbar werden lasse). Ich kommuniziere kongruent, wenn alle Signale in die gleiche Richtung weisen und sich gegenseitig ergänzen und unterstützen. Nonverbale Signale kommentieren, unterstützen, begleiten und ergänzen, sie differenzieren, erläutern, verstärken oder schwächen verbale Elemente. Wenn aber Körper und Sprache in der Kommunikation zweigleisig fahren, wenn also der Körper oder die Stimme etwas anderes zum Ausdruck bringen als die Sprache, treten in unserer Kommunikation Inkongruenzen auf. Inkongruenz bedeutet: Die sprachlichen und nichtsprachlichen Botschaften stehen zueinander im Widerspruch. In solchen Fällen verlassen wir uns auf die nonverbalen Signale, nicht auf die Worte.

Inkongruenzen erzeugen stets Unsicherheiten in der Kommunikation, denn die Zuhörer müssen sich auf zu viele Signale des Senders konzentrieren. Wir sind nicht mehr in der Lage, aufmerksam und einfühlsam auf die Sprache zu achten. Inkongruenzen sind in der Alltagskommunikation an der Tagesordnung. Auf die Frage »Wie geht es Dir?« wird häufig geantwortet: »Sehr gut ... prima«, obwohl nonverbal durch Gestik, Mimik, Körperhaltung und Tonfall das Gegenteil zum Ausdruck gebracht wird. Da geht ein Mann zum Psychiater und beteuert: »Herr Doktor, das müssen Sie mir glauben, ich liebe meine Frau und meine Kinder heiß und innig«, und gleichzeitig schüttelt er dabei die ganze Zeit den Kopf. Die Türken sagen in ihrer bilderreichen Sprache: »Mund und Herz sprechen nicht dasselbe.«

Was verraten uns Inkongruenzen? Wenn Sie inkongruente Signale bei Ihrem Kommunikationspartner wahrnehmen, wissen Sie lediglich, daß eine Inkongruenz stattgefunden hat. Auf keinen Fall wissen Sie, worauf diese zurückzuführen ist. Das schaffen Sie nur, wenn Sie behutsam und einfühlsam nachfragen.

Ist Körpersprache erlernbar?

Es ist durchaus vertretbar, die These aufzustellen, daß die verbalen Anteile der Kommunikation weniger wichtig und interessant sind als die nonverbalen. Wir verlassen uns in Sprechsituationen viel zu sehr auf die Worte des Menschen, statt unsere Augen und Ohren und alle weiteren Sinne zu gebrauchen. »Wie tief ist doch die Menschheit gesunken«, läßt der Dichter Nikos Kazantzakis Alexis Sorbas in dem gleichnamigen Roman sagen. »Man hat den Körper zum Schweigen gebracht, nur der Mund redet noch. Aber was kann der Mund schon sagen?«

Es gibt viele Publikationen, die suggerieren, daß Körpersprache lern- und damit manipulierbar sei. Ich halte das für unsolide und durch nichts bewiesen. Die Autoren wollen uns Glauben machen, als ob einzelne, isoliert betrachtete Gesten eindeutig zu bestimmen wären: »Bein der Frau über dem Oberschenkel ... aha ...« Die Gesamtperson wird nicht betrachtet, die tausend denkbaren Interpretationsmöglichkeiten werden außer acht gelassen.

Ich glaube nicht, daß Körpersprache erlernbar ist. Wir können sie zulassen und entfalten. Oder wir können sie durch Fixierungen unterdrücken, gänzlich ausschalten können wir sie nicht. Der körperliche Gesamteindruck kann willentlich weder gesteuert noch gefälscht werden.

Insgesamt ist unser Ausdrucksverhalten von so vielen Faktoren abhängig, daß bewußt erlernte und angewandte nonverbale Gestik immer das bleibt, was sie ist: Scheingestik. Scheingestik führt in unseren Reden zu Inkongruenzen, die unsere Glaubwürdigkeit erheblich schmälern. Die Vielfalt der Menschen spiegelt sich im Gesichtsausdruck und im Körper wider. Jeder innere Zustand geht mit einer entsprechenden körperlichen Veränderung einher.

Wenn z. B. jemand Angst hat, so zeigt sich dies durch höheren Blutdruck, schnellen Puls, größere Muskelanspannung, Herzflattern usw. Und für jede innere Wahrnehmung gibt es auch eine äußere körperliche Reaktion. Es gibt aber kein Lexikon der Körpersprache. Keine körperliche Haltung oder Bewegung hat eine exakte Bedeutung per se.

Eines Tages hatte ich in einem Rhetorikseminar ein wunderschönes Erfolgserlebnis: Eine gut aussehende Frau, ich nenne sie einfach Inis, tat sich außerordentlich schwer beim Freien Sprechdenken. Inis war im Sozialbereich tätig, wo reden zum Alltagsgeschäft gehört. Sie war intelligent, engagiert und sachkundig. Aber sie traute sich nicht, anhand von Stichworten frei vorzutragen. Ihr Manuskript enthielt, entgegen meiner ausdrücklichen Empfehlung, ganze Sätze, und sie konnte sich nicht davon lösen. Darüber hinaus war sie äußerst sensibel für Feedback aus dem Publikum. Sie wurde, sobald sie den Text nicht ablas, verlegen und unsicher und diese nonverbalen Signale wurden überwiegend von den Zuhörerinnen und Zuhörern nicht als Unsicherheit, sondern als Arroganz interpretiert. Arroganz ruft starke Ablehnung hervor. Diese Rückmeldungen, auf die Inis überempfindlich reagierte, machten ihr das Freie Sprechdenken unmöglich.

Die Drucksituation, die Inis empfand, wurde auch noch durch folgendes Vorurteil verstärkt: Die meisten Menschen glauben, was äußerlich schön sei, müsse auch innerlich gut sein. Wenn sie nicht so sind, wie wir es uns vorgestellt haben, sind wir enttäuscht. Und diese Enttäuschungen lassen wir den anderen deutlich spüren. Wenn jemand so empfindlich auf Druck aus dem Publikum reagiert wie Inis, kann das leicht zu den gefürchteten Denkblockaden führen.

Wir sprachen in der Gruppe darüber. Spontan entstand ein fruchtbares Gespräch von großer Offenheit und Echtheit. Inis begriff schlagartig, was sich abgespielt hatte, und von nun an gelang es ihr.

Ein halbes Jahr später erhielt ich zu meiner großen Freude einen Brief. Die Veränderung hatte angehalten, sie beherrschte das Freie Sprechdenken mühelos und hatte beruflich Erfolge damit. Und vor allem fühlte sie sich außerordentlich wohl dabei.

An diesem Beispiel können wir erkennen, daß auch für nonverbale Sprache gilt: Eine Nachricht ist nicht die Übersendung von Fakten, sondern die Interpretation durch den Empfänger. Feedback enthält nicht die Nachricht, sondern das Empfangsresultat. Wenn Sie meinen, nonverbale Signale verstanden zu haben, glauben Sie bitte nicht, den anderen durchschaut zu haben. Es sind immer nur Spekulationen. Sie sollten stets unterscheiden zwischen dem, was Sie wahrnehmen, und Ihrer Interpretation. Deshalb bemühen Sie sich bitte durch Nachfragen um eine Bestätigung Ihrer Vermutungen (Erfolgskontrolle).

Die Wahrnehmungsfähigkeit verbessern

Um Ihre Fähigkeiten als Gesprächspartner zu erweitern, sollten Sie Ihre Wahrnehmungsfähigkeiten für nonverbale Signale durch Übungen und

Wahrnehmungsüberprüfungen erweitern. Je genauer Sie Ihren Kommunikationspartner wahrnehmen, desto erfolgreicher werden Sie als Kommunikator sein. Achten Sie auf Klangfarbe, Lautstärke, Rhythmus, Akzent, Gestik.

Unser Ziel ist, auf Körpersprache spontan zu reagieren. Diese Signale funktionieren komplizierter, als üblicherweise angenommen wird. Es ist schon schwierig, diese nonverbalen Systeme überhaupt aufzuschlüsseln. »Zumindest wissen wir«, so Michael Argyle in seinem bemerkenswerten Buch »Körpersprache und Kommunikation«, »was diese Signale sind: Gesten, Kopfbewegungen und andere Körperbewegungen, Körperhaltung, Gesichtsausdruck, Blickrichtung, räumliche Nähe und Einstellung, Körperkontakt, Orientierung, Tonfall und andere nonverbale Aspekte in Sprache, Kleidung und Schmuck. Jeder Bereich kann in eine Reihe von weiteren Variablen unterteilt werden. Um es an einem Beispiel deutlich zu machen: Führen wir uns doch mal die verschiedenen Erscheinungsformen des ›Blicks‹ vor Augen: Der Blick während des Zuhörens oder während des Redens, sich gegenseitig ansehen, die Länge von flüchtigen Blicken, die Öffnung der Augen, die Pupillen-Größe, usw. Es ist eine Sache von rein empirischer Forschung, um herauszufinden, welche Wirkungen – sofern es welche gibt – diese Variablen haben. Kopfnicken ist z. B. sehr wichtig, Bewegungen mit den Füßen sind es aber nicht. Genauso gibt es sicher wiederum aber auch Fälle, wo sie von außerordentlicher Wichtigkeit sind, vielleicht uns sogar das Entscheidende über den anderen mitteilen können.«

Wir verfügen durchaus über Fähigkeiten, Signale zu erkennen und zu unterscheiden. Allerdings läuft das überwiegend unbewußt ab. Sie sollten sich diese Fähigkeiten bewußt machen und weiterentwickeln. Sie können das überall ausprobieren, im Fernsehen, in einem Lokal, bei Vorträgen, in der Straßenbahn. Bitte betrachten Sie zu Übungszwecken ein nonverbales Signal nach dem anderen.

Achten Sie auf
- die Farbunterschiede im Gesicht
- ideomotorische Bewegungen; das sind kleine unbewußt ausgeführte Bewegungen, die in Sekundenbruchteilen ablaufen und unter Umständen sehr viel aussagen können.
- den Tonfall der Stimme
- das Lachen
- Kopfbewegungen usw.

Es ist hilfreich, wenn wir uns die Funktionen nonverbaler Kommunikation vor Augen führen. Versuchen Sie, durch isoliertes Beobachten Ihre

Beobachtungsgabe zu schärfen. Konzentrieren Sie sich jeweils nur auf eine Funktion. Wenn Sie eine Funktion ausmachen können, gehen Sie zur nächsten über.

Es lassen sich fünf verschiedene Funktionen unterscheiden:

- Nonverbale Kommunikation illustriert die Äußerungen des Senders, unterstützt die Kodierung.
- Sie liefert dem Empfänger einen Ansatzpunkt für Dekodierung.
- Nonverbale Kommunikation regelt den Ablauf der Interaktion, z. B. beim Wechsel der Sender/Empfänger-Rolle.
- Sie sagt etwas aus über die Beziehung zwischen den Kommunikationspartnern, z. B. über den Grad der Intimität.
- Nonverbale Kommunikation macht Gefühle und Persönlichkeitseigenschaften des Senders/Empfängers deutlich.

Rufen Sie sich in diesem Zusammenhang das Nachrichtenquadrat von Schulz von Thun in Erinnerung: Die Seiten »Selbstoffenbarung«, »Beziehung« und »Appell« werden überwiegend nonverbal kommuniziert.

Das ABC der nonverbalen Kommunikation

1. Körperkontakt

Körperkontakt zwischen zwei oder mehr Menschen ist die dichteste und unmittelbarste unserer Kommunikationsformen. Der Wunsch nach körperlicher Nähe mit anderen Menschen ist ein Grundbedürfnis. Rudimente davon wie Händedruck oder Wangenkuß sind ritualisiert, haben ihre ursprüngliche Bedeutung verloren. Oder wir erleben Körperkontakt nur noch als körperliche Gewalt. Die Folge ist der Verlust des lebendigen Kontaktes zu anderen Menschen. Wirklichen Körperkontakt zwischen Menschen erlebe ich in unseren Breitengraden nur noch in den Selbsthilfegruppen. Wenn ein Freund oder eine Freundin zu uns in die Gruppe kommen, sind sie oft so zugemauert und gepanzert, daß Worte entweder alles zerstören oder sie gar nicht mehr erreichen würden. Dann nehmen wir uns in den Arm, und jeder weiß, was der andere ihm sagen möchte. Wahrscheinlich können wir uns in solchen Augenblicken nur durch Körperkontakt verständigen, und ich erlebe dabei, wie schön und befriedigend es ist, anderen Menschen körperlich nahe zu sein. Warum verzichten wir auf Körperkontakt, warum verharren wir in der Ambivalenz, einerseits den sehnlichen Wunsch nach Körperkontakt, andererseits eine panische Angst davor zu haben? Ich habe in einem meiner Kurse einen Arzt (!) erlebt, der nicht einmal in der Lage war, einer Kursteilnehmerin beide Hände auf die Schultern zu legen.

Ich vermute, daß das Haupthindernis die Angst vor der Sexualität ist, die Angst, die Grenze nicht einhalten zu können. Das Bedürfnis nach Körperkontakt wird fälschlicherweise gleichgesetzt mit dem Verlangen nach Sexualität. Dabei handelt es sich um zwei völlig verschiedene Antriebe, die nichts miteinander zu tun haben. Die Angst vor der Sexualität führt dazu, daß der Wunsch (und die Notwendigkeit) nach Körperkontakt unterdrückt wird.

2. Körperhaltung

Beim Reden bewegen wir uns mit dem ganzen Körper. Condon und Ogston (1966) haben folgendes festgestellt: Wenn der Redende sich bewegt, tut es der Zuhörer ebenso; wenn der Redende die Ausrichtung seiner Körperbewegungen verändert, verändert der Zuhörer sie gleichermaßen. Es besteht zwischen ihnen eine »Interaktionsgleichheit«. Es ist ein Senden und Empfangen zugleich. Deshalb ist es wichtig, daß Sie sich einen geeigneten Redeplatz aussuchen. Schärfen Sie Ihre Beobachtungsgabe für diese Vorgänge.

3. Mimik und Gestik

Sie sorgen u. a. für die Verdeutlichung der Redestruktur, für Betonung und Veranschaulichung der Rede. Darüber hinaus liefern sie weitere Informationen über die Äußerungen. Mimik und Gesten erweisen sich als sehr nützlich für diejenigen Handlungen oder Gegenstände, die schwer verbal darzustellen sind. Auch das Feedback der Zuhörer wird überwiegend durch Mimik und Gestik signalisiert. Zustimmung und Ablehnung haben meist minimale, dafür aber deutlich sichtbare Auswirkungen.

4. Blickrichtung und Blickkontakt

Von großer Bedeutung ist das nonverbale Zeichen »Blickkontakt« beim Reden, was sich ja auch in unserem Sprachgebrauch niederschlägt: Der oder die hat einen »bösen« Blick; wenn Blicke töten könnten usw.

Das Auge gilt als Fenster zur Seele. Der Blickkontakt ist ein Signal von hoher Intensität und kann unter anderem Wertschätzung, Einschätzung, Zuneigung oder Feindseligkeit ausdrücken. Das Auge kann blitzen, trüb blicken, warnen, funkeln, glühen, strahlen, eisig sein, jemand anstarren, durch jemand hindurch sehen, jemand mit den Blicken festnageln, übertrieben wegblicken oder durch die Menge hindurchschauen. All das können Sie durch Blickkontakt signalisieren. Versuchen Sie, diese Mitteilungen nur verbal auszudrücken. Wenn es Ihnen überhaupt möglich ist, so werden Sie feststellen, daß Sie dafür erheblich mehr Zeit brauchen.

Auch Kommunikation durch Objekte und Symbole (Kleidung, Rangabzeichen, Statussymbole) ist eine Form, sich mitzuteilen. Kleider machen Leute, wenn auch noch keine Menschen. Kleiden Sie sich dem Anlaß entsprechend so, daß Sie sich wohl fühlen.

Kommunikation wird beeinflußt durch Raum, räumliche Distanz, Sitzposition, Redestandplatz, Verteilung im Raum. Außerdem sind paraverbale Merkmale (nichtverbale Aspekte des Sprechens) wie Tonfall, Lautstärke, Sprechtempo, Zögern, Glucksen, Lachen und Stottern von Wichtigkeit. Wir kennen die Bedeutung und den Sinn von Schluchzen und Keuchen, von Schreien und Knurren. Es sind Zwischentöne, die auf die Ursprache des Menschen, die aus Gestik, Mimik und einfachen Lautäußerungen bestand, zurückzuführen sind. Dieser Sachverhalt zeigt sich auch in unserer Alltagssprache: Der Ton macht die Musik.

5. Intrapersonale Kommunikation

Körperkontakt existiert nicht nur zwischen zwei oder mehr Personen, sondern wir verstehen unter Körperkontakt auch die Verbindung zum eigenen Körper. Ich bemühe mich wahrzunehmen, was in meinem Körper vorgeht, ich versuche, meine Gefühle zu verstehen (Bewußtheit der Gefühle). Mein Fühlen, Denken und Handeln wird weit mehr vom Zustand meines Körpers geprägt, als mir bewußt ist. Ich bin mein Körper. Wir reagieren auf Änderungen in unserem Innern hunderttausendmal empfindlicher als auf Änderungen in der äußeren Umwelt[28].

Franz Mittermair weist in seinem Buch »Körpererfahrung und Körperkontakt« auf folgende »Sprachproblematik« hin: »Wenn ich sage: ›Ich habe Kontakt zu meinem Körper‹, dann mache ich neben der eigentlichen Aussage zwei problematische Feststellungen. Erstens sage ich damit, daß ich und mein Leib zweierlei sind, daß das ›Ich‹ unabhängig vom Körper existiert. Wenn ich von ›meinem‹ Körper rede, so sage ich zweitens, daß ich ihn besitze, ihn manipulieren kann und vielleicht auch das Recht habe, ihn zu benutzen, wozu immer ich will … Viele Menschen sind kaum in Kontakt mit ihrem Körper, mit sich selbst. Manche sehen in ihm nur einen mehr oder weniger gut funktionierenden Untersatz zur Versorgung und Bewegung ihres Gehirns. Diese ›Maschine‹ wird kaum wahrgenommen, es sei denn, sie macht Schwierigkeiten. Dann läßt man sie so schnell wie möglich reparieren.«

Die Distanz zum Körper ist fester Bestandteil unserer abendländischen Kultur. Diese Distanz, der Geist einerseits, die animalische Natur unserer Körper andererseits, führt zu einem Verlust des Wissens über die gegenseitige Abhängigkeit von Körper und Geist.

Auch für unsere intrapersonale Kommunikation ist es wichtig, unsere Wahrnehmungsfähigkeiten zu schulen. Die Körpersignale sind da, lange bevor unser Kopf die Situation erfaßt hat. Aber erst wenn der Kopf die Signale erfaßt, kann ich sie benennen, erst dann kann ich die überwiegend als Störung empfundenen Gefühle, und natürlich genauso freudige Gefühle, richtig interpretieren und mein Verhalten entsprechend ausrichten.

Wir haben es mit fünf grundlegenden Emotionen zu tun: Liebe, Zorn, Furcht, Schmerz, Freude. Häufig verstecken wir diese tiefen Gefühle hinter einem Schwall von Worten.

Sie sollten sich deshalb das »Verhalten« ihres eigenen Körpers bewußt machen. Denn wenn wir uns unserer eigenen Körpersprache nicht bewußt sind, werden wir die Signale der Kommunikationspartner nicht exakt registrieren können. Je mehr Einfühlungsvermögen wir in unsere eigenen Verhaltensweisen haben, um so mehr Einfühlungsvermögen werden wir auch für andere entwickeln können.

So treten Probleme mit Redeängsten auch durch folgende Falle auf: Wir sind oft nicht hinreichend qualifiziert und geübt, in uns hineinzuhorchen. Nicht nur unsere Kommunikationspartner, sondern auch wir interpretieren die Botschaften und Nachrichten, die wir von unserem Körper bekommen, häufig falsch.

Allzu eilfertig sind wir z. B. in Sprechsituationen bereit, etwas als »Angst« zu bezeichnen, obwohl es kein Angstgefühl ist. Es ist vielleicht eine Form der Erregung oder Aufregung, oder eine Form besonderer Lebendigkeit, die wir nur selten zu spüren bekommen und deshalb nicht richtig benennen können. Bezeichne ich z. B. dieses mir unbestimmte Gefühl fälschlicherweise als Angst, so verhalte ich mich, als träfe die Bezeichnung Angst zu. Auch bei intrapersonaler Kommunikation gilt: Eine Nachricht ist nicht die Übersendung von Fakten, sondern die Interpretation durch den Empfänger.

Körpersignale, deren Wahrnehmung hilfreich ist:
- beschleunigter Puls
- feuchte Hände
- Zittern der Hände
- Schwitzen
- Kopfschmerzen
- Magenbeschwerden
- Verspannungen im Nacken oder im Rücken
- Kreuzschmerzen
- Beschleunigung des Atems
- flaches Atmen
- Herzflattern und Kopfleere
- Kribbeln
- Herzklopfen
- Übelkeit

Jede Person hat eigene Reaktionsmuster, die konstant bleiben. Achten Sie deshalb in unangenehmen, aber auch in angenehmen Situationen auf Ihre Körpersignale.

Übungen
Kommunikation durch Raum
Achten Sie darauf, wo, in welchem Teil des Raumes Sie bei einer Veranstaltung Platz nehmen. Mittendrin, in der ersten Reihe, hinten an der Seite, versteckt, oder wählen Sie einen Platz, von dem aus Sie sich gut einmischen können?

Gedankenlesen
Fragen Sie Ihren Partner einfache Fragen, die mit Ja oder Nein zu beantworten sind: Sind Sie Student? Sind Sie verheiratet? Fahren Sie heuer in den Urlaub? Besitzen Sie ein Fahrrad? usw. Während Ihr Partner alle Fragen beantwortet, achten Sie bitte sorgfältig auf alle nonverbalen Äußerungen, die das Nein und Ja unterstützen. Zustimmung und Ablehnung haben in der Mimik minimale, bei genauem Hinsehen aber deutlich sichtbare Auswirkungen. Jede Person hat viele individuelle Signale.[29]

Beim Essen
Beobachten Sie Menschen, die sich intensiv beim Essen oder bei einem Glas Wein unterhalten. Was fällt Ihnen auf? Was können Sie an gemeinsamer Körpersprache entdecken? Schreiben Sie es auf!

Im Gleichklang
Achten Sie darauf: Wann sind Sie mit Ihrem Kommunikationspartner im Rhythmus, wann nicht. Versuchen Sie diesen Rhythmus herzustellen. Achten Sie besonders auf die Atmung.

Lügen
Ein Gruppenmitglied schildert zwei Essen. Bei dem einen Essen handelt es sich um die Lieblingsspeise, bei dem anderen um eine Speise, die er schon als Kind gehaßt hat. Beide Speisen werden in den höchsten Tönen gelobt. Die Gruppe soll durch Beobachtung erkennen, um welches Gericht es sich jeweils handelt. Herausfinden können Sie es durch die ideo-motorischen Zeichen.

Die Tuwiner haben 20 Ohren
und einen Mund.
Galsan Tschinag

Basiskompetenzen

Lernziel 1: Hilfreiches Zuhören und Konfrontation

Ein verständigungsorientiertes Gespräch ruht, vereinfachend dargestellt, auf zwei Säulen: Die eine heißt Hilfreiches Zuhören, die andere Konfrontation. Ein Gespräch ist nur dann für beide Seiten anregend und befriedigend, wenn beide Säulen das Gespräch tragen: Ich höre einerseits dem anderen aufmerksam und einfühlsam zu, bin aber andererseits in der Lage, ruhig und bestimmt meinen eigenen Standpunkt zu vertreten. Ich versuche, den anderen zu verstehen und habe den Willen und den Mut zur Konfrontation.

In unserer Alltagskommunikation sind die Reaktionen auf einen Redebeitrag selten von der Bereitschaft des Zuhörens getragen. Meist sind es schon von Anfang an Beurteilungen oder Verurteilungen: »Das sehen Sie nicht richtig« ... »Das sehen Sie völlig falsch, das ist gut oder schlecht, vernünftig oder unvernünftig« ... »Da habe ich hundertprozentig recht«. Oft wird gesagt: »Das ist doch nicht normal.« Solche Be- und Verurteilungen sind – leider – von der frühen Kindheit bis ins hohe Alter hinein Teil unseres Lebens.

Viele Menschen achten in Gesprächen weder auf den Inhalt, noch hören sie auf die Stimmen ihrer Mitmenschen. Sie reden und reden und halten es für selbstverständlich, daß alle Welt ihnen zuhört. Was andere sagen, dient ihnen lediglich als Stichwort für Entgegnungen, wenn sie sich überhaupt so weit herablassen. Ständig liegen sie auf der Lauer, um in ein Gespräch einbrechen zu können, nicht etwa, um mitzudiskutieren, sondern um das Gespräch dahin zu lenken, wo sie ihren »Heimvorteil« vermuten und sich sicher fühlen. Ihr Ziel ist es, bei den anderen Bewunderung oder Neidgefühle auszulösen. Ein Teufelskreis entsteht, die Selbstdarstellung der einen führt zu einer spiegelbildähnlichen Reaktion der anderen. Das ist das Gegenteil von dialogischer Kommunikation.

Eine kleine Anekdote über den Schriftsteller Mark Twain zeigt eindrucksvoll, wie auf Parties aneinander vorbei statt miteinander geredet wird. Der Schriftsteller kam zwei Stunden zu spät auf eine Party. »Gnädige Frau, entschuldigen Sie bitte vielmals meine Unpünktlichkeit«, sagte Mark Twain, »aber ich mußte meiner alten Tante noch den Hals umdrehen, und das dauerte etwas länger, als ich angenommen hatte.« Daraufhin die Gastgeberin: »Wie reizend, daß Sie doch noch gekommen sind.« Die Dame hatte nicht ansatzweise zugehört, interessierte sich auch nicht dafür, weshalb er zu spät gekommen war. Wichtig war ihr nur, daß der berühmte Dichter doch noch gekommen war und sie sich vor ihren Gästen nicht blamiert fühlte.

Häufig hören wir nicht richtig zu, weil wir uns intensiv die Antwort überlegen, während der andere noch spricht. Wir neigen dazu, andere Menschen in den ersten Sekunden einzuschätzen, meist gefühlsmäßig nach Sympathie und Antipathie. In Bruchteilen von Sekunden entscheiden wir, ob wir jemanden mögen oder nicht. Der erste Eindruck, den wir von einem Menschen erhalten, beruht auf subtilen, überwiegend nonverbalen Signalen, die wir intuitiv erfassen. Diese Fähigkeit, die uns in vielen Fällen zu richtigen Ergebnissen verhilft, enthält jedoch eine Gefahr. Wenn wir den anderen von Anfang an als etwas Unabänderliches betrachten, als etwas schon Diagnostiziertes und Klassifiziertes, tragen wir unseren Teil dazu bei, dieses – auf Vorurteilen beruhende – Etikett zu bestätigen. Oft ist der erste Eindruck keineswegs falsch, er ist aber auf keinen Fall verläßlich. Wir sollten dem ersten Eindruck eine zweite Chance geben, denn es ist bereichernd, auch mit Menschen zu verkehren, die nicht die gleiche Wellenlänge haben. Wir gewinnen dadurch wertvolle Begegnungen und Erfahrungen. Nehmen Sie die Meinung des anderen nicht als Ärgernis wahr, sondern als Bereicherung Ihres eigenen Standpunktes. Eine andere Meinung kann Ihren bisherigen Standpunkt festigen, kann also auch in diesem Sinne eine Ergänzung sein.

In der Regel betrachten wir andere Menschen nur als Widerspiegelung unserer selbst. Oft ist es das einzige, was wir zulassen. Wir haben Angst vor dem, was den anderen zum anderen, den Fremden zum Fremden macht. Dem Unbekannten bringen wir vom Verstand kein Verständnis und vom Gefühl kein Einfühlungsvermögen entgegen. Die Angst vor dem Fremden ist ernst zu nehmen und nicht sofort als Rassismus zu diskriminieren. Zu meinem Erstaunen habe ich bei der Literaturrecherche festgestellt, daß die Romantik, meines Wissens sogar ausschließlich sie, unverändert die richtigen Fragen stellt: Wieviel Fremdes ist dem Menschen erträglich? Wie verarbeitet er das Gefühl, auf der Welt ein Verstoßener zu sein? Kann er sich im Fremden wirklich einrichten? Und hat er bei allem Reden über das Fremde überhaupt die Fähigkeit, richtig zu erfassen, was es eigentlich ist? Vielleicht ist es die schmerzliche Erfahrung, Eichendorffs leitmotivischer Vers: Es kennt mich dort keiner mehr.

Die Verschiedenheit der Menschen verursacht zweifelsohne Konflikte. Unterdrücke ich die Vielfalt, leugne ich sie, so sind Konflikte auf anderen Ebenen vorprogrammiert. Der vernünftigere und realistischere Weg ist, die Verschiedenheit zu akzeptieren und als etwas Wertvolles und Spannendes schätzen zu lernen.

Es wäre für unsere Kommunikationskultur ein Paradigmenwechsel, wenn wir statt von der gleichen Wellenlänge von der wechselseitigen Unkenntnis ausgehen würden. Es wäre ein Miteinander im Sinne gegenseitiger Bereicherung. Voraussetzung ist die Akzeptanz unterschiedlicher Lebensentwürfe. Wir kämen wesentlich besser miteinander aus, denn unsere mitmenschlichen Beziehungen ruhten auf einer solideren Basis.

Viele Jahre war ich auf der Suche nach einem Menschen, der mich in allem vollständig versteht. Heute weiß ich, daß es sich dabei um einen zerstörerischen Paradieswunsch gehandelt hat: Anmaßend, unrealistisch, bei genauer Betrachtung sogar unmenschlich in seinen Anforderungen. Mein Ziel ist heute, durch verantwortungsvolle Gesprächsbereitschaft im Alltag, ausgehend von der wechselseitigen Unkenntnis und von einem Mitschwingen in Glücksmomenten, in denen das Verbindende – zeitlich begrenzt – im Vordergrund steht, zu einem wechselseitigen Sichmiterleben zu kommen. Daraus ergibt sich zwingend, daß wir uns mit uns selbst beschäftigen müssen, denn die Grundvoraussetzung für hilfreiche Auseinandersetzungen ist, sich selbst zu kennen. Je weniger ich mich selbst kenne, um so weniger kann ich mich auf andere einstellen. Je mehr ich von mir weiß, um so mehr bin ich in der Lage, mit den unterschiedlichsten Menschen zu kommunizieren.

Hilfreiches Zuhören

Ich habe für diesen Vorgang des Zuhörens, des Hin- und Hineinhörens, des Hinsehens und des Hineinfühlens den Begriff Hilfreiches Zuhören gewählt. Den Begriff »Hilfreich« habe ich aus der therapeutischen Arbeit von Carl Rogers übernommen. Dreh- und Angelpunkt seiner klientenzentrierten Therapie ist die »Hilfreiche Beziehung« zwischen Klient und Therapeut. Rogers versteht unter einer »Hilfreichen Beziehung« eine Beziehung, in der zumindest eine der Parteien die Absicht hat, beim anderen Entfaltung, Entwicklung, Heranreifung, besseres Agieren, ein verbessertes Fertigwerden mit dem Leben zu fördern. Die andere Partei kann in diesem Sinne ein einzelner oder eine Gruppe sein. Als hilfreich läßt sich eine Beziehung definieren, in der einer der Teilnehmer bestrebt ist, für eine oder beide Parteien dahin zu gelangen, daß die latenten inneren Ressourcen des Individuums höher geschätzt, nachhaltiger ausgedrückt und wirksamer gebraucht werden.[30] Rogers hat diesen Ansatz später fortentwickelt zum »personenzentrierten Ansatz«: »Mit anderen Worten, ich spreche nicht mehr bloß über Psychotherapie, sondern über einen Standpunkt, eine Philosophie, eine Lebenseinstellung, die auf jede Situation anzuwenden sind, in der das Wachstum – einer Person, einer Gruppe oder einer Gemeinschaft – eines der angestrebten Ziele ist.«[31]

In der Fachliteratur wird meist der Begriff »Aktives Zuhören« (nach Gordon) verwendet. So wie Aktives Zuhören in vielen Rhetorikbüchern angepriesen wird, erscheint es mir als zu technisch und zu vereinfachend dargestellt. Dies verleitet dazu, den Aspekt der »Einstellung und Haltung«, die diesem Prozeß innewohnt, zu übersehen. Solche Darstellungen sind von der Illusion getragen, Aktives Zuhören könne in kurzer Zeit als Technik eingeübt und von heute auf morgen umgesetzt werden. Das führt im Alltag nur zu Enttäuschungen. Wenn ich von dem Neuen in der Praxis enttäuscht werde, bin ich nicht mehr bereit, es auszuprobieren, sondern bleibe bei dem, was ich bislang gemacht habe, selbst dann, wenn es alles andere als erfolgreich war. Aus diesem Grund habe ich den Begriff »Aktives Zuhören« durch »Hilfreiches Zuhören« ersetzt.

Einfühlsames Zuhören ist eine nicht sehr verbreitete Kunst. Es geht nicht nur darum, die einzelnen Worte des Gesprächspartners zu verstehen, sondern ich versuche über die Worte hinaus zu erfassen, was das Gesagte für ihn als Person bedeutet. Für unser Kommunikationstraining ist entscheidend, daß ich lerne, Zwischentöne herauszuhören. Ich öffne alle Sinne für Wahrnehmungen und entwickle meine Beobachtungsgabe, und dadurch höre und sehe ich mehr, fühle, rieche und schmecke mehr, als ich bislang wahrgenommen habe.

Wie kann ich in einer Sprechsituation zu dem anderen eine Beziehung herstellen, die er zu seiner eigenen Kommunikationsentfaltung nutzen kann? Wenn es mir gelingt, durch Hilfreiches Zuhören zwischen mir und meinem Kommunikationspartner eine vertrauensvolle Beziehung aufzubauen, wird er seine kommunikativen Fähigkeiten, die in ihm schlummern, entdecken und sie auch nutzen. Wenn es ihm noch nicht gelingt, wird er vielleicht den Wunsch verspüren, diese Fähigkeiten zu entfalten und fortzuentwickeln.

1. Akzeptanz und Empathie

Hilfreiches Zuhören besteht aus zwei Fähigkeiten, die keine kommunikativen Techniken sind, sondern innere Grundeinstellungen: Akzeptanz und Empathie.

Ich akzeptiere den anderen, so wie er ist. Ich akzeptiere die Selbstdefinition des Dialogpartners. Ich befreie mich von identitätsfixierenden Etiketten. Mein Grundsatz: Meine Ansichten sind die meinen, deine Ansichten sind die deinen. Ich habe das Recht auf meine eigene Meinung. Genauso haben die anderen das Recht, sie nicht teilen zu müssen. Ich verzichte auf ständiges Werten. Ich vermeide negatives Urteilen und spontanen Widerspruch. Ich habe Interesse am Fremden. Dazu gehört, dem anderen seine Gefühle zuzubilligen. Wir üben unbewußt auf unsere Gesprächspartner ungeheuren Druck aus, die gleichen Gefühle wie wir zu haben. Das gleiche gilt für Ziele, Werte und Glaubenssätze. Versteckte Werturteile sind ein Haupthindernis für dialogische Kommunikation.

Ich versuche nicht, den anderen ständig durchschauen zu wollen. Ich verzichte auf alle Kontrollversuche. Es ist eines der vielen Paradoxa in der Kommunikation: Erst wenn ich aufgebe, den anderen durchschauen zu wollen, wird die Beziehung durchsichtig.

Ich lasse den Fremden fremd sein, ich öffne mich dem Fremden. Ich respektiere sein Anderssein. Das gelingt mir nur, wenn ich mich dem Neuen und Unbekannten wirklich öffne. Produktive Neugier und die Fähigkeit zu staunen, sind die Voraussetzung dafür. Martin Buber sagt: »Zugeben, daß einem das Fremde fremd ist, ist eine der wichtigsten Voraussetzungen für ein geglücktes Gespräch.« Enthalten ist in der Akzeptanz auch der Verzicht auf Gewalt und Unterdrückung.

Empathie bedeutet, in der Lage zu sein, sich in die Welt des anderen einzufühlen und diese Welt gleichsam mit dessen Augen zu sehen. Das bedeutet, sich selbst mit den Augen des anderen sehen zu können. Es ist ein »Mitschwingen« mit dem anderen. Oder anders ausgedrückt: Empathisches Verstehen ist nach Carl Rogers ein Verständnis mit(!) einem Menschen, nicht von(!) ihm. Die Fähigkeit zur Empathie ist es, die in Ergänzung zur Akzeptanz das höchste Maß an psychischer Sicherheit für meinen Gesprächspartner bietet.

Ich stelle mich auf das Zuhören als einen aktiven Prozeß ein. Hilfreiches Zuhören kann anstrengender sein als Reden. Ich bereite mich darauf vor und frage mich: »Was will mir der andere sagen?« Und meine Grundeinstellung dabei ist: »Der andere hat mir etwas zu sagen.« Es ist die aktive Auseinandersetzung mit dem anderen, in der festen Absicht, ihn besser zu verstehen als bisher.

Hilfreiches Zuhören verstehe ich schon gar nicht als eine Technik, mit deren Hilfe ich meinen Gesprächspartner manipulieren, verändern oder gar »heilen« kann. Dafür ist er nach meiner Auffassung selbst zuständig. Genausowenig ist Hilfreiches Zuhören eine Art Trick, mit dessen Hilfe ich den anderen aushorchen kann.

Schematisch gesehen läuft Hilfreiches Zuhören folgendermaßen ab:

1. Schritt: Ich bemühe mich, ein Gesprächsumfeld zu schaffen, das von Sicherheit und Vertrauen getragen ist, indem ich meinem Gesprächspartner auf eine Weise begegne, die Barrieren abbaut und Brücken zwischen uns entstehen läßt. Ich versuche, beim Hilfreichen Zuhören die Worte des Senders zu verstehen, nachzufühlen, was er empfindet, und ich versuche zu erfassen, was seine Botschaft ihm bedeutet. Ich begebe mich auf Entdeckungsreise, um hinter dem Gesagten das Gemeinte zu erkennen.

2. Schritt: Ich melde zurück, wie und was von der Botschaft meines Gesprächspartners bei mir angekommen ist. Ich versuche, in eigenen Worten seine Mitteilungen zu wiederholen. Ich bringe zum Ausdruck, was ich bei seinen Worten empfinde und fühle.

3. Schritt: Ich frage nach, wie meine Rückmeldungen bei ihm ankommen. Als hilfreicher Zuhörer sende ich vorerst keine eigenen Botschaften, z. B. Ratschläge. Ich analysiere (noch) nicht.

Hilfreiches Zuhören eröffnet mir Chancen und Möglichkeiten, meinen Kommunikationspartner kennenzulernen.

Ich versuche mit allen Sinnen zu erfassen, wie der Gesprächspartner sich fühlt, wie ihm zumute ist, welches Wertesystem oder welche Glaubenssätze seinen Worten zugrunde liegen. Ich achte bewußt auf die Körpersprache und zeige ihm mein Interesse auch nonverbal: durch Blickkontakt, durch den Tonfall meiner Stimme, durch Mimik, Gestik und Körperhaltung.

Hilfreiches Zuhören bedeutet keineswegs, die eigene Meinung aufzugeben. Durch Hilfreiches Zuhören teile ich dem Sender nur mit, daß ich mich bemühe, zu verstehen, was er mir mitteilen will. Hilfreiches Zuhören enthält also weder Zustimmung noch Widerspruch. Schon gar nicht maße ich mir ein Urteil darüber an, ob die Gefühle des anderen richtig oder falsch sind. Ich bringe zum Ausdruck, daß die Beurteilung der Gefühle die alleinige Sache des Senders ist. Er ist für seine Gefühle verantwortlich, ich für die meinen. Diese Art des Miteinander-Umgehens ist für viele Menschen völlig neu, wird aber von Anfang an als äußerst wohltuend erlebt. Auf diesem »Sich-wohlfühlen-dabei« basiert die einzigartige Wirkung des Hilfreichen Zuhörens.

Schweigen, passives Zuhören ist ein Bestandteil des Hilfreichen Zuhörens. Ich gebe dem Gesprächspartner die Möglichkeit, sich auszusprechen. Ich unterbreche nicht. Hilfreiches Schweigen vermittelt das Gefühl von Interesse und Anteilnahme. Ich überlasse dem anderen die Entscheidung, was und wieviel er mir wie und in welchem Zeitraum mitteilen will. Mahatma Gandhi empfahl Schweigen als eine Möglichkeit nicht-aggressiven Verhaltens: »Mir ist oft zu Bewußtsein gekommen, daß der Wahrheitssucher schweigen lernen muß. Vom Schweigen geht eine wunderbare Wirkung auf den ganzen Menschen aus ... Das Schweigen hat noch einen anderen Vorteil ... Wie die meisten Menschen neige auch ich leicht zum Zorn, jetzt aber habe ich entdeckt, daß das Schweigen mir mehr als alles andere dabei behilflich sein kann, ihn auszulöschen.«[32]

In den meisten Selbsthilfegruppen wird nach dem Prinzip des »Passiven Zuhörens« miteinander kommuniziert. Jede und jeder kann, sofern sie oder er mag, über Gott und die Welt so lange reden, wie sie oder er möchte. Mit einer Einschränkung: Sie oder er sollte nur von sich selbst sprechen, sollte zum Ausdruck bringen, was sie oder er damit zu tun hat.

Es funktioniert. Trotz fehlender Struktur wird inhaltsreicher und konzentrierter miteinander gesprochen als in vielen Meetings in Politik und Industrie.

Der Erfolg des Passiven Zuhörens liegt vor allem in der Tatsache, daß ich keinerlei Druck auf den Gesprächspartner ausübe. Druck erzeugt nur Gegendruck. Ich reagiere, vor allem im persönlichen Bereich, außerordentlich empfindlich auf Druck. Ich fühle mich dann hilflos und wehrlos und verhalte mich so, wie ich es im Grunde gar nicht möchte.

Leider gibt es auch unehrliches Hilfreiches Zuhören, wir plappern dem anderen nach, wir horchen ihn aus, wir täuschen Anteilnahme nur vor. Unehrliches Hilfreiches Zuhören ist leicht zu erkennen: Es treten Inkongruenzen auf, die Sprache sagt etwas anderes als der Körper.

2. Hilfreiches Zuhören ist ein Türöffner

Was verändert sich in Sprechsituationen, wenn ich in der Lage bin, den anderen so zu akzeptieren, wie er ist, oder ihn so gut wahrzunehmen, wie es mir mit meinen Sinnen gelingt? Wenn ich durch Hilfreiches Zuhören versuche, die Welt des anderen nicht mit meinen, sondern mit seinen Augen zu sehen, so entsteht ein Klima des Verständnisses und des

Vertrauens. Ich traue mich, ich wage etwas, ich riskiere etwas Neues. Es entsteht eine Atmosphäre, in der Fehler keine Schande, sondern Lernerfahrungen sind. Ich fühle mich wohl dabei. Und wenn ich mich wohl fühle, kann ich meine Ressourcen mobilisieren.

Mag Hilfreiches Zuhören am Anfang Geduld und Zeit kosten, letztlich aber sparen wir Zeit damit. Ein Gespräch bleibt nie lange im Vordergründigen stecken, sondern führt schnell zum Wesentlichen. Bei Akzeptanz ist der andere eher in der Lage, seine Abwehrmechanismen aufzugeben, denn ich bringe seine Identität nicht in Gefahr. Er kann er selbst sein, und je mehr er dies sein kann, desto mehr öffnet er seine Mauern um sich herum. Der Gesprächspartner läßt mich in seine Landkarte schauen.

Eine kommunikativ behagliche Situation schafft Vertrauen und eröffnet Wahlmöglichkeiten auf beiden Seiten. Flexibilität und Offenheit, Zuhörbereitschaft und Zuhörfähigkeit nehmen auf beiden Seiten zu. Dadurch sind wir aufnahmebereiter für Neues, Fremdes, Ungewohntes. Wir fühlen uns freier und sind offener für neue Ideen.

Hilfreiches Zuhören sorgt also für zufriedene Kommunikation, für gute Beziehungen, ist gewinnbringend, erfolgreich, tut seelisch gut. Wir brauchen es nicht zu lernen, wir können es, wir können hier und heute damit anfangen, denn wir sind nicht davon abhängig, daß die anderen es auch machen, und doch, das ist das Erstaunliche, findet Hilfreiches Zuhören in unserer Alltagskommunikation eher selten statt. Viele Teilnehmer in den Kursen klagen immer wieder: »Ich finde kaum noch jemanden, der mir gut zuhört.«

Warum erweist sich Hilfreiches Zuhören in der Praxis als außerordentlich schwierig? Wenn ich mit einem Kommunikationspartner eine Hilfreiche Beziehung aufbaue, dem anderen Wärme und Zuneigung, Interesse und Respekt erweise, so tut es mir einerseits gut, andererseits jedoch schleicht sich gleichzeitig ein unbestimmtes Angstgefühl ein. Wenn wir uns erlauben, diese Einstellung dem anderen gegenüber zu erfahren, kommt nicht neben dem guten Gefühl auch Mißtrauen auf? Fürchten wir nicht auch, daß Forderungen an uns erwachsen könnten, die wir nicht wollen, aber nicht abwehren können, oder denen wir uns nicht gewachsen fühlen?

Wenn ich die Bereitschaft aufbringe, mich einfühlsam, offen, erlebnisbereit – also hilfreich – auf den anderen einzulassen, wenn ich bereit bin, seinen Bezugsrahmen, sein Wertesystem zu erfühlen, wahrzunehmen und zu akzeptieren, ich also auf diese Weise den anderen wirklich verstehen lerne, setze ich mich einer großen Gefahr aus: Es könnte nämlich sein, daß ich die Dinge plötzlich so sehe wie der andere. Mit einem Mal fühle ich, wie ich beeinflußt werde, wie mein Weltbild ins Wanken gerät, mein Wertesystem zerfällt, meine Glaubenssätze sich auflösen, und vieles, was mir bislang lieb und teuer war, unversehens zusammenbricht. Und wenn meine Identität in Gefahr gerät, erlebe ich das als Verlust der Geborgenheit, häufig sogar als persönliche Katastrophe. Um uns geborgen zu fühlen, unterschlagen wir die Andersartigkeit des anderen.

Wie werde ich mir selbst sicher genug? Die entscheidende Voraussetzung ist Mut. Ich muß die Bereitschaft aufbringen, mich auf Einwände einzulassen. Ich akzeptiere die Argumente meines Gegenübers, was keineswegs bedeutet, sie zu billigen. Ich setze mich damit auseinander, suche nach stichhaltigen Argumenten und mache mich auf die Suche nach anderen Erfahrungen. Carl R. Rogers sagt darüber: »... der Grad, in dem ich Beziehungen eingehen kann, die die Entfaltung anderer als eigenständige Menschen fördern, entspricht dem Maß der Entfaltung, die ich in mir selbst erreicht habe. Das ist in einiger Hinsicht ein beunruhigender, aber auch ein vielversprechender und anregender Gedanke. Er bedeutet, daß ich, wenn ich daran interessiert bin, hilfreiche Beziehungen zu schaffen, eine faszinierende, lebenslange Arbeit vor mir habe, in der ich meine Anlagen auf Entfaltung hin ausrichte und entwickle.«[33]

Das Lernziel wird mit dem Wortungetüm Ambiguitätstoleranz umrissen: Es ist die Fähigkeit, unterschiedliche kulturelle Normen und deren Differenzen und Inkompatibilitäten ertragen zu können.

3. Regeln für Hilfreiches Zuhören

Hilfreiches Zuhören ist weder eine Technik noch eine detektivisch-diagnostische Haltung, sondern überwiegend eine Angelegenheit des Herzens, eine wohlwollende Einfühlung. Deshalb helfen Regeln in diesem Entwicklungsprozeß nur begrenzt weiter. Was wirksam, was angebracht ist in einer Sprechsituation, was also hilfreich ist – diese Entscheidung muß ich in Sprechsituationen blitzschnell, intuitiv fällen –, kann ich nur erspüren. Erspüren aber kann ich nur etwas mit dem Herzen, nicht mit einem Regelwerk.

Die Regeln sind Entwicklungsziele. Ich mache mir mit den Regeln etwas klar, ich »durchleuchte« mit Hilfe der Regeln meine Kommunikation und schaue, wie und wo ich mit Veränderungen anfangen kann. Ohne die echte Bereitschaft zu Akzeptanz und Empathie jedoch degenerieren die Regeln zu einer didaktischen Trickkiste. Andererseits vermitteln Akzeptanz und Empathie allein noch nicht das nötige methodische Handwerkszeug. Beides ist wichtig und unverzichtbar.

Es ist eine hohe Kunst, diese Regeln im täglichen Leben, sei es privat, sei es beruflich, anzuwenden, denn unsere psychosoziale Wirklichkeit entspricht keineswegs den Wertvorstellungen vom Hilfreichen Zuhören. Mein Ziel ist die Entwicklung einer neuen Kultur des Zuhörens und Verstehenwollens, und das keineswegs nur im Seminar, sondern für den Alltag. Hilfreiches Zuhören kann schon heute umgesetzt werden, denn ich bin nicht darauf angewiesen, daß der Gesprächspartner auch vom Prinzip des Hilfreichen Zuhörens ausgeht. Ich fange bei mir selbst an. Langsam, aber sicher können wir lernen, von der wechselseitigen Unkenntnis auszugehen statt von der gleichen Wellenlänge. Mit Rückfällen muß stets gerechnet werden.

Regel 1
Lassen Sie sich Zeit beim Hilfreichen Zuhören. Haben Sie Geduld. Zeitdruck schließt Hilfreiches Zuhören aus. Erwarten Sie keine schnellen Lösungen, Hilfreiches Zuhören führt selten zu einer unmittelbaren Lösung, sondern schafft eine Basis zum Finden von Lösungen. Vertrauen Sie auf die Langzeitwirkung.

Regel 2
Sorgen Sie für eine hilfreiche Umgebung. Kein Telephon, keine Störungen von außen, gute, gleichberechtigte Sitzgelegenheiten.

Regel 3
Konzentrieren Sie sich voll auf das Gespräch. Lesen Sie nicht in irgendwelchen Unterlagen, malen Sie keine Männchen. Notfalls verschieben Sie lieber das Gespräch, vereinbaren aber, bevor Sie auseinandergehen, einen Termin. Vertrösten Sie den Gesprächspartner nicht auf einen unbestimmten Zeitpunkt.

Regel 4
Zeigen Sie Ihrem Zuhörer durch Körpersprache, daß Sie ihm wirklich zuhören wollen. Geben Sie dem Sender zu verstehen, daß Sie sich bemühen, sich wirklich in seine Situation hineinzudenken und hineinzufühlen. Es genügt nicht, daß diese Bedingungen nur in uns selbst existieren, ohne daß wir sie dem Gesprächspartner zeigen und vermitteln. Teilen Sie ihm aber auch mit, wenn Sie dazu nicht in der Lage sind.

Regel 5
Vergessen Sie nie, daß Akzeptanz und Empathie die Basis des Hilfreichen Zuhörens ist. Wenn Sie sich in den Gesprächspartner hineindenken und

hineinfühlen wollen, gelingt es Ihnen nur, wenn sie auch die »indirekten« Signale wahrnehmen. Achten Sie deshalb einfühlsam auf Körpersprache und verbale Sprache, die Ihr Gesprächspartner verwendet. Die Sprache vermittelt uns viele Zusatzinformationen: über das Weltbild, über Urteile und Vorurteile, über Werte, über Glaubenssätze und über unser Selbstbild. Denken Sie daran, daß die Bereitschaft, den anderen kennenzulernen, die Bereitschaft voraussetzt, sich selbst kennenlernen zu lassen.

Regel 6

Achten Sie auf Ihre Gefühle. Emotionen blockieren Hilfreiches Zuhören. Das Entwicklungsziel: Den Ärger, die Angst oder die Verwirrung des Gesprächspartners zu spüren, ohne daß dabei der eigene Ärger, die eigene Angst, die eigene Verwirrung hineingezogen wird. Bedenken Sie, daß Sie für Ihre Gefühle verantwortlich sind, nicht ihr Gesprächspartner. Er ist verantwortlich für die seinen. Ich gebe durch Tonfall und Gestik zu erkennen, daß ich in der Lage bin, die Gefühle des anderen zu verstehen und zu teilen. Streiten Sie nicht in dieser Phase des Gesprächs.

Regel 7

Fragen Sie notfalls mit gebotener Vorsicht und Einfühlungsvermögen nach. Wenn Sie eine Frage stellen, begründen Sie, warum Sie gerade jetzt diese Frage stellen. Teilen Sie dem Gesprächspartner mit, was Ihnen diese Frage bedeutet. Persönliche Aussagen sind förderlicher als Fragesätze.

Regel 8

Vertrauen Sie immer auf die Fähigkeit Ihres Gesprächspartners, mit seinen eigenen Angelegenheiten selbst fertig zu werden. Fördern Sie niemals Unselbständigkeiten.

Eine Regel ist nur dann anwendbar, wenn die Situation es zuläßt. Wenn ein Freund kommt, dem es schlecht geht, kann ich ihn in die Arme schließen und auf alle verbalen Äußerungen verzichten, ich kann passiv zuhören, also schweigen, ich kann sagen: »Heute bitte nicht«, ich kann ihm ein Terminangebot machen oder hier und jetzt hilfreich zuhören. Welches Verhalten sinnvoll ist, dafür läßt sich keine Regel aufstellen, sondern das kann ich in der konkreten Situation nur mit dem Herzen erspüren. Ein Regelwerk eröffnet mir nur Auswahlmöglichkeiten. Was ich auswähle, bestimmen die Bedingungen der jeweiligen Sprechsituation. Es ist ein weitverbreiteter Irrtum, mit dem Beherrschen der Regeln Erfolge in Sprechsituationen vorprogrammieren zu können. Jede Regel ist nur so gut, wie die Situation es zuläßt.

Konfrontation

Hilfreiches Zuhören allein führt keineswegs zu gelungener Kommunikation, vielmehr kann es zum Alibi für bequeme Standpunktlosigkeit verkommen, nämlich dann, wenn die »Konfrontation« (der Meinungen) nicht stattfindet. Hilfreiches Zuhören darf auch nicht zur reinen Seelenmassage degenerieren. Das ist für den Gesprächspartner alles andere als hilfreich. Wenn ich nur hilfreich zuhöre, bin ich kein glaubwürdiger Gesprächspartner. Dialogische Kommunikation setzt voraus, daß es bei mir wie auch bei dem Gesprächspartner einen Standpunkt gibt, über den zu reden sich lohnt. Meine Definition für Konfrontation ist gleichzeitig mein Lernziel: Unter Konfrontation verstehe ich Gesprächsbereitschaft in Standfestigkeit.

Standfestigkeit

Die Fähigkeit zur Konfrontation wächst aus der eigenen Standfestigkeit, worunter ich weder Sturheit oder eine Position des Entweder/Oder noch rigides Urteilen verstehe. Ich bin auch kein Anhänger moralisierender Standhaftigkeit, noch verwechsle ich Standfestigkeit mit einer Art Selbstverliebtheit in die eigene Position.

Es geht mir um Standhaftigkeit, Standfestigkeit, Beständigkeit, Beharrlichkeit, Konsequenz, Ausdauer, Unerschrockenheit, Beherztheit.[34] Nach Aristoteles geht es um die Fähigkeit »gegen die rechte Person, im rechten Maß, zur rechten Zeit, für den rechten Zweck auf die rechte Weise zornig zu sein«.

Standfestigkeit definiert Hans Küng in dem Buch »Weltethos« folgendermaßen: »Standfestigkeit hat in diesem Kontext mit Widerstand gegenüber äußeren Mächten und Mächtigen zu tun: mit Selbstbehauptung, Nichtnachgeben, Durchhalten, mit Mut, Entschlußkraft, Ausführungskraft. Das alles mit dem Ziel der Freiheit und Verantwortung des einzelnen. Standfestigkeit ist keine starre und statische, sondern eine dynamische Wirklichkeit, die sich in den Prozessen des Lebens bewährt. Standfestigkeit ist eine Grundhaltung. In schwierigen, unangenehmen Situationen stehe ich zu meinen Grundüberzeugungen. Ich widerstehe Versuchungen und Pressionen von oben wie auch von unten. Ich bemühe mich um eine feste Haltung, ich versuche, eine Richtung einzuhalten, die ich für mich im Leben als richtig und wertvoll erkannt habe.«

So wie Hilfreiches Zuhören eine neue Kultur des Zuhörens begründet, so gründet sich auf der Fähigkeit zur Konfrontation eine neue Kultur des Streitens. Ich bin hart in der Sache, von der ich überzeugt bin, aber nicht hart gegen die Person. Ich lerne, für mich »nein« zu sagen, nicht gegen andere. Ich unterscheide zwischen der Sach- und der Beziehungsebene.

Dialogische Auseinandersetzung ist nicht harmonisierend, sondern konfliktorientiert. Es ist die Konfliktfähigkeit des Individuums auf der Basis wechselseitigen Vertrauens, denn nur ein Klima aus Hilfreichem Zuhören und Konfrontation erlaubt ein faires Ringen um Positionen.

Das führt zu neuen Einsichten auf beiden Seiten. Ich lerne, die Interaktionen zwischen verschiedenen Menschen zu verstehen, und es gelingt mir, auf dieser Basis Hilfreiche Beziehungen herzustellen. Erst in einem Klima des Verstehens lösen sich Sprachlosigkeiten auf. Entscheidend ist, daß ich immer wieder die Balance, die ausgehaltene Spannung zwischen Hilfreichem Zuhören und Konfrontation herstelle.

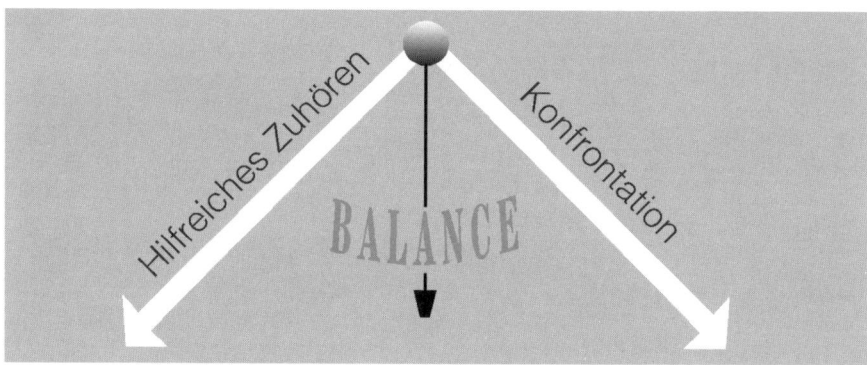

Wenn es mir gelingt, kann das Pendel durchaus in die extreme Richtung ausschlagen. Auch extreme Positionen sind Bestandteil einer neuen Streitkultur, sind hilfreich und notwendig. Polemik, selbst wenn sie die Form der leidenschaftlichen, sogar der pamphletischen Einwendung annimmt, kann fruchtbar sein. Demokratische Kultur bildet sich nicht nur durch Konsens, sondern auch durch Dissens.

Ich liebe in meinen Vorträgen das Stilmittel der Provokation. Es kommt nur darauf an, wie, weshalb und wofür ich Provokationen benutze. Mit Provokationen kann ich zweierlei bewirken, ich kann verletzen, was ich nicht möchte, weil es Kommunikation zerstört, oder ich verwende Provokationen, um neue Gedankenräume aufzuschließen, um für neue Ideen das Feld zu bereiten. Ich pro-voziere, weil ich etwas hervorrufen möchte. Die Provokation ist eine von vielen Möglichkeiten, um Kontakt herzustellen. Ich stoße an, um etwas in Bewegung zu setzen, nicht um jemand zu verletzen.

Flexibilität

Die Schwestertugend der Standfestigkeit ist die Flexibilität. Damit Konfrontation nicht zur »sturen« Konfrontation verkommt, muß sie in ausgehaltener Spannung zu ihrem Gegenwert Flexibilität stehen. Konfrontation und Flexibilität sind das Ziel. Ich bin bereit, meine Meinung zu überprüfen, und erwarte das von dem anderen auch. Ich habe einen festen Standpunkt, den ich offensiv vertrete, bin gleichzeitig aber bereit, über neue und andere Gedanken zu reflektieren. Ich konfrontiere einerseits den anderen mit meiner Meinung, will ihm andererseits keinesfalls meine Meinung aufzwingen. Selbst wenn ich von etwas völlig überzeugt bin, selbst dann besitze ich noch die Flexibilität, andere Meinungen gewichten zu können. Entscheidend ist, die Dogmatisierung von Antworten zu verhindern. Der Irrtum wird jederzeit fest einkalkuliert.

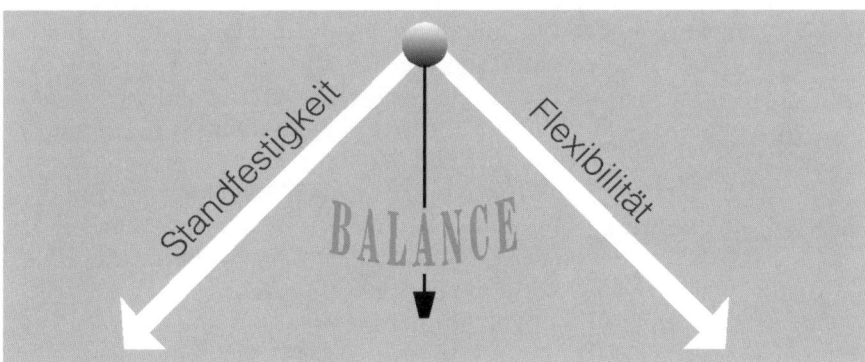

Standfestigkeit und Flexibilität sorgen dafür, daß ich in meinem psychischen Haushalt nicht davon abhängig bin, daß der andere mir zustimmt. Mit diesen Voraussetzungen ausgestattet, erlebe ich auch bei anhaltender Konfrontation ein Gespräch als anregend und belebend.

In England ist es möglich, folgende Variante zu wählen, wenn sich zwei oder mehrere nicht einigen können: Let's agree to differ. Ich halte diese Einstellung für hilfreich, sie vermeidet stundenlange fruchtlose und meist aussichtslose Diskussionen, die im Grunde gar keine sind, sondern aneinandergereihte Monologe.

Wir müssen beide Fähigkeiten – Hilfreiches Zuhören sowie Konfrontation – gleichermaßen entwickeln.

Dazu habe ich bei Fritz Perls eine Anregung gefunden: »Dies ist eine eigentümliche Polarität in unserer Welt: Zuhören oder Kämpfen. Menschen, die zuhören, kämpfen nicht, und Menschen, die kämpfen, hören nicht zu. Wenn in unserer Gesellschaft die kriegführenden Parteien – Ehepartner, Firmen – ihre Ohren aufsperren und ihren Gegnern zuhören könnten, so würde die Feindschaft in unserer Umwelt und zwischen den Völkern stark abnehmen. An die Stelle des ›Ich sag dir, was dir fehlt‹ träte ein ›Ich hör mir an, was du willst‹, und der vernünftigen Diskussion wäre der Weg bereitet. Dies gilt für unsere inneren Konflikte ebenso wie für die Weltlage im allgemeinen.«[35]

Immer wieder erklären mir Teilnehmende bei Seminaren, sie würden zu den Menschen gehören, die lieber nur zuhören und aufs Reden gern verzichten. Beide Säulen, Hilfreiches Zuhören wie Konfrontation, sind integrale Bestandteile der Wirklichkeit. Beide Teile sind lebensnotwendig.

Es ist kein Zufall, daß Ärzte, Therapeuten, Sozialarbeiter, Krankenschwestern überproportional suchtanfällig sind. Sie müssen darauf hingewiesen werden, daß ihre Fähigkeiten Zuhörenkönnen, Einfühlungsvermögen, Helfenwollen eines Tages in die Überforderung führen können. Es ist eine Lebenserfahrung, daß sich Hilfreiches Zuhören nur dann als konstruktiv und entwicklungsfördernd herausstellt, wenn es mit der Fähigkeit zur Konfrontation in Einklang steht. Nur Konfrontation bewirkt auf die Dauer Zerstörung, ausschließlich einfühlsames Zuhören bewirkt auf die Dauer platten Opportunismus. Wer immer nur zuhört, handelt verANTWORTungslos, und darüber hinaus zerstört diese Haltung auf Dauer jegliche Kommunikation. Ich möchte diesen Prozeß in einer Formel verdeutlichen. Die Formel lautet: HZ + K = V. Dabei steht V für Veränderung, K für Konfrontation und HZ für Hilfreiches Zuhören. Wenn ich in einer Gruppe diese Formel bespreche und die Teilnehmer raten lasse, wofür der Buchstabe K steht, so kommt oft die Antwort: für Kompromiß. Leider oft von Frauen. Wer im Verlauf einer Sprechsituation, einer Auseinandersetzung, einer Kontroverse an dieser Stelle schon den Kompromiß vorab in sich selbst schließt, begeht einen groben Fehler und bezahlt dafür mit der Niederlage.

Wenn ich den Kompromiß in unsere Formel einbaue, so sieht sie folgendermaßen aus: HZ + K = Vk. Der Kompromiß taucht in der Übereinkunft auf, ist ein Bestandteil von V, der Veränderung.

Ich rede nicht von »Vereinbarungen«, die nichts sagen, nichts bewirken, formelhaft alles zukleistern und fälschlicherweise als Kompromisse ausgegeben werden, obwohl sie keine sind. Wer das macht, diskreditiert den Kompromiß. Auch ist ein Kompromiß auf Kosten eines anderen kein Kompromiß, sondern eine Übervorteilung. Ein Kompromiß trägt nur dann, wenn beide Teile zu ihrem Recht kommen. Das bedeutet, daß die Partner in Teilbereichen jeweils etwas aufgeben müssen.

Echte Kompromisse werden zu Unrecht verteufelt und fälschlicherweise mit dem Adjektiv »faul« behaftet statt mit dem Adjektiv »mutig«. Es gehört in der Tat viel Mut dazu, Kompromisse einzugehen. Der echte Kompromiß ist ein wertvoller, notwendiger und unverzichtbarer Bestandteil jeglicher Kommunikation. Verständigungsorientiertes Handeln ist im Ergebnis immer auch ein Kompromiß. Zum Kompromiß gehört ebenso die Akzeptanz der Andersartigkeit. Erst die Anerkennung unterschiedlicher Wünsche machen einen Kompromiß möglich.

Das Werte- und Entwicklungsquadrat

Mit Hilfe des Werte- und Entwicklungsquadrates kann ich das Spannungsverhältnis von Hilfreichem Zuhören und Konfrontation verdeutlichen. Die Wertequadrat-Struktur ist auf Aristoteles (Nikomachische Ethik) zurückzuführen. Jede Tugend ist als die Mitte zwischen zwei fehlerhaften Extremen zu bestimmen, zum Beispiel Sparsamkeit zwischen Geiz und Verschwendung. Die anzustrebende Tugend ist bei Aristoteles, im Unterschied zum Wertequadrat, als ein Fixpunkt gedacht, der sich allerdings verschieben läßt.

Das Wertequadrat in dieser Form stammt von Helwig, welches Friedemann Schulz von Thun weiterentwickelt hat zum Entwicklungsquadrat. Beim Werte- und auch beim Entwicklungsquadrat ist die Vorstellung eines optimalen Fixpunktes aufgegeben worden zugunsten der Vorstellung einer dynamischen Balance, was mir für kommunikative Prozesse sehr fruchtbar erscheint.

Die Prämisse lautet: Um den dialektisch-strukturierten Daseinsforderungen zu entsprechen, kann jeder Wert (jede Tugend, jedes Leitprinzip, jedes Persönlichkeitsmerkmal) nur dann zu einer konstruktiven, positiven Wirkung gelangen, wenn er sich in ausgehaltener Spannung (Balance) zu einem positiven Gegenwert, einer »Schwestertugend«, befindet. Ohne diese Balance verkommt der Wert zu seiner Entartungsform. Hilfreiches Zuhören verkommt ohne den positiven Gegenwert Konfrontation zu wertlosem Opportunismus. Konfrontation verkommt ohne Hilfreiches Zuhören zu feindseligem Verhalten. »All diese werthaften Begriffe ordnen sich zu einer ›Vierheit‹ von Werten bzw. Unwerten. In jedem Wert liegt eine ›Quaternität von Werten‹ eingeschlossen ... Dieses Wertequadrat ›verklammert‹ also die vier Begriffe miteinander. Jeder wird damit doppelt gegensätzlich präzisiert.«[36]

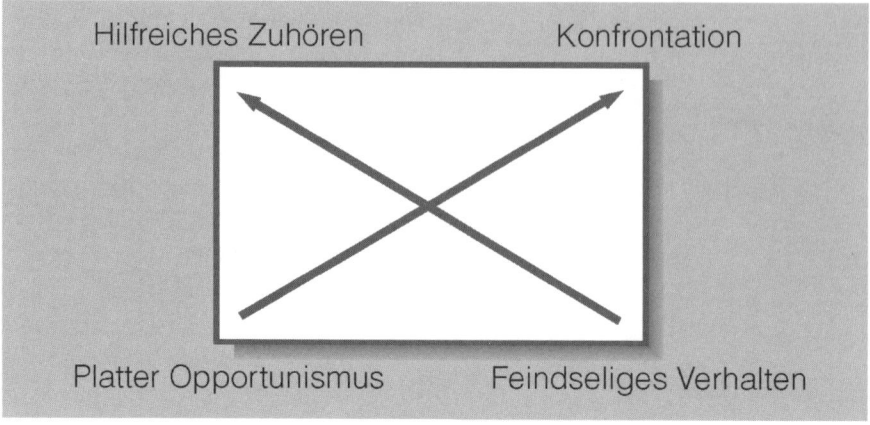

Hilfreiches Zuhören   Konfrontation

Platter Opportunismus   Feindseliges Verhalten

Im Quadrat sind vier unterschiedliche Beziehungen entstanden:

1. Auf der oberen Linie das Ergänzungsverhältnis Hilfreiches Zuhören und Konfrontation in einem dialektischen Gegensatz.

2. Die Diagonalen bezeichnen konträre Gegensätze zwischen einem Wert und einem Unwert.

3. Die senkrechten Linien bezeichnen die Entartungsform.

4. Die untere Linie ist die Verbindung zwischen beiden Entartungsformen. Sie zeigt gleichzeitig den Weg auf, den viele Menschen beschreiten, wenn ihnen die Kraft fehlt, aus diesem Verhalten herauszukommen. Sie fliehen von einer Entartungsform in die andere. Sie antworten (reagieren) mit einem Pendelschlag auf ihr bisheriges Verhalten. Wenn ich immer nur zuhöre, verkommt mein Verhalten zu Opportunismus. Wenn mir die Kraft fehlt, mich in Richtung Konfrontation zu entwickeln, so antworte ich mit einem Pendelschlag, verhalte mich spiegelbildlich: Plötzlich und unerwartet habe ich im wahrsten Sinne des Wortes die »Schnauze« (vor allem die Ohren) voll vom Zuhören, ein letzter Tropfen bringt mein »Gefäß« zum Überlaufen, ich »platze« und nehme – entgegen meiner sonstigen Gewohnheiten – eine aggressiv feindselige Haltung ein. Ich tausche dabei eine Fehlhaltung durch die andere ein.

Die Diagonalen von unten nach oben gesehen geben jeweils die Entwicklungsrichtung an.

Bei Seminaren höre ich von vielen Teilnehmern immer wieder, daß sie zu schnell aggressiv und oft genug eine feindselige Haltung einnehmen würden, obwohl sie das eigentlich gar nicht wollten. Sie selbst empfänden es als schrecklich und fühlten sich diesen Situationen hilflos ausgeliefert. Sie würden sich gern anders verhalten, schafften es aber nicht und litten darunter. Andere wiederum wollen lernen, endlich mit der Faust auf den Tisch zu schlagen. Ich glaube, das Wertequadrat kann hier Entwicklungsschritte aufzeigen und verdeutlichen, was in uns vorgeht. Es ist viel gewonnen, wenn das Dagegen-an-kämpfen aufgegeben wird und der Einsicht weicht, daß z. B. Aggressivität in einem entsprechenden Kontext durchaus angebracht sein kann. Viel ist auch schon gewonnen, wenn wir erkennen, daß hier nicht etwa krankhaftes Verhalten vorliegt, was uns unsere Umgebung oft einreden will, sondern daß in der Übertreibung die Problematik liegt.

Es liegt diesem Quadrat die Hoffnung zugrunde, daß auch in dem Konfrontations-Typ ein Gegenpol Hilfreiches Zuhören ruht, den es durch Entfaltung und Wachstum, also Hilfreiche Beziehungen, wachzuküssen gilt.

Nach-Denk-Bruch-Stück-Werk

Eine Legende erzählt von einem kleinen Jungen in Rom, der stundenlang einem sonderbaren jungen Mann zusah. Nach langem Schweigen sprach der Junge: »Signore, warum hauen Sie diesen Stein?« Michelangelo schaute von seiner Arbeit auf und antwortete gelassen: »Weil da ein Engel drin ist, und der möchte gern herauskommen.«

Michelangelo, der wohl bekannteste Künstler der Hochrenaissance, arbeitete auf diese Art und Weise, wenn er die anfangs für uns keineswegs schon sichtbare Statue mit Hammer und Meißel aus dem unbehauenen Marmorblock freilegt. Michelangelo unterscheidet zwischen zwei Formen der Bildhauerei: Es gibt den Plastiker, der Ton verwendet und sich von dem zu schaffenden Modell vorher ein Gipsmodell anfertigt und der das fertige Bild zusammensetzt (per via di porre), indem er einem formlosen Klumpen Arme und Beine anfügt. Der echte, wahre Bildhauer im Sinne Michelangelos hingegen sucht die fertige Statue im Stein selbst, aus dem er sie befreit, indem er Stück für Stück fortnimmt (per via di levare) und zwar jene Teile, die die wahre Gestalt verunzieren und stören.

Sag einfach, was mit dir ist,
das ist ein ungeheurer Trick.
Ruth C. Cohn

Lernziel 2: Authentizität und Wirksamkeit

Einige Jahre war ich davon überzeugt, daß wir in bezug auf Kommunikationsentwicklung an einer Weggabelung stünden, an der wir uns alternativ für einen der beiden Wege zu entscheiden hätten.

Weg 1
Ich muß den Mut aufbringen, meinen lebendigen, aber auch sehr verletzbaren Kern nach außen zu offenbaren. Ich entscheide mich, das in unserer Gesellschaft übliche Versteckspiel aufzugeben, und akzeptiere den schmerzlichen Mißbrauch meiner Offenheit. Grundvoraussetzung dafür ist die Akzeptanz folgender lebensnotwendiger Grundbedürfnisse: 1. Sich selbst vertrauen, 2. anderen zu vertrauen und sich miteinander verbunden zu fühlen, und 3. unser Bedürfnis, zu lieben und geliebt zu werden.

Weg 2
Ich will um jeden Preis einen guten Eindruck machen und darf deshalb niemals Schwächen zeigen. Ich sorge mich nicht um Öffnung, sondern um eine Verkapselung meiner Gefühle. Grundvoraussetzung dafür: Ich verberge und/oder betäube meine grundlegenden Emotionen. Ich suche mir Mittel, die mir helfen, auf der Verhaltensebene meine tieferliegenden Emotionen zu neutralisieren und das schon so rechtzeitig, daß diese Gefühle gar keine Chance mehr haben, mich auf der bewußten Ebene zu erreichen. Mittel dazu sind u. a. prozeßgebundene (z. B. Arbeitssucht) oder substanzgebundene Süchte (Drogen).

Wir sind nicht gezwungen, uns alternativ für einen Weg zu entscheiden. Diesen Rigorismus verlangt uns das Leben zum Glück nicht ab. Wir würden sogar scheitern, wenn wir es täten.

Kommunikation enthält, ob ich will oder nicht, immer zwei Aspekte: sie verläuft im Spannungsfeld zwischen Authentizität und Wirksamkeit und ist deshalb eine ständige Kompromißsuche zwischen Ausdruck und Wirkung.

Die Balance zwischen beiden Polen macht geglückte Kommunikation aus. Ich kommuniziere nicht echt oder wirksam, sondern echt und wirksam. Ich möchte in meiner Rede nicht nur authentisch sein, sondern ich will auch etwas bewirken, in Diskussionen und Besprechungen Einfluß nehmen und an der Sachlage etwas verändern. Um dieses Ziel zu erreichen, bemühe ich mich um Verbesserung meiner Ausdrucks- und Wirkungskompetenz.

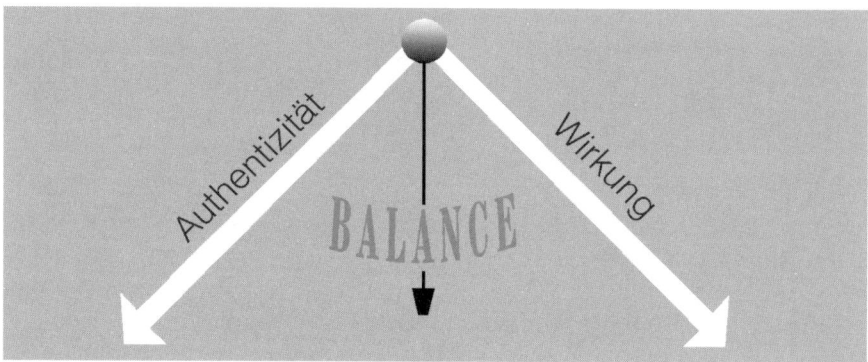

Sender und Empfänger haben die Wahl, in welche Richtung sie sich bewegen. Legt der Sender seine Kommunikation überwiegend wirkungsorientiert an, so führt dies zu einer »Funktionalitätsvergiftung«[37].

Gleichermaßen wirkt es vergiftend, wenn der Empfänger dies unterstellt. Je authentischer der Sender kommuniziert, desto enger wird das Band zwischen ihm und seinen Gesprächspartnern. Wenn Sender und Empfänger sich in Richtung Wirkung bewegen, lockert sich das Band.

Entsprechend den Gegebenheiten der Sprechsituation filtere ich im Sprechvorgang bewußt zwischen meinem inneren Bewußtsein und meiner Aussage, um die Balance zwischen Authentizität und Wirkung herzustellen.

Das Wagnis Authentizität

Aus kommunikationspsychologischer Sicht ist mit Authentizität[38] die Übereinstimmung zwischen drei Bereichen der Persönlichkeit gemeint:

1. Inneres Erleben (was ich fühle, was sich in mir regt).

2. Bewußtsein (was ich davon bewußt mitkriege). Ich muß etwas auf den Begriff bringen, um es ergreifen zu können.

3. Kommunikation (was ich davon mitteile, nach außen sichtbar werden lasse).

Authentisch sein bedeutet:

- Ich verdränge oder unterdrücke meine Gefühle nicht.
- Ich mache mir bewußt, was ich denke und fühle. Ich horche aufmerksam in mich hinein.
- Ich bin bereit, meine Gefühle zu akzeptieren und sie in meiner Kommunikation zum Ausdruck zu bringen.
- Ich habe den Mut, mich so anzunehmen, wie ich bin und habe gleichfalls den Mut, das anderen zu zeigen.
- Wenn mich etwas stört, sage ich es auch, anstatt es in mich hineinzufressen.
- Ich reiße mir kein Bein mehr aus, nur um andere dazu zu bewegen, mich zu mögen.
- Selbstverständlich freue ich mich über Anerkennungen, aber wenn ich keine bekomme, lebe ich auch.
- Wenn ich etwas sage oder tue, sage oder tue ich es, weil ich es möchte, nicht weil ich muß oder soll.
- Ich achte in Gesprächen auf meine eigenen Interessen und Wertvorstellungen.
- Ich handle eigenständig, richte mich weder nach Gruppennormen noch gehorche ich einem familiären oder gesellschaftlichen Soll. Ich weigere mich, vorgeschriebene Rollen zu verinnerlichen.
- Entscheidungen fälle ich auf der Basis meines Wertesystems.
- Ich bin selbstbewußt, ich wähle aus.
- Ich lasse erkennen, wie ich persönlich denke, wovon ich überzeugt bin, woran ich glaube.
- Ich äußere meine persönliche Meinung nicht nur privat, sondern auch öffentlich, auch gegenüber der Obrigkeit.

Authentisch sein bedeutet für mich darüber hinaus: Ich weiß, daß ich es bin, der für mein Leben verantwortlich ist. Dabei stelle ich mir zwei Fragen: Kann ich das sein, was ich immer schon im Innersten bin? Kann ich so sein, daß der andere mich als verläßlich, vertrauenswürdig und beständig wahrnimmt?

Wenn ich authentisch kommuniziere, werde ich als Mensch einerseits greifbar, was ich mir wünsche, andererseits angreifbar, wovor ich mich fürchte. Deshalb stehe ich ständig vor der Frage: Ist es möglich, und kann ich es wagen, das, was ich empfinde, authentisch mitzuteilen? Ist es möglich, meine inneren Erfahrungen und mein Bewußtsein davon in der Kommunikation voll zum Ausdruck kommen zu lassen? Kann ich es wagen, mich so mitzuteilen, wie ich bin; oder muß ich in der Kommunikation auch Teile von mir verbergen? Muß ich mich hier und dort ein wenig anders geben, als ich bin?

1. Hindernisse erkennen

Welche Erwartungen, Regeln, welche offenen und verborgenen Glaubenssätze, welche privaten, ökonomischen und politischen Verhältnisse bestimmen mein Verhalten und hindern mich an authentischer Kommunikation? Ich habe in diesem Zusammenhang noch eine weitere wichtige Lernerfahrung gemacht: Je unbewußter mir diese Rahmenbedingungen sind, um so mehr Macht haben sie über mich, um so wirkungsvoller und stärker wirken sie aus dem Untergrund heraus.

Der Anfang vom Anfang ist immer eine Selbstklärung. Diese Aufgabe ist verbunden mit der Erkenntnis, daß es nicht nur Schätze in mir zu heben gibt, sondern auch Anteile, die ich nicht an mir mag und lieber verdränge. Statt uns um Selbsterkenntnis zu bemühen, basteln wir uns lieber ein Selbstbild. Jeder von uns konstruiert sich nicht nur ein Abbild der Welt, sondern auch ein Abbild von sich selbst: ein Modell, eine Repräsentation.

Mein Modell von mir selbst ist nicht das Original, sondern bestenfalls ein subjektiv gefärbtes Abbild, denn wir neigen dazu, alle inneren Erfahrungen, die nicht in unser Selbstbild passen, zu verzerren oder zu verleugnen. Dieses Abbild ist also kein verkleinertes Bild der Wirklichkeit, sondern ein verkleinertes Abziehbild meiner Wunschvorstellung. Unsere Eigenkonstruktion hat zum Ziel, die Welt und auch mich daran zu hindern, zu erkennen, wer und wie ich bin. Wir wollen niemandem zeigen, wie verletzbar wir sind.

Wir schaffen dieses Modell also nicht in der Absicht, um uns der Frage »Erkenne dich selbst« zu widmen, sondern glauben, daß wir uns mit diesem Bild, das wir nach außen tragen und zeigen, im Leben besser zurechtfinden. Der Preis, den wir dafür zahlen: Wir benötigen viel Lebensenergie, um dieses Modell zusammenzuhalten. Diese Energie fehlt uns dann an anderer Stelle.

Welche Alternative haben wir?

Ich entwickle mir eine differenziertere Landkarte, die den Realitäten möglichst nahe kommt. Ich baue mir ein vielfältiges Selbstbild aus vielen Sichtweisen. Neue Sichtweisen gewinne ich nur aus dem Hineinhorchen in menschliche Beziehungen und aus dem ehrlichen Feedback meiner Mitwelt. Ich weiß, das Wichtigste im Leben sagt man sich nicht selbst, das Wichtigste wird einem gesagt. Ich ermuntere meine Umwelt, mir Feedback zu geben, denn Feedback kommt nicht von allein. Erst auf diese Weise erfahre ich, wer ich wirklich bin. Ich bemühe mich in diesem Entwicklungsprozeß, Eigenbild und Fremdbild anzunähern. Deckungsgleich wird es nicht.

Ich stelle mich aber nicht nur der Frage, wer bin ich, sondern versuche auch herauszufinden, welche Erwartungen anderer Personen ich erfülle. Wertvoll ist für mich die Erkenntnis, daß Ansichten, die andere Leute über mich haben, mich so nachhaltig beeinflussen, daß mir der Mut fehlt, authentisch zu kommunizieren.

Wohl kaum an einer Stelle wird der elementare Zusammenhang von Selbstwert und Kommunikation so deutlich wie hier. Authentische Kommunikation setzt ein Minimum an Selbstwertgefühl voraus.

2. Glaubenssätze hinterfragen

Aufgrund meiner Erfahrungen möchte ich fünf innere Einstellungen, fünf Glaubenssätze benennen, die authentische Kommunikation be- oder verhindern können:

- Es ist gefährlich, offen zu sein, außer Verletzungen kommt nichts dabei heraus.
- Was sagen die Nachbarn dazu?
- Ich will um keinen Preis die Gefühle anderer verletzen.
- Ich fühle mich nicht berechtigt.
- Wie ich wirklich bin, ist nicht liebenswert.

Erst wenn ich diese fünf inneren Einstellungen hinterfrage, und mich von ihnen Zug um Zug löse, kann ich in meiner kommunikativen Entwicklung dem Wegweiser in Richtung Authentizität folgen. Finden Sie gemeinsam in der Gruppe heraus, welche Regeln, Glaubenssätze, Wertvorstellungen es sein könnten, die Sie behindern, authentisch zu kommunizieren.

Glaubenssatz 1

Es ist gefährlich, offen zu sein, außer Verletzungen kommt nichts dabei heraus.

Wir alle bauen Mauern und Fassaden um uns herum, die wir benötigen, weil sie uns schützen. Sie behindern uns aber auch, denn unsere Mauern sichern uns nicht nur vor Verletzungen, indem wir andere aussperren, sondern wir sperren uns auch selbst ein. In der Fachliteratur ist meist von »fassadenfreier« Kommunikation die Rede. Schulz von Thun hat den Begriff Fassade relativiert.[39] Er weist zu Recht darauf hin, daß der Ausdruck Fassade ungeeignet ist, und das gilt auch für das Bild von der Mauer. Es läßt nämlich die Vorstellung entstehen, es würde ein glattes Schild, eine glatte Mauer nach außen gehalten werden. Das ist falsch, unser Äußeres ist mit unserer Biographie gewachsen, und dahinter liegt vieles, was sorgfältigen Schutz verdient. Mein türkischer Freund Kadir trägt seine Lebenserfahrungen tief eingegraben in seinem Gesicht. Es ist nicht ein Blendwerk, hinter dem er etwas bewußt verbirgt, sondern die äußere Repräsentation seines Lebens. Wir können deshalb unser Äußeres, unsere Mauern, nicht einfach einreißen, ohne großen Schaden anzurichten. Ich nenne sie deshalb nicht einfach Mauern, sondern Mauern mit Fenstern und Türen, die nach beiden Seiten offen sind.

Die Mauer ist unser Äußeres. Dahinter liegt, zu Recht verborgen, unser Inneres, unsere innere Realität, die u. a. von der äußeren Realität geschützt wird und auch geschützt werden muß. Wir brauchen diese Schonräume. Das Wichtigste ist, daß der Kontakt zwischen Innerem und Äußerem nicht abreißt. Folgende Fragen weisen hilfreich in die richtige Richtung: Wie dick, wie durchlässig sind meine Mauern? Wieviel ist mir davon bewußt? Existieren Türen und Fenster, die ich, wann immer ich will, öffnen und schließen kann? Oder gibt es Einbahnstraßen, über die ich eine Menge heraus-, aber nur selten etwas hereinlasse? Existieren in meinen Mauern nur kleine Schießscharten, die mir keine weiten, offenen, sondern nur flüchtige, mißtrauische Blicke nach außen ermöglichen?

Verbergen Sie zu viel oder zu wenig? Welche Vorteile, welche Nachteile bietet Ihnen Ihre gegenwärtige Mauerkonstruktion? Was ersparen Sie sich dadurch? Was verbauen Sie sich? Was könnten Sie gewinnen, wenn es anders wäre? Wo könnten Sie die Fenster vergrößern, wo die Türen öffnen? Welche Einbahnstraßen könnten Sie von beiden Seiten befahrbar machen?

Schlagen Sie ein Loch in Ihre Mauer, schauen Sie nach, was es dahinter zu sehen gibt. Riskieren Sie es. Wie vielen Feinden stehen Sie plötzlich gegenüber? Ich habe feststellen müssen, daß es vor allem dort keine gab, wo ich viele Jahre welche vermutet habe. Stellen Sie sich aber auch die Frage: Wo muß die Mauer verstärkt werden? Wir haben alle einen verletzlichen Kern und sollten behutsam damit umgehen.

Glaubenssatz 2

Was werden die Nachbarn dazu sagen, was werden die Leute denken? Bring uns bloß nicht ins Gerede! Sag das nur nicht Tante Luise!

Solche Einwände lähmen uns und legen sich wie Mehltau auf unsere Entwicklungsmöglichkeiten. Wir werden durch diese »Rücksichtnahmen« unverhältnismäßig abhängig von der Anerkennung und der Meinung anderer Menschen. Sie sind eine der wesentlichsten Ursachen, die uns hindert, wir selbst zu sein. Virginia Satir dazu sinngemäß: »Wir alle sind, unabhängig von unserem Alter, dazu fähig, unsere tiefsten Wünsche und höchsten Werte zu verraten, wenn wir unsere Selbstachtung vom Urteil anderer abhängig machen.«[40] Dafür gibt es viele Gründe:

- Ich fürchte, zurückgewiesen zu werden.
- Ich fürchte, die Gefühle meines Freundes zu verletzen.
- Ich fürchte, in Verlegenheit zu geraten.
- Ich fürchte, meine Gelassenheit zu verlieren.
- Ich bin ein höflicher Mensch, und höfliche Menschen versuchen immer, ja zu sagen.
- Ich kann nicht ohne stichhaltige Gründe nein sagen.

Viele Menschen versuchen, ihr Selbstwertgefühl durch den guten Eindruck zu erlangen, den sie in der Welt hinterlassen. Bücher mit Titeln wie »Wie mache ich mich beliebt« haben seit Jahren Hochkonjunktur, denn Ansehen ist für viele das höchste Glück.

Glaubenssatz 3

Ich will um keinen Preis die Gefühle anderer Menschen verletzen.

Die Ratschläge »Sei du selbst, dann bist du gut« oder »Laß dein Ja und dein Nein echt sein«, sind von trügerischer Einfachheit. Diese wertvollen Erkenntnisse sind schwer in die Praxis umzusetzen, weil wir von klein auf folgenden Glaubenssatz verinnerlicht haben: »Wir dürfen die Gefühle anderer nicht verletzen«, und unausgesprochen gab es noch folgenden »Nachschlag« dazu: »Verletze lieber dich selbst.« Virginia Satir beschreibt das Problem so: »Sag den Menschen, die dir am Herzen liegen, nicht, was du denkst oder fühlst, denn sie könnten tot umfallen oder so zornig werden, daß du selbst tot umfällst. Wir leben in dem Glauben, daß psychologische Wahrheit tötet und es daher besser sei, ein Lügner zu sein. In Wirklichkeit geschieht das Gegenteil. Einer stirbt, wenn wir uns gegen uns selbst richten, Gefühle anderer nicht verletzen.«

Glaubenssatz 4
Ich fühle mich nicht berechtigt.

Geben ist seliger denn nehmen, heißt ein bekanntes Wort aus der Bibel. In der Gruppe drehen wir es einfach um, gehen vom dialektischen Gegensatz aus: »Nehmen ist seliger denn geben!« Nur ein Mensch, dessen eigene Bedürfnisse erfüllt sind, kann wirklich geben. Das Urvertrauen des Menschen, daß er allein durch seine Existenz berechtigt ist, zu lieben und geliebt zu werden, ist vielen unbekannt oder abhanden gekommen. Tag für Tag strampeln wir uns ab, um als wertvolle Menschen zu erscheinen, statt zu glauben, daß wir es sind. Wir fürchten insgeheim, kein Recht darauf zu haben, so zu sein und so zu handeln, wie wir sind. Vielmehr glauben wir, daß wir uns dieses Recht erst verdienen müssen. Dieses Sich-nicht-berechtigt-fühlen wird auch im Kommunikationstraining deutlich. Wenn ich einem Teilnehmer durch Video, Eigenerfahrung und durch Feedback aus der Gruppe »nachgewiesen« habe, daß er reden kann, wenn er sich traut, und er sich nicht länger dieser Tatsache verschließen kann, kommen oft folgende Antworten: »Vielleicht ist das tatsächlich möglich, aber ist das wirklich etwas für mich, paßt das zu mir, steht mir das überhaupt zu, mich vor einer größeren Gruppe zu Wort zu melden?« Mit dieser Einstellung können wir nicht wachsen, denn kein Mensch wird je versuchen, etwas zu erreichen, wenn er den Glauben hat, er verdiene es nicht. Alle Fähigkeiten nutzen nichts, wenn der Glaube an die eigene Berechtigung fehlt.

In den Gruppen wird diese Position als gesunder Egoismus bezeichnet, den man sich, wenn auch mit schlechtem Gewissen, zulegen müsse, um in der Gesellschaft überleben zu können. Darüber bin ich wütend oder traurig oder beides zugleich. Ich halte es für eine Irreführung, Selbstentfaltung stets als Egoismus zu definieren. Selbstbestimmung im Sinne der Selbsthilfe ist in ein Wertesystem eingebunden, und wenn diese »Selbsttendenzen« sich verbinden mit Verantwortung für die Mitwelt (Mensch, Gesellschaft und Natur), wird deutlich, daß Sich-selbst-entdecken eine Grundvoraussetzung für emanzipatorische Entwicklungen ist. Ohne Identität gibt es auch keine Solidarität.

Zur Unfähigkeit, nicht nehmen zu können, gehört auch die Unfähigkeit, konkrete Wünsche äußern zu können. Neben Veränderungsängsten gehören Ablehnungsängste zu den erfolgreichsten Widerständen. Was löst diese Ängste aus? Wenn ich einen Wunsch offenlege, gehe ich das Risiko ein, daß er abgelehnt wird. Verberge ich meinen Wunsch, so hat das den – scheinbaren – Vorteil, daß die anderen nicht mitbekommen, wenn er unerfüllt bleibt. Das mag uns im ersten Augenblick als eine geschickte Strategie zum Schutz der eigenen Persönlichkeit erscheinen, in

Wirklichkeit verschweige ich nur meine Verletzbarkeit und verberge einen wichtigen Teil von mir, den sicher viele auch mögen und auch schützen würden, wenn sie die Gelegenheit bekämen, ihn kennenzulernen.

Auf die tiefen Ursachen dieser Ängste weist Walter Lechler hin: »Jeder von uns hat solche Angst davor, sich seiner wahren Bedürfnisse bewußt zu werden. Dieses Bewußtwerden tut so unsagbar weh, weil wir tief in unserem Innersten wissen, wie ausgehungert wir sind. Wir können nicht glauben, daß dieser Mangel jemals ausgeglichen werden kann.«[41]

Glaubenssatz 5

Wie ich wirklich bin, ist nicht liebenswert.

Einer der vielen Gründe, weshalb Menschen in ihrer Isolierung ihr inneres Selbst vor sich und vor anderen verbergen, ist die Überzeugung, daß niemand sie lieben könnte, wenn sie ihr Inneres so nach außen zeigen, wie es angelegt ist. Dieser Glaubenssatz ist nur durch positive Erfahrungen in der Gruppe zu knacken. Die Gruppe ermöglicht Beziehungen, die durch Zuwendung und Verständnis getragen sind, und ich mache immer wieder die Erfahrung, daß andere mich lieber mögen, wenn ich mich so gebe, wie ich wirklich bin.

Ich bin überzeugt von Erich Fromms Formel: Sich selbst zu lieben ist Voraussetzung für eine wirkliche Beziehung zum anderen.

Der Wunsch nach Wirkung

Die Fähigkeit, authentisch zu kommunizieren, ergibt noch keine erfolgreiche Kommunikation. Der Wert Authentizität muß stets in ausgehaltener Spannung zur Wirksamkeit stehen. Um kommunikativ kompetent zu sein, muß ich einerseits offen kommunizieren und Gefühle zeigen können, andererseits aber auch in der Lage sein, wenn es angebracht ist, mich zu verschließen und Gefühle nicht zu zeigen.

Ich benutze meine Selbsterkenntnis dafür, Gefühle, Verhalten und Einstellungen wahrzunehmen, zu lenken, und wenn ich will, auch zu verbergen. Sehr häufig setzen sich Gefühle unkontrolliert in die Tat um, und ich bin ihnen machtlos ausgeliefert. Diese Gefühle können unsere besten Absichten zunichte machen. Zur kommunikativen Kompetenz gehört deshalb auch die Fähigkeit, solche Impulse zu kontrollieren, notfalls zu unterdrücken. Ich bin nicht verpflichtet, dauernd offen zu sein. Niemand darf mir das abverlangen. Die Fähigkeit, Gefühle zu kontrollieren, mißbrauche ich aber keinesfalls dazu, mich rücksichtslos über die Gefühle anderer hinwegzusetzen.

Wirksamkeit zu erlangen bedeutet, überzeugen zu können und mich vor anderen wirkungsvoll darzustellen, für Ziele einzutreten, wenn es sein muß, durchaus auch kämpferisch.

Wirksamkeit erreiche ich, wenn ich bildreich, geschliffen und in sich schlüssig argumentiere. Ich möchte mitsprachefähig werden, mich einmischen, mich sachgerecht auseinandersetzen können.

Deshalb bemühe ich mich um Taktik und Takt sowie um Kommunikationstechniken: Um Allgemeinverständlichkeit, um Gliederung und Ordnung, um Kürze und Prägnanz.

Ich schätze die Kunst der Diplomatie, geschickte Redeführung und eine überzeugende Moderation. Ich möchte auf der Sachebene glänzen und auf der Beziehungsebene eine Hilfreiche Beziehung aufbauen.

Auf der Appellseite kann ich auf verstecktes Appellieren verzichten, auf der Selbstoffenbarungsebene offen sein. Dadurch gewinne ich an Sicherheit und kann Vorgesetzten sowie beruflichen Konkurrenten ohne Scheu begegnen.

Der Wunsch, in unserer Kommunikation wirken zu wollen, berücksichtigt ein seelisches Grundbedürfnis der Menschen, das keinesfalls vernachlässigt werden darf. Um seelisch und sozial gesund zu bleiben, benötigen wir Gelegenheiten, uns selbst darzustellen.

Ich bekenne mich ausdrücklich dazu, in meiner Kommunikation und im Leben wirken zu wollen. Ich bin davon überzeugt, daß alle Menschen ein gewisses Maß an Selbstdarstellung benötigen. In der Selbstdarstellung teilen sich die eigenen Bedürfnisse und Emotionen mit. Was ich kann, möchte ich auch zeigen, entweder als Vergegenständlichung meiner Arbeit in einem Objekt oder in meiner Kommunikation. Das hat mit Angeberei nicht das Geringste zu tun, sondern ist ein menschliches Grundbedürfnis. Es festigt das Selbstwertgefühl.

Selektive Authentizität

Der Wegweiser in Richtung mehr Offenheit und zu Mauern mit Fenstern und Türen, die von innen und außen zu öffnen sind, wird oft mißverstanden als Aufruf zu totaler Offenheit. Im Gegensatz dazu lauten die Grundlagen der Humanistischen Psychologie: Ich fühle mich verantwortlich, wie das, was ich sage, beim anderen ankommt. Deswegen sage ich noch lange nicht, was andere hören wollen, sondern ich wähle aus, was ich sage und tue. Alles, was ich sage, ist echt und ehrlich, nicht etwa wahr! Das bedeutet nicht, daß ich immer alles sage.

Es ist eine Offenheit, die sich an realistischen Gesprächssituationen orientiert und sorgsam auf Verletzlichkeiten des Menschen achtet und prinzipiell Rücksicht darauf nimmt, wieviel der einzelne verkraften kann. Der eherne Grundsatz heißt: Den anderen so wenig wie möglich zu verletzen. Um diese Grundsätze klarzustellen und sich eindeutig von anderen Vorstellungen abzugrenzen, hat Ruth Cohn den Begriff der »selektiven (= auswählenden) Authentizität« geprägt: Authentizität verweist auf den Ausdrucksaspekt, in dem Begriff der Selektivität kommt die Sorge um die Wirkung zur Geltung.

»Zur Authentizität gehört – erst einmal – zweierlei: Das eine ist, mir möglichst klar zu werden über meine eigenen Gefühle, Motivationen und Gedanken, mir also sozusagen nichts vorzumachen. Das andere ist, das, was ich sagen will, ganz klar auszusprechen. Zur Klarheit gehört, daß ich es so sage, daß es beim anderen ankommen kann. Der andere hat ja ein ›Empfangsgerät‹, das möglicherweise nicht auf mich eingestellt ist, auf das, was ich ›sende‹ und wie ich es ›sende‹. Ich muß also versuchen, mir vorzustellen, wie das, was in mir vorgeht, vom anderen gehört wird. Ich habe einmal formuliert: ›Nicht alles, was echt ist, will ich sagen, doch was ich sage, soll echt sein ...‹ Für mich ist Offenheit nicht etwas, was von Anfang an zwischen Menschen möglich ist, sondern etwas, was vorsichtig erworben und gelernt werden muß. Das kann man nicht sofort und mit Gewalt. Ich glaube allerdings, daß sogar in der allerbesten Beziehung immer noch verschlossene Bereiche übrigbleiben. Ich kann mir keine Beziehung vorstellen, in der totale Offenheit zu jeder Zeit möglich und zu ertragen ist. Ich unterscheide deshalb zwischen optimaler und maximaler Authentizität. Die Richtlinie ist: Das, was sich an persönlicher Erfahrung im Inneren ereignet, mit optimaler innerer Ehrlichkeit und kommunikativer Klarheit – also authentisch – dem Partner mitzuteilen. Optimale Authentizität hat immer selektiven Charakter; maximale, d.h. absolute Aufrichtigkeit kann zerstören. Ich glaube, daß absolute Offenheit ein Aberwitz ist. Andererseits hat unsere Zivilisation eine lange Zeit destruktiver Verschwiegenheit und Heuchelei auszugleichen. Ich glaube daher, daß mit der Offenheit-um-jeden-Preis-Bewegung das Pendel in die Gegenrichtung ausschlägt. Auch hier bedarf es dynamischer Balance – zwischen Scheinheiligkeit und Rücksichtslosigkeit. Oder positiv gesagt: Zwischen gutem Schweigen und guter Kommunikation.«[42]

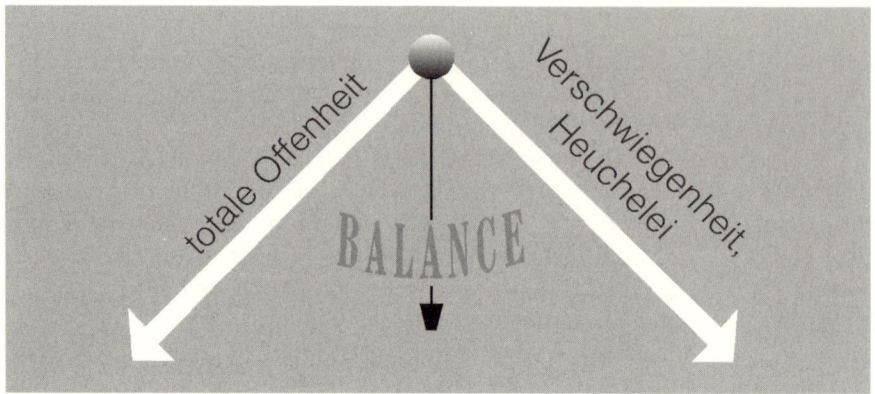

Nur wenn ich selektiv authentisch bin, also entsprechend der Sprechsituation auswähle, entwickelt sich wechselseitig Vertrauen und Verständnis zwischen den Partnern, das sich infolgedessen spiralförmig auf ein immer höheres Niveau schraubt. Im Verlaufe dieser Entwicklung wird die bewußte Filterung zwischen meiner Erfahrung und meiner Aussage überflüssig. Je weniger solches Filtern nötig wird, desto müheloser, produktiver und froher gelingt Kommunikation.

Es ist eine geeignete Strategie, um zwischen Kommunikationspartnern eine Hilfreiche Beziehung aufzubauen. Äußere ich jedoch alles ungefiltert, so überfalle ich meinen Gesprächspartner und mißachte meine als auch des anderen Verständnisfähigkeit. Wenn ich lüge oder manipuliere, verhindere ich Annäherung und Kooperation, und wenn ich Menschen zu schnell zu nahe komme, so löst das Ängste aus, und sie ziehen sich, verständlicherweise, in ihr Schneckenhaus zurück.

Meine Erfahrungen in Beruf und Politik sind positiv und ermutigend. Ich bin nicht davon abhängig, daß der andere auch selektiv authentisch kommuniziert. Ich bin mittlerweile davon überzeugt, daß es keine realistische Alternative dazu gibt.

Veranschaulichung im Wertequadrat

Das Spannungsverhältnis von Authentizität und Wirksamkeit läßt sich anhand des Wertequadrates deutlich machen.

Die Beziehungen sehen in der Anordnung des Wertequadrates folgendermaßen aus:

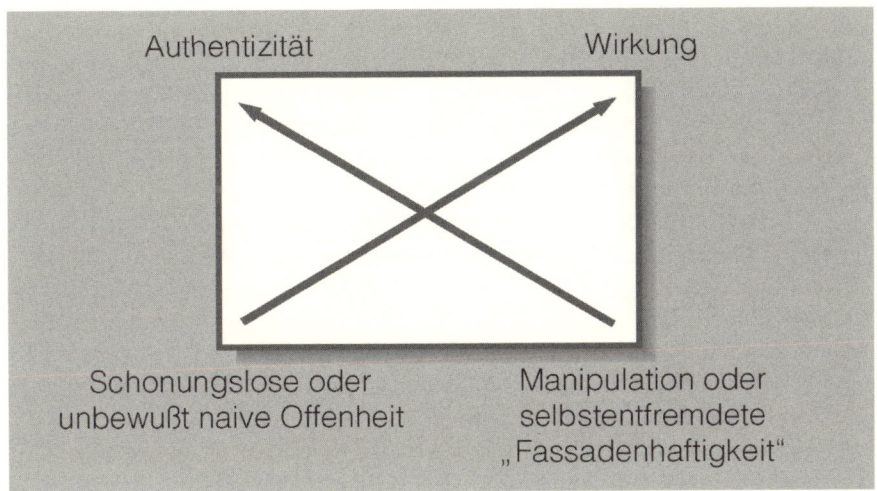

Die Kunst, diese dialektischen Gegensätze zu vereinen, ist die Aufgabe jeglicher Kommunikation, sei der Anlaß privater, beruflicher oder politischer Natur.

Exkurs: Wie man keine Freunde gewinnt

Einige kurze Anmerkungen möchte ich zum Bestsellerautor Dale Carnegie machen, der von vielen Kritikern der Humanistischen Psychologie als Vorbild hingestellt wird, vor allem mit seinem Buch »Wie man Freunde gewinnt«, im Originaltitel »How to win friends and influence people«.[43] Dale Carnegies Anschauungen sind durch folgende Kerngedanken zu umreißen: »Wenn Sie beliebt sein wollen, merken Sie sich die Regel: Lächeln Sie!« »Die einzige Möglichkeit, einen Streit zu gewinnen, ist, ihn zu vermeiden.« »Der Köder soll dem Fisch schmecken, nicht dem Angler!«

Was wird empfohlen? Ich brauche nicht mehr zu tun, als meine Nachricht geschickt und ästhetisch einwandfrei zu verpacken, dann noch ein Schleifchen drum, als Zugabe ein kleines Lächeln, und schon wird das Nachrichtenpaket begeistert in Empfang genommen, und ich habe durchschlagenden Erfolg damit. Carnegies Erfolgsstrategie ist durchsichtig und klar: Nett sein! Ich gewinne Sympathie und Einfluß auf andere Menschen, indem ich ihre Schwächen einkalkuliere und in die eigene Verhaltensstrategie einbaue. Ich teile diese naiven Strategien des Gewinnen-

und Beliebtseinwollens mit den Mitteln der Manipulation nicht. Das Bild, Kommunikationspartner als Angler und Fisch darzustellen, ist auf den ersten Blick vielleicht attraktiv, leuchtet bei oberflächlicher Betrachtung ein und erscheint als erfolgversprechende Strategie. In Wirklichkeit beruht diese Beziehung auf einer arglistigen Täuschung. Fisch und Angler befinden sich in einem Verhältnis, das ungleicher gar nicht sein kann.

Ich lasse beiseite, daß es sich um eine etwas seltsame Konstruktion handelt, Kommunikation zwischen zwei oder mehr Menschen als Verhältnis zwischen Angler und Fisch zu definieren, und daß dadurch Gewinnen und Verlieren durch Täuschung zur vorrangigen Kategorie zwischenmenschlicher Beziehungen wird! Stellen wir folgende Fragen: Wirkt es, funktioniert es, ist es eine taugliche, wenn vielleicht auch nicht ganz »saubere« Strategie, um zu gewinnen?

Friedemann Schulz von Thun hat die Kritik an Carnegie in einem Kerngedanken zusammengefaßt: »Ihre Armseligkeit verrät sich nicht nur in der erstarrten Lächelgrimasse, sondern auch dort, wo eigentlich die Stärke dieses Ansatzes liegen soll: in der (schlechten) Wirksamkeit.«

12 Gründe, weshalb Dale Carnegies Strategien nach meiner Ansicht nicht funktionieren können:

1. Es ist ein Irrtum, durch Freundlichkeit oder Anpassung Ziele erreichen zu können. Es gelingt bestenfalls nur kurzfristig als Täuschung. Was Carnegie vorschlägt, wird meiner Meinung nach völlig zu Recht als üble Masche empfunden und mit Mißtrauen beantwortet. Eine meiner wichtigsten Erfahrungen: Menschen haben ein feines Gespür dafür, ob es einer ehrlich meint oder nicht. Leider melden sie es zu selten ihrer Mitwelt zurück.

2. Es ist ein Fehler, unbedingt gemocht werden zu wollen. Wir zahlen einen hohen Preis dafür. Schon Plato kam zu folgender Erkenntnis: Ich kenne keinen sicheren Weg zum Erfolg, nur einen zum sicheren Mißerfolg, es jedem recht machen zu wollen. Willy Brandt pflegte zu sagen: »Wer everybodys Darling sein will, ist sehr schnell everybodys Armleuchter.«

3. Nach Carnegie lächle ich nicht, weil ich möchte, sondern weil ich soll. Dieser Handlung fehlt die eigene Überprüfung, und ich handle nicht eigenständig. Ich spreche dann entweder auf der Basis einer unreflektierten Gruppennorm »Egal, wie schlecht es uns geht, bei uns im Betrieb wird gelächelt!« oder gehorche einem elterlichen oder gesellschaftlichen

Soll. Oder ich fälle Entscheidungen, ohne Rücksicht auf mein eigenes Wertesystem. Die Folge: Meine Kommunikation ist inkongruent, »Herz und Mund sagen nicht dasselbe«. Ich wirke nicht glaubwürdig.

4. Lächeln Sie, wann immer Ihnen danach ist, aber Lächeln kann auch ihre Durchsetzungsfähigkeit untergraben. Ihre Selbstachtung sollte an erster Stelle stehen. Selbst wenn Lächeln zwar gut gemeint ist, es aber nicht dem inneren Zustand des Menschen entspricht, ist es künstliches Gehabe, das unglaubwürdig ist.

5. Imponiergehabe hilft nicht weiter, sondern hindert mich, mir selbst und den anderen nahe zu sein. Kommunikation muß ein Umfeld von Sicherheit und Vertrauen schaffen, indem wir einander auf eine Weise begegnen, die Barrieren abbaut und Brücken zwischen uns entstehen läßt.

6. Wenn ich mich ständig so gebe, wie ich nicht bin, besteht die Gefahr, daß der Kontakt zwischen meinem Äußeren und meinem Inneren abreißt. Langfristig zahle ich einen hohen Preis dafür. Nur wenn ein lebendiger Austausch existiert, besitze ich die notwendige Flexibilität und habe Wahlmöglichkeiten.

7. Carnegies Empfehlungen bedeuten Verbergen. Ich persönlich bin der Meinung, daß wir viel zu viel verbergen. Das verschlingt Energien, die uns an anderer Stelle fehlen.

8. Sie haben ein Anrecht darauf, Ärger zu zeigen. Immer nur Liebsein hilft nicht weiter. Haben Sie keine Angst vor der eigenen Wut. Wir dürfen elementare Basisgefühle wie Angst, Wut, Schmerz, Freude nicht ungestraft unterdrücken. Die Natur ist nicht so verschwenderisch, daß sie Emotionen als eine Belästigung schaffen würde. Ohne Emotionen sind wir tote, gelangweilte und desinteressierte Menschen.

9. »Bloß niemanden auf die Füße treten« als oberstes Prinzip nützt niemandem. Konflikte lassen sich nicht vermeiden. Vertreten Sie mit Nachdruck Ihre Interessen, treten Sie anderen notfalls auch gehörig auf die Füße. Aus einer kommunikativen Störung komme ich nur heraus, wenn ich durch sie hindurchgegangen bin.

10. Konflikte können nicht durch Ausblenden verhindert oder vermieden werden. Sie sind integrale Bestandteile der Wirklichkeit, die es zu akzeptieren gilt.

11. Um mich durchzusetzen, muß ich laut Carnegie manipulieren und Kontrolle ausüben. Kontrolle ist doppelt gefährlich: Kontrolle funktioniert nicht und ist selbstschädigend. Vertrauen erweist sich langfristig als erfolgreicher!

12. Dale Carnegie verpaßt den Menschen eine Uniform, die allen passen soll. Der fundamentale Irrtum: Es existiert kein Idealverhalten, das für alle gleich ist.

Wegweiser für das Kommunikationstraining

Das Grunddilemma ist zweifelsohne, daß es immer um Ausdruck und Wirkung zugleich geht. Sender als auch Empfänger stehen vor der Wahl, auf welchen Aspekt sie sich schwerpunktmäßig konzentrieren. Schulz von Thun stellt zwei Kardinalfragen, auf die sich Kommunikationstraining konzentrieren sollte:

- Wer bin ich, wofür stehe ich, was ist mein Anliegen? Willst du ein guter Kommunikator sein, dann horch erst in dich selbst hinein.
- Was kann ich tun, um gehört und verstanden zu werden?

Ich möchte es an einem kleinen praktischen Beispiel erläutern. Ich leite eine Öffentliche Bibliothek. Bibliotheken sind keine Pflichtaufgaben der Gemeinden, sondern freiwillige Leistungen. Jedes Jahr wird über die Höhe des Etats neu entschieden. Werden Gelder gekürzt, so stehen die freiwilligen Ausgaben immer an erster Stelle. In bezug auf meine Durchsetzungsfähigkeit als Bibliotheksleiter stelle ich mir folgende Fragen: Wie, mit welchen Argumenten, kann ich den Bürgermeister und den Stadtrat erreichen? In welchen Begriffen wird dort gedacht? Mit welchen Widerständen muß ich rechnen? Ich prüfe sie: Welche sind berechtigt, welche nicht. Wovon bin ich überzeugt, müssen wir nicht tatsächlich alle sparen? Passen meine Forderungen in den Gesamthaushalt? Sind die Forderungen verhältnismäßig? Nur wenn ich selbst von meinen Etatvorstellungen überzeugt bin, kann ich auch andere überzeugen!

Idealtypisch gesehen gibt es zwei Arten von Kommunikationstraining:
- Ich steigere meine Wirkungskompetenz. Wie erreiche ich die optimale Wirkung mit geringem Energieaufwand? Wie kann ich mich selbst darstellen. Dazu benötige ich kommunikative Grundfähigkei-

ten: Ich traue mich, mich in einer Versammlung zu Wort zu melden, ich bin in der Lage ein Projekt oder Problem schlüssig darzustellen, den Empfänger zu beeindrucken, so daß er sich angesprochen fühlt. Ich öffne meine Sinne und fühle, was in den anderen vorgeht.

Ich steigere meine Ausdruckskompetenz. Ich trainiere meine Selbstwahrnehmung, denn der Weg zu dem anderen führt über den Umweg zu mir. Ich achte auf meine Körpersignale und entwickle meine Fähigkeiten zur Selbstoffenbarung.

Letztlich ist es egal, auf welcher Ebene Sie anfangen.

Auch an dieser Stelle wird deutlich, weshalb es Patentrezepte nicht geben kann: Für die einen muß im Training der Wegweiser in Richtung Ausdruckskompetenz gestellt werden, für andere wiederum in die genau entgegengesetzte Richtung.

Sei weniger besorgt um die gute Figur, heißt eine Kommunikationsregel, die folgendes besagen soll: Verplempere nicht zuviel Energie mit der »Verbergerei«, gib dich so, wie du bist, sei du selbst, dann bist du gut! Ich sorge mich schon um die gute Figur. Überbesorgtheit ist der Wegweiser in die falsche Richtung. Ich möchte aber wissen, wie und wodurch ich nach außen wirke, wie ich Kontakt herstelle, und ich möchte lernen, meine Möglichkeiten realistisch einzuschätzen. Den vorgeschlagenen Weg über die entsprechende Verpackung der »Ware« Nachricht halte ich für einen Irrweg.

Ich habe in den Selbsthilfegruppen diese Grundüberzeugungen und Regeln kennen und schätzen gelernt[44], weil sie mir helfen, mein Leben zu meistern. Das Geheimnis ihres Erfolges: Die Empfehlungen und die Regeln sind nicht irgendwelche Dogmen, sondern drücken in ihren Forderungen aus, die Realität anzuerkennen. Sie sind nichts Künstliches, sondern gelungener Kommunikation abgelauscht.

Meine Wegweiser zeigen in Richtung mehr Offenheit, aber ich spüre auch, daß sich ein gegenläufiger Trend bemerkbar macht, den ich keineswegs unterschätze: Kommunikation sucht in unserer Gesellschaft immer häufiger eine Schutzmauer der Unverbindlichkeit auf. Sich dem Leben auszusetzen, also offen miteinander zu kommunizieren, steht oft gleichbedeutend mit der Angst vor Verletzungen. »Ist unser Ich tatsächlich zu zerbrechlich, um mit offenen Bedingungen fertig zu werden?« ist eine durchaus berechtigte Frage, die ich ernst nehme und über die ich viel nachdenke.

Die meisten Menschen haben ein Leben lang gelernt, sich bis in die Fingerspitzen hinein zu kontrollieren. Sie haben es gelernt, weil sie glaubten, es lernen zu müssen. Ihr oberstes Ziel ist, auf keinen Fall die

Kontrolle über sich verlieren. Sie verleugnen sich lieber, als spontan und ungeschützt ihre Meinung zu sagen. Auf diese Tendenz reagieren andere Menschen wiederum mit dem Pendelschlag »Totale Offenheit«. Es ist die spiegelbildliche Reaktion auf Verschlossenheit und Heuchelei und ist in bezug auf Kommunikationsentfaltung gleichermaßen zerstörerisch.

Es sind zwei gegenläufige Strömungen zu beobachten: Einerseits eine Verflachung und wachsendes Elend in unseren kommunikativen Beziehungen, andererseits aber die Herausbildung einer neuen Kommunikationskultur in der bunten Vielfalt der Selbsthilfegruppen, deren Praktikabilität durch viele Forschungsergebnisse der Kommunikationspsychologie untermauert werden.

Ich weiß, daß Offenheit, die Nähe herstellt, auch viel Angst auslösen kann. Viele Menschen werden durch Wärme und Zuwendung total verunsichert und mauern sich deshalb ein. Der »Zauberschlüssel«, der diese Mauern öffnet, heißt für mich »Selektive Authentizität«.

Ich fühle mich besser, wenn ich das ausspreche, was in mir ist. Ich verzichte auf einige Mauern aus der Vergangenheit, weil sie mich nicht schützen, sondern mein Wachstum blockieren. Ich verberge nur das, was verletzlich ist und des Schutzes wirklich bedarf. Dann ist meine Botschaft in ihrer Gesamtheit kongruent. Wort, Ton, Stimme, Körperhaltung, Gesichtsausdruck, Bewegungen stimmen überein, sagen dasselbe, und wenn ich selektiv authentisch (kongruent) kommuniziere, handle ich nach meinen innersten Bedürfnissen im jeweiligen Augenblick, ohne mich rechtfertigen oder entschuldigen zu müssen. Dadurch wird selektiv authentische Kommunikation zu einer sprudelnden Energiequelle, aus der ich Kraft schöpfen kann, denn in diesem Zustand fühle ich mich lebendig und wohl. Und ich mache es gut, wenn ich mich wohl dabei fühle. Und was ich gut mache, ist auch erfolgreich, und wenn ich erfolgreich bin, wächst mein Selbstwertgefühl. Das gibt mir die Kraft, gegen den Strom zu schwimmen.

Habe ich gelernt, meinen Gesprächspartnern mein echtes Ja oder mein echtes Nein zu geben? Ich bin dabei, es zu lernen. Doch trotz positiver Erfahrungen, tue ich es zu selten, denn meine alten Gewohnheiten blockieren neue Verhaltensweisen.

Was tun? Ich vertraue darauf, daß ich noch lernen kann, und versuche, Geduld mit mir selbst zu haben. Es braucht seine Zeit, um das zu sein, was ich bin. In Zeiten des Zweifelns, wenn dunkle Gedanken mich umgarnen, dann tröste ich mich mit Jeremias Gotthelf: »Schwer ist es, die rechte Mitte zu treffen, das Herz zu härten für das Leben, es weich zu halten für das Lieben.«

Nach-Denk-Bruch-Stück-Werk

Jürgen unterhält sich mit Erika. Je kongruenter Jürgen kommuniziert, desto klarer und eindeutiger sind seine Nachrichten für Erika zu verstehen. Sendet Jürgen jedoch seine Nachrichten inkongruent, so ruft das bei Erika leicht Mißtrauen, auf jeden Fall aber Unsicherheiten hervor. Zumindest weiß Erika nicht, woran sie ist.

Je weniger Jürgen sich anders gibt, als er ist, je weniger er sich also in positiver Selbstdarstellung übt und je offener er seine Gefühle und Gedanken preisgibt, desto weniger braucht Erika in dem Gespräch auf der Hut sein. Wer nicht ständig mißtrauisch auf der Lauer liegt, kann, weil er nicht abgelenkt ist, zuhören.

Je intensiver Erika zuhört, umso mehr fühlt sich Jürgen verstanden. Und weil er sich verstanden fühlt, begegnet er Erika mit positiver Wertschätzung, worüber sie sich freut.

Erika fühlt sich akzeptiert und ist spätestens jetzt auch in der Lage, kongruent zu kommunizieren. So verstärken sich, charakterisiert durch die drei Grundmerkmale Kongruenz, positive Wertschätzung und einfühlendes Verständnis, die positiven Gesprächsmerkmale von Jürgen und Erika gegenseitig.

Es entsteht ein echtes Gespräch von großer Offenheit, was zum Schönsten gehört, was zwischen zwei Menschen möglich ist.

Sinngemäß nach Carl Rogers

Findling

Die Freiheit zu sehen und zu hören, was ist,
anstatt was sein soll, was war oder was sein wird.
Die Freiheit zu sagen, was man fühlt und denkt,
anstatt was man fühlen und denken sollte.
Die Freiheit zu fühlen, was man fühlt,
anstatt was man fühlen müßte.
Die Freiheit, um das zu bitten, was man möchte,
anstatt immer auf Erlaubnis zu warten.
Die Freiheit, auf eigene Faust etwas zu riskieren,
anstatt nur die Sicherheit zu wählen
und das Boot nicht zum Schaukeln zu bringen.

Virginia Satir, Sei direkt

Findling

Der 40jährige Sergej Iwanowitsch hatte Zuneigung zu einer jungen Frau, Warenjka, gefaßt, und auch sie war ihm wirklich herzlich zugetan. Eine Spazierfahrt in den Wald war arrangiert worden, so daß das entscheidende Gespräch stattfinden konnte. Gerade hatte Sergej Iwanowitsch alles noch einmal überdacht und überfühlt und »sein Herz zog sich zusammen vor lauter Wonne, ein Gefühl tiefer Rührung überkam ihn, und er fühlte, daß er einen Entschluß gefaßt hatte«. – Sein »eigentliches« Thema formulierte sich ihm so, während er auf sie zuging: »Warwara Andrejewna, als ich noch ganz jung war, hatte ich mir ein Ideal von der Frau geschaffen, das ich lieb gewann und das für mich bei der Wahl meiner zukünftigen Gattin maßgebend sein sollte. Ich habe nun ein gutes Stück Leben hinter mir, fand jetzt in Ihnen zum erstenmal das, was ich suchte. Ich liebe Sie und biete Ihnen meine Hand an. *So sprach Sergej Iwanowitsch still vor sich, als er etwa zehn Schritte von Warenjka entfernt war ... Sie legten schweigend ein paar Schritte zurück. Warenjka sah, daß er sprechen wollte, sie erriet auch, wovon, und war ganz benommen vor Freude und Bangigkeit.*«

Das »entscheidende Gespräch« verlief dann so:

Sie: »Nun, haben Sie etwas gefunden?«

Er: »Nicht einen einzigen. Und Sie?«

Sie: »Sie haben also nichts gefunden? Das ist wohl meistens so, tiefer im Wald wachsen nicht so viele Pilze wie am Rand.«

Er (nach längerem Schweigen): »Ich habe mir nur sagen lassen, daß die Steinpilze hauptsächlich am Rand wachsen. Ich kann übrigens die Steinpilze nicht von anderen Sorten unterscheiden.«

(Lange Pause, in der er noch einmal seinen Entschluß bekräftigt und merkt: »Jetzt oder nie mußte er sich erklären.«)

Er: »Welcher Unterschied besteht eigentlich zwischen Steinpilzen und Birkenpilzen?«

Sie (bebt vor Erregung): »Der Hut ist bei beiden fast gleich, nur die Stiele sind verschieden.«

»Und kaum waren diese Worte ihren Lippen entflohen, als sie beide begriffen, daß alles zu Ende war, daß die Aussprache, die sie beide erwarteten, nicht erfolgen würde.«

Er: »Der Stiel des Birkenpilzes erinnert an das Gesicht eines brünetten Mannes, der sich seit zwei Tagen nicht rasiert hat.«

Sie: »Ja, das stimmt.«

Pilzgespräche aus Tolstois »Anna Karenina«, zit. n. Schulz von Thun

Findling

Der Humanistischen Psychologie geht es darum, das Potential der konstruktiven Kräfte im Menschen freizusetzen und seine Anlagen zu entfalten. Wie unterschiedlich die Auffassungen dazu sind, zeigen diese beiden Findlinge:

»Ich bin ich, und Du bist Du.
Ich bin nicht dazu da, um Deinen Erwartungen zu genügen, und Du bist nicht dazu da, meinen Erwartungen zu genügen.
Ich bin ich, und Du bist Du.
Wenn wir uns finden, ist es wunderschön. Wenn nicht, kann man nichts machen.«

Fritz Perls

»Ich kümmere mich um meine Angelegenheiten, ich bin ich.
Du kümmerst Dich um Deine Angelegenheiten, Du bist Du.
Die Welt ist unsere Aufgabe. Sie entspricht nicht unseren Erwartungen.
Doch wenn wir uns um sie kümmern, wird sie sehr schön sein. Wenn nicht, wird sie nicht sein.«

Ruth C. Cohn

Schicke mir im rechten Augenblick
jemand, der den Mut hat,
mir die Wahrheit in Liebe zu sagen.

Antoine de Saint-Exupéry

Lernziel 3: Feedback

Wenn ich mit Menschen kommuniziere, ihnen begegne, zu ihnen spreche, ich mich mitteile, schaue ich dabei gleichzeitig in einen großen Spiegel. In diesem Spiegel begegne ich nicht meiner Nachricht, sondern meinem Empfangsresultat, denn eine Nachricht ist nicht die Übersendung von Fakten, sondern die Interpretation durch den Empfänger. Der oft angeführte Vergleich von Nachrichten mit Postpaketen, die abgesandt werden und, wenn sie »technisch« und »ästhetisch« einwandfrei verpackt sind, auch beim Empfänger sicher ankommen, ist falsch. Ich kann meine Nachricht noch so geschickt verpacken, der Inhalt, der empfangen wird, ist nicht identisch mit dem, was ich abgesandt habe. Das Endergebnis der Nachricht ist stets ein Produkt des Empfängers und nicht des Senders. Deshalb bin ich auch gezwungen, beim Reden fortwährend darauf zu achten, was von meinen Nachrichten ankommt. Das Empfangen von Feedback verbunden mit der spontanen Verarbeitung ist eine der wichtigsten Voraussetzungen für gelungene Kommunikation.

Feedback ist derjenige Anteil aus der Rückantwort des Empfängers, aus dem der Sender entnehmen kann, was von seiner Nachricht angekommen ist und wie sie aufgenommen wird. Das Feedback enthält die Wirkung meiner Nachricht. So kann ich feststellen, ob das, was ich mitteilen will, auch das ist, was der andere hört. Wenn ich in der Lage bin, umgehend und flexibel auf das Feedback zu reagieren, liegt im Feedback für mich die Chance, meine Kommunikation zu verbessern, denn erst wenn ich die Wirkung meiner Kommunikation kenne, kann ich sie verändern und meine Nachrichten so gestalten, daß zumindest ein großer Teil davon ankommt. Natürlich ist es genauso wichtig, sich darüber im klaren zu sein, welche Nachrichten nicht ankommen. Wenn ich erkenne, weshalb sie nicht angekommen sind, ist schon viel gewonnen.

Feedback wird durch Mimik, Worte und Verhalten bewußt und unbewußt gespendet und bewußt und unbewußt empfangen. Es wird zustimmend genickt, lauthals dazwischengerufen, es wird bei einem Referat ungeniert oder verstohlen gegähnt oder auch zustimmend geklatscht
und getrampelt. Es gibt stürmischen Beifall, höflichen Beifall und Beifall,
bei dem die Erleichterung durchklingt, daß die Rede beendet ist. Es gibt
vielerlei Arten, Feedback zu spenden. Es erfolgt spontan und automatisch. Es ist unmöglich, keine Rückmeldungen zu geben. Alle Reaktionen
bedeuten Feedback, und sie helfen uns zu verstehen, wie andere uns sehen und was sie von uns halten. Wenn ein Gesprächspartner sein »Pokergesicht« aufsetzt, so ist das auch ein Feedback: »Von mir erfährst Du
nicht, welche Wirkung Deine Kommunikation bei mir auslöst.«

Feedback hat wie jede Nachricht vier Seiten: Der Spender weist auf
Sachverhalte hin (Sachaspekt), er sagt etwas über sich aus (Selbstoffen-
barung), er deutet an, wie er zum Empfänger steht (Beziehung), und
Feedback hat oft auch Appellcharakter, was wir eigentlich vermeiden
sollten. Feedback enthält, ob wir wollen oder nicht, meist versteckt, die
Aufforderung, etwas zu ändern oder beizubehalten.

Leider gibt es auch unehrliches Feedback: z. B. sage ich ja, obwohl
ich eigentlich nein sagen wollte. Unehrliches Feedback ist ein Kardinal-
fehler in der Kommunikation, denn ich raube mir und meinem Gesprächspartner jegliche Veränderungschancen.

Feedback ist keineswegs dazu da, denen, die man nicht mag, etwas
Böses anzutun. Mißbrauchen Sie Feedback niemals als Racheakt für er-
littene Wunden. Feedback richtet sich, wenn negative Kritik geäußert
wird, nur gegen ein bestimmtes Verhalten, nie gegen die ganze Person. So
wird das Selbstwertgefühl jedes einzelnen möglichst wenig verletzt.

In der Kommunikations-Selbsthilfegruppe ist ehrliches Feedback
überlebensnotwendig. Gelingt es, wird die Gruppe lange Zeit erfolgreich
miteinander arbeiten können. Verhaltensänderungen sind nur in einer
akzeptierenden Umgebung möglich.

Das Feedback sagt mir, wie ich von anderen wahrgenommen, erlebt, verstanden oder mißverstanden werde. Darüber hinaus ist es gleichzeitig eine Hilfe zur Orientierung und Regulierung meines Verhaltens.
Wenn ich mich weiterentwickeln will, benötige ich die Spiegelung durch
andere. Eine meiner wichtigsten Lernerfahrungen im Leben war folgende: Ich bin jahrelang in ein und dieselbe Selbsthilfegruppe gegangen,
obwohl dort einige Leute verkehrten, die ich nicht mochte und über die
ich mich immer wieder aufgeregt habe. Eines Tages ist mir dann klar geworden, daß das, was ich an den Leuten nicht mochte, Eigenschaften,
waren, die ich auch hatte und die ich an mir genauso wenig mochte wie

an ihnen. Sie haben mir einen Spiegel vorgehalten. Ich empfing unbewußt Feedback über mein eigenes Verhalten, insbesondere über die Anteile, die ich nicht zur Kenntnis nehmen wollte. Als mir das klar wurde, mochte ich die Leute schon viel lieber, und langsam akzeptiere ich auch die Anteile, die ich nicht an mir mag.

Deshalb ist für mich einer der wichtigsten Merkposten folgendes Zitat von Antoine de Saint-Exupéry: »Das Wichtigste im Leben sagt man sich nicht selbst, es wird einem gesagt.«

Ich bin dabei zu lernen, Rückmeldungen zuzulassen. Ich bemühe mich, meiner Mitwelt Empfangsbereitschaft für Feedback zu signalisieren. Es fällt mir immer noch schwer, obwohl ich fast ausschließlich positive Erfahrungen mit Rückmeldungen mache. Wenn ich mich über eine Rückmeldung ärgere, ist dies eine der wenigen Gelegenheiten, wo ich mich entschließe, meinen Ärger erst einmal hinunterzuschlucken. Eine meiner »beiläufigen« Lernerfahrungen lautet: Letztlich ist Feedback, auch wenn es in Form von Ärger auftaucht, immer Interesse an meiner Person und führt meist zu intensiven Begegnungen, die ich keinesfalls missen möchte.

Feedback akzeptieren und Feedback verantwortlich spenden zu können und zwar so, daß es vom Empfänger nicht als verletzend, sondern als hilfreich angesehen wird, ist mein Lernziel.

Virginia Satir pflegte ihren Studenten folgendes mit auf den Weg zu geben: »Ihr seid dann kommunikativ stark, wenn ihr anderen, ohne sie zu verletzen, sagen könnt, daß sie Mundgeruch haben.«

Ob eine Kommunikationsselbsthilfegruppe Wachstum fördert oder behindert, ist in hohem Maße von der Fähigkeit abhängig, sich gegenseitig offen und ehrlich, selektiv authentisch die Meinung zu sagen. Die Kommunikationsselbsthilfegruppe muß, will sie erfolgreich arbeiten, ein Netz bilden, das verläßlich ist für jeden, der sich hineinfallen läßt.

Wir unterscheiden verschiedene Arten von Feedback:

Rückmeldung an mich selbst
Was sage ich in diesem Augenblick zu mir selbst? Ich versuche, mit mir auf die gleiche einfühlsame Weise zu sprechen, die ich anderen entgegenbringe und die ich auch von anderen erwarte, wenn sie mir Rückmeldungen geben.

Eigenrückmeldung
Ich teile den anderen mit, wie ich mich hier und jetzt fühle, was ich sehe, wahrnehme und was ich über mich denke (Selbstwahrnehmung).

Rückmeldung für andere

Ich teile den anderen mit, wie ich sie hier und jetzt fühle, sehe, wahrnehme und was ich über sie denke (Fremdwahrnehmung).

Gegenseitige Rückmeldung

Die Gruppenmitglieder teilen sich gegenseitig mit, was sie über sich selbst und über die anderen hier und jetzt fühlen, denken, sehen und was sie wahrnehmen (vergleichende Gegenüberstellung von Selbst- und Fremdwahrnehmung).

Indirekte Rückmeldung

In den Selbsthilfegruppen werden nahezu ausschließlich indirekte Rückmeldungen gegeben. Wenn z. B. in einer AA-Gruppe ein Freund einen Rückfall erlitten hat, so stürzt sich die Gruppe nicht mit einem Bündel Ratschläge bewaffnet helfend auf den Betroffenen, sondern jeder erzählt nur von sich, wie es ihm dabei ergangen ist, wie er wieder herausgekommen ist oder wie er rechtzeitig erkannt hat, daß der Alkohol sich angekündigt hat. Der Betroffene nimmt sich nach dem »Supermarktprinzip« die Gedanken und Vorschläge heraus, die er gebrauchen kann. In den AA-Gruppen sind aus verschiedenen Gründen indirekte Rückmeldungen als Regelfall angebracht. Die Lernselbsthilfegruppe Kommunikation sollte aber auf keinen Fall auf direkte Rückmeldungen verzichten.

Regeln für das Geben von Feedback

Wie alle Regeln in diesem Buch sind auch diese Regeln nur als Anhaltspunkte zu betrachten. Es sind Wegweiser, die die Richtung angeben und die Wahrnehmungsfähigkeit für Kommunikation schulen sollen. Mir helfen sie vor allem, wenn ich im nachhinein mein Kommunikationsverhalten überprüfe und analysiere. Sie geben einen Idealzustand wieder, sie sind kontrafaktisch, d. h. der Wirklichkeit entgegengehalten.

Ein stures Einpauken der Regeln hilft nicht, sondern ist eher schädlich. Sie sollen nicht starr gehandhabt werden, sondern sind offen, in der jeweiligen kommunikativen Situation auch veränderbar. Ab und zu verstoße ich durchaus bewußt gegen die Regeln, leite dieses Feedback dann aber mit der Bemerkung ein: »Vorsicht, Regelverstoß«. Es ist keine Frage von Technik, sondern eine Frage der Intelligenz des Herzens. Entscheidend sind Sensibilität, der Wille zu selektiver Authentizität, Wahrhaftigkeit, Verantwortungsgefühl, Akzeptanz und der feste Wunsch, niemand verletzen zu wollen. Die Wahl des richtigen Zeitpunkts und aufrichtige Motive sind wichtige und unverzichtbare Zutaten.

Alle Regeln der Welt, je perfektionistischer, starrer oder dogmatischer gehandhabt, werden nicht verhindern, daß wir andere und uns dabei verletzen. Dabei ist es selten das »Was« einer Rückmeldung, das zu Verletzungen führt, sondern fast immer das »Wie«, also die Art, wie eine Rückmeldung gegeben wird. Die Qualität einer Rückmeldung entscheidet sich auf der Beziehungsebene. Es lohnt sich deshalb, die eigene Sensibilität für Rückmeldungen zu schärfen und zu schulen.

Die Feedback-Regeln sind nicht nur für die Gruppe gedacht und geeignet, sondern, und darin liegt die besondere Qualität, sie gelten gerade für den »Ernstfall«, im kommunikativen Alltag. Ich bin nicht darauf angewiesen, daß die anderen diese Regeln kennen bzw. anwenden. Ich fange damit an und leiste einen – durchaus nicht bescheidenen – Beitrag zur Verbesserung unserer Alltagskommunikation. Mein Beispiel kann ansteckend wirken, da eine offene Aussprache, hervorgerufen durch Feedback, fast immer für alle Beteiligten befreiend ist.

Diese Erkenntnisse sind keineswegs neu. Was hindert uns daran, sie umzusetzen? Die Antwort ist einfach: Uns fehlt der Mut dazu!

Regel 1

Fragen Sie sich, ob der Empfänger einverstanden damit ist, daß Sie Rückmeldungen geben. Kein Teilnehmer sollte gezwungen werden, sich einer Feedbackübung auszusetzen. Der Erfolg beruht auf der Freiwilligkeit. Kommunikation läßt sich nicht erzwingen. Je beharrlicher Sie gegenüber Ihrem Gesprächspartner auf einer Rückmeldung bestehen, desto erfolgreicher verhindern Sie das Feedback. Es gibt Augenblicke, in denen Menschen über ihre persönlichen Einstellungen, Meinungen, Befindlichkeiten nicht sprechen wollen. Dieses Nicht-Sprechen-Wollen ist meistens ein Nicht-Sprechen-Können.

Regel 2

Ich prüfe meine Motive für mein eigenes Feedback, ich prüfe meine eigene Urteilsfähigkeit. Dabei stellen sich mir folgende Fragen: Welche Gefühle löst das Verhalten des anderen in mir aus? Was sind meine eigenen Bedürfnisse und Wünsche? Warum spende ich in diesem Moment Feedback? Spiele ich mich als Besserwisser oder Richter auf? Oder spiele ich gar Kommunikationspolizei? Was will ich damit erreichen? Was fühle ich im Moment?

Kommunizieren Sie immer im Sinne selektiver Authentizität. Übernehmen Sie die Verantwortung dafür, wie das, was Sie sagen, beim anderen ankommt. Denn er oder sie hat in der Regel ein Empfangsgerät, das nicht auf Sie eingestellt ist. Ich benenne deshalb meine eigenen Empfindungen und Reaktionen, denn Feedback kann zerstörerisch sein, wenn ich ausschließlich die eigenen Bedürfnisse berücksichtige. Ich betone ausdrücklich den subjektiven Charakter jeder Rückmeldung, ich spreche nur für mich, niemals für die Gruppe, nicht per »man« oder »wir«. Ich sage sinngemäß folgendes dazu: »Wenn Du damit nichts anfangen kannst, vergiß es. Nimm Dir aus dem bunten Strauß der Rückmeldungen jene, von denen Du glaubst, daß sich das Nachdenken darüber lohnt. Nimm nur das mit nach Hause, was Du gebrauchen kannst.«

Regel 3
Der Zeitpunkt ist wichtig! Wann ich Rückmeldungen gebe, ist abhängig von der Gesamtsituation. Wenn ich Bewerbungstraining mache, ist es ein Unterschied, ob sich jemand langfristig darauf vorbereitet oder ob der Bewerbungstermin kurz bevorsteht. Demjenigen, dessen Training langfristig angelegt ist, würde ich sagen: »Wenn Du Dich so vorstellst, würde ich Dich nie einstellen«, wenn er sich schon in ein paar Tagen bewirbt, niemals. Es würde ihn oder sie nur verunsichern. Außerdem sind Menschen in dieser Situation kaum aufnahmebereit für ein derartiges Feedback, hier ist fürsorgliche Rücksichtnahme angebracht. In anderen Situationen gilt die Regel: Da, wo es weh tut, geht es lang!
Eine meiner wichtigsten Ansichten über menschliche Beziehungen lautet: »Derjenige, der in größerer Not ist, steht an erster Stelle.« Das bedeutet, es gibt Zeiten, in denen ich mich ganz bewußt entscheide, meine eigenen Bedürfnisse, Gefühle, Wünsche und Interessen außer acht zu lassen, weil der andere mehr braucht als ich. Ich bin dann mit Rückmeldungen äußerst sparsam. Wenn ein Freund oder eine Freundin in Not ist, höre ich erst einmal zu. Es ist keine passende Gelegenheit, mich darüber auszulassen, was er oder sie aus meiner Sicht falsch gemacht hat. Das halte ich für einen Fehler, genauso falsch kann es sein, zu einem anderen Zeitpunkt, den Freund oder die Freundin nicht auf Fehler hinzuweisen.
Grundsätzlich gilt: Geben Sie spontan Feedback, im Hier und Jetzt, auf aktuelles Verhalten hin. Abgestandene und aufgewärmte Vorkommnisse haben bei Rückmeldungen nichts zu suchen.

Regel 4
Am besten ist es, wenn der Empfänger sein Feedback selbst erbittet. Der Empfänger gibt u. U. sogar durch seine Fragen an, wie offen er für Feed-

back ist. Er zeigt dadurch ein hohes Maß an innerer Bereitschaft. Ich spüre den Grad seiner Unsicherheiten und stelle mich darauf ein.

Aufgezwungene Rückmeldungen sind schädlich. Feedback soll Informationen anbieten, keinesfalls aufzwingen. Deshalb ist Feedback am wirksamsten, wenn der Empfänger die Frage selbst formuliert. Feedback ist ein Geben und Nehmen und muß in seiner Form umkehrbar sein, gerade bei nicht gleichberechtigten Partnern (z. B. Chef und Untergebener).

Regel 5

Ich bin konkret in meinem Feedback. Ich sage spontan etwas dazu, wie ich im Hier und Jetzt das Verhalten einer Person empfinde. Ich ziele nicht auf das Gesamtverhalten der Person. Je konkreter ich Feedback spende, um so weniger unterliege ich der Gefahr der Wertung. Sagen Sie nicht: »Wir wissen schon längst, daß Sie mich dauernd unterbrechen«, sondern »Jetzt gerade haben Sie mich unterbrochen!« Sagen Sie nicht: »Ständig weichen Sie aus«, sondern z. B. »Es ist durchaus möglich, daß Sie meine Frage falsch verstanden haben; darf ich sie nochmals wiederholen, ...«

Wenn ich den anderen auf Unzulänglichkeiten aufmerksam mache, die er im Hier und Jetzt nicht ändern kann, ist die Rückmeldung für den anderen unbrauchbar. Denn Feedback ist zwar auf verändertes Verhalten ausgerichtet, aber Feedback geben bedeutet lediglich, Informationen zu vermitteln, und ist nicht etwa ein besonders geschickter Versuch, den anderen zu ändern. Damit ich dieser Versuchung nicht erliege, mache ich mir immer wieder klar, daß ich das Privileg habe, nur einen einzigen Menschen zu ändern, und das bin ich selbst!

Feedback sollte von der Menge her immer nur so viel beinhalten, wie der Partner oder die Partnerin in der konkreten Situation aufnehmen kann.

Regel 6

Ich beschreibe in meinem Feedback, ich schildere meinen Eindruck und berichte von meinen Gefühlen, die mein Gesprächspartner in mir ausgelöst hat. Ich vermeide Interpretationen und Behauptungen. Ich bin nicht auf der Suche nach »Schuldigen«. Feedback beruht auf Beobachtungen, nicht auf Vermutungen. Interpretationen und Bewertungen bewirken stets Abwehrreaktionen und Blockaden. Ich beziehe mich auf das aktuell sichtbare Verhalten. Sagen Sie nicht: »Sie haben eine durchgehend autoritäre Struktur, die wahrscheinlich auf die ungeklärte Beziehung zu Ihrem Vater zurückzuführen ist«, sondern z. B. »So, wie ich Ihr Verhalten erlebe, wirkt es im ersten Augenblick auf mich autoritär, und ich fühle mich unwohl dabei, sogar etwas ängstlich.« Indem ich meine Gefühle beschreibe und rigide Bewertungen unterlasse, treibe ich den anderen nicht in Verteidigungshaltungen. Mein Gesprächspartner bleibt offen, wenn ich Wahrnehmungen als Wahrnehmungen, Vermutungen als Vermutungen und Gefühle als Gefühle mitteile.

Regel 7

Ich prüfe, ob mein Feedback angekommen ist. Selbstverständlich ist auch die Feedbacknachricht nicht die Übersendung von Fakten, sondern die Interpretation durch den Empfänger. Auch beim Feedback bin ich Sender und Empfänger zugleich: Was angekommen ist von meinem Feedback, kann ich nur durch erneutes Feedback erfahren. Ich scheue mich nicht, folgende Bitte zu äußern: »Bitte sage mir, was von meiner Nachricht wie bei Dir angekommen ist.«

Regeln für das Empfangen von Feedback

Bei aller Wertschätzung für Feedback, bei aller Notwendigkeit und Akzeptanz des Satzes »Das Wichtigste im Leben sagt man sich nicht selbst, das Wichtigste wird einem gesagt«, lautet die andere Seite der Medaille: Die Meinung anderer ist und darf für mich keine Leitlinie sein. Mein Leben unter die Rahmenbedingung »Was sagen die Nachbarn, Kollegen usw. dazu« zu stellen, wäre fatal.

Ich nehme Positives wie Negatives als wichtige Rückmeldungen zur Kenntnis. Ich versuche, daraus zu lernen. Aber das Abwägen der Rückmeldung, die Prüfung der Brauchbarkeit ist eine Aufgabe, die ich keinem anderen überlassen kann und darf, denn ich bin für mich und mein Tun verantwortlich. Nur ein Mensch kann wissen, ob das, was ich tue, ehrlich, gründlich, offen und gesund ist, und dieser Mensch bin ich.[45]

Regel 1

Ich ermuntere meine Mitwelt zum Feedback und bitte darum, denn Feedback kommt nicht von allein. Ich stelle keine Forderungen an die anderen, sondern fange bei mir selbst an. Ich zeige durch mein eigenes Verhalten, wie Menschen ehrlicher miteinander umgehen können. Dieses Verhalten wirkt ansteckend.

Ich weiß, daß ich meinen »blinden Fleck« zugunsten des Bereichs des »freien Handelns« nur durch Rückmeldungen verkleinern kann. Ich werte Feedback nicht als Angriff auf meine Person, sondern nehme es als eine subjektive Aussage zur Kenntnis, die ausschließlich auf Beobachtungen beruht. Meine eigene Wahrnehmungsfähigkeit ist begrenzt, Freunde, Fremde, auch Gegner helfen mir, mich selbst zu erkennen, sowie mich und andere objektiver zu sehen.

Regel 2

Ich sage konkret, um welche Informationen ich bitte. Ich frage nicht: »Wie wirke ich allgemein auf Sie«, sondern »Wenn ich richtig in Fahrt bin und hitzig reagiere, fühlen Sie sich dann überfahren von mir? Was fühlen Sie in dem Moment, wie wirkt es auf Sie?«, oder »Ich möchte gern wissen, ob meine Beiträge im Seminar zu lang und zu häufig sind? Darf ich Sie um eine Rückmeldung bitten, ob Sie es so sehen und wenn ja, was empfinden Sie dabei?«

Regel 3

Ich rechtfertige mich nicht, ich argumentiere auch nicht, sondern höre in einem Zustand aufmerksamer Wachheit zu. Ich horche in mich hinein und denke und fühle über das Gehörte und Gesehene nach.
Es ist ein Fehler, Feedback innerlich wegzuschieben oder gar zu verdrängen. Ich vermeide durch diese Regel, daß ich die Rückmeldung zerrede. Wenn die Rückmeldung unkommentiert stehenbleibt, bin ich gezwungen, mich damit auseinanderzusetzen und sie anzunehmen. Spontane Gegenargumentationen könnten die nachfolgenden Rückmelder einschüchtern, und der Strauß der Rückmeldungen wäre weniger vielfältig. Ich nehme die Rückmeldungen an, die ich gebrauchen kann. Angriffe lasse ich vorerst liegen und denke später darüber nach. Natürlich ist ein Angriff ein Verstoß gegen die Regeln, aber deshalb als Feedback keineswegs wertlos. Die Ursachen des Angriffes sind meist auf ein Verhalten von mir zurückzuführen, über das der andere sich ärgert. Ich versuche, auf einen Gegenangriff zu verzichten, nehme all meinen Mut zusammen und frage nach. Kritik ist stets Interesse an meiner eigenen Person. Ich bin dem anderen nicht gleichgültig. Ich gehe darauf ein, und das führt häufig zu vertieften Begegnungen.

Regel 4

Auch beim Feedback-Empfangen ist die Rückmeldung die Interpretation durch den Empfänger und nicht die Nachricht des Spenders. Ich frage mich: »Was will der andere sagen, wenn er sagt: ›Du bist autoritär?‹« Ich bitte ihn, mein Verhalten konkret zu beschreiben. Bevor ich diese Bitte äußere, wiederhole ich sein Feedback mit meinen Worten, nicht mit den seinen, damit er weiß, wieviel von seiner Nachricht bei mir angekommen ist und welche Gefühle es bei mir auslöst.

Regel 5

Ich teile dem Spender mit, wie es nach seiner Rückmeldung in mir aussieht. Ich teile ihm meine Reaktionen mit, unabhängig davon, ob ich mich darüber gefreut oder geärgert habe.

Regel 6

Ich gebe Rückmeldungen über die Langzeitwirkung einer Rückmeldung. Es ist gewinnbringend zu einem späteren Zeitpunkt mitzuteilen, ob und was ich aus der Rückmeldung gelernt habe. Ich genieße meinen Erfolg, indem ich ihn mitteile, lasse aber auch die anderen teilhaben. Den Spendern ist das Feedback oft schwer gefallen. Es ist sogar wahrscheinlich, daß sie sich Sorgen gemacht haben, ob ihre Rückmeldung so angekommen ist, wie sie gemeint war, oder ob aus »gutgemeint« das Gegenteil entstanden ist.

Wenn jemand hungert,
gib ihm keine Fische, lehre ihn fischen.
Chinesisches Sprichwort

Grundlagen von Kommunikationstraining

Der Grieche Demosthenes (384–322 v. Chr.) war in seiner Jugend ein Stotterer. Entscheidend für den weiteren Verlauf seines Lebens war jedoch nicht seine Behinderung, sondern sein Entschluß, sich damit nicht abzufinden. Er entschloß sich zur Selbsthilfe: Er absolvierte Sprechübungen mit Kieselsteinen im Mund, um seine Artikulationsfähigkeit zu verbessern, und rief gegen den Lärm des Meeres an, um seine Stimme zu üben. So wurde Demosthenes trotz seiner Behinderung zu einem der berühmtesten Redner der Antike. Es gibt Kommunikationstrainer, die auch heute noch auf diese Übungen schwören.

Kommunikation ist keine Naturbegabung, über die nur die verfügen, die dafür auserwählt sind, nein, wir alle können lernen. Von jedem noch so bescheidenen Wunsch, Kommunikation zu verbessern, von jeder noch so kleinen Übung können Anstöße für umfassendere Veränderungsimpulse ausgehen. Drei Verbesserungen erkenne ich bei fast allen Teilnehmerinnen und Teilnehmern: Eine realistischere Einschätzung der eigenen Kommunikationsfähigkeiten, eine sensiblere Wahrnehmung für Kommunikationsstörungen sowie eine Erweiterung des Verhaltensrepertoires.

Ihr gegenwärtiges Können in bezug auf Kommunikation ist lediglich ein Hinweis darauf, was Sie bislang an Fähigkeiten erworben haben. Es ist keineswegs ein Hinweis auf die Reichhaltigkeit Ihres inneren Potentials. Es sagt nichts darüber aus, was es an kommunikativen Fähigkeiten in Ihnen zu mobilisieren gibt und was Sie noch an Kompetenzen hinzuerwerben können. Auf jeden Fall sind die aktivierbaren Möglichkeiten größer als ihr Ist-Zustand, denn in bezug auf Kommunikation tragen wir ein ganzes Bündel von Entwicklungsmöglichkeiten in uns.

Oft erkennen wir sie nicht richtig, weil wir uns zu viel um unsere »Defizite« sorgen. Schon Tschurangtse hat auf diesen merkwürdigen Zustand aufmerksam gemacht hat: »Alle streben danach zu ergreifen, was sie nicht wissen, keiner strebt danach zu ergreifen, was er schon weiß.«

Andere Menschen wiederum halten ihre bereits vorhandenen kommunikativen Fähigkeiten für selbstverständlich und keineswegs für bemerkenswert. Fehler, selbst kleine Unzulänglichkeiten, dagegen werden unrealistisch als persönliche Katastrophe interpretiert und häufig als Selbstabwertung zur Schau gestellt. Und einige haben einfach vergessen, daß sie diese Fähigkeiten besitzen, und sie müssen durch Lernerfahrungen in Erinnerung gebracht werden. Dies geschieht durch Übungen und Rückmeldungen in der Lernselbsthilfegruppe.

Übung

In welchen Redesituationen fühle ich mich gestreßt? Was belastet mich in Sprechsituationen? Womit belaste ich mich selbst? Wie würde ich mich gern darstellen? Wie möchte ich reagieren? Was möchte ich ändern? Was werde ich tun? Was will ich in bezug auf Kommunikation lernen? Beantworten Sie diese Fragen stichwortartig, ergänzen Sie sie fortlaufend.

Sie können frei sprechen, wenn ...

Meine Arbeitshypothese ist folgende: Sie können frei sprechen, wenn Sie sich nur trauen.

Eine Hypothese ist ein Satz, dessen Wahrheit (noch) nicht feststeht, der aber für die Zwecke der weiteren Forschung (in unserem Fall für das Training in der Lernselbsthilfegruppe) als eine wahre Annahme dient. Die Hypothese, daß Sie reden können, wenn Sie sich nur trauen, hält entsprechenden empirischen Untersuchungen durchaus stand. Sie deckt sich gleichfalls mit meinen Erfahrungen.

Wenn ich reden kann, was muß ich dann noch lernen? Meine Antwort: Das Sich-Trauen. Sie sollten sich auf folgende Weise davon überzeugen: Es muß für Sie in einer Gruppe oder im Alltag (also vor Publikum, nicht im stillen Kämmerlein) erfahrbar werden, daß Sie gut frei sprechen können, wenn Sie sich trauen. Erst der »Lehrmeister« Erfahrung wird Sie davon überzeugen.

Ich bin durch meine vielfältige Praxis davon überzeugt, daß Sie über alle Fähigkeiten verfügen, um ein guter Redner oder eine gute Rednerin zu werden. Denken Sie daran, zu welchen Höchstleistungen Menschen in Gefahrensituationen in der Lage sind oder was wir zu leisten imstande sind, wenn ein uns nahestehender Mensch stirbt. Wir müssen nur dafür sorgen, daß wir diese inneren Quellen im »gewöhnlichen« Alltag mobilisieren können. Sie werden erstaunt sein, aber es ist wahr: Unsere Redeängste helfen uns dabei, wenn es uns gelingt, diese Ängste in kreative Spannungszustände umzuwandeln, indem ich sie anders als bisher wahrnehme und nicht gleich als Angst interpretiere, was in der Regel schöpferische Unruhe ist.

Unsere Fähigkeiten sind oft gerade dann nicht zu mobilisieren, wenn wir sie dringend benötigen, wird doch in schwierigen und unangenehmen Situationen der Zugang durch Streß blockiert. Anstatt flexibel zu reagieren, greifen wir gewohnheitsmäßig auf das Altbewährte zurück, das zwar schon in der Vergangenheit selten erfolgreich war, aber es ist uns vertraut. Ich habe Teilnehmer in Seminaren erlebt, die alles über Kommunikation wußten, jedoch nie etwas ausprobiert hatten. Sie sehen alles ein, tun aber nichts. Dann ist Wissen wertlos. Die Theorie und die neuen Kommunikationsregeln vermitteln uns Wissen und sagen uns, welche Schritte in welche Richtung wir zu gehen haben. Sie geben Richtungen an, keineswegs Fixpunkte. Alte Gewohnheiten ändern sich nur durch Erfahrung und Bemühen. Niemand kann Ihnen diese Arbeit abnehmen. Kommunikative Kompetenz vergrößern Sie durch Ausprobieren, nicht durch ständiges Darüber-Nachdenken. Reden lernen Sie nur durch Reden.

Kommunikationstraining ist experimentelles soziales Lernen. Wenn Sie den Wunsch haben, in Sprechsituationen anders und flexibler reagieren zu können als bisher, so ist das ohne Ausprobieren nicht möglich, denn sie experimentieren mit neuen Verhaltensweisen. Deshalb sind Sie in diesem Lernprozeß gezwungen, sich ständig mit Ihrer Umwelt auseinanderzusetzen. Kommunikation ist immer auch ein Wagnis, ein Risiko! Natürlich sollten Sie darauf achten, die Kosten der Risiken so gering wie möglich zu halten. Versuchen Sie bei der Umsetzung dieser neuen Fähigkeiten, diese Vorgänge theoretisch zu durchleuchten. Die Kommunikationspsychologie liefert Ihnen einen hervorragenden Rahmen: Beobachten Sie Kommunikationsprozesse von anderen und analysieren Sie immer wieder Ihr eigenes Verhalten. Lernen Sie aus Situationen, in denen Kommunikation gut klappt. Achten Sie auch darauf, wenn etwas falsch gemacht wird, aber begeben Sie sich nicht auf Fehlersuche.

Welche Strategie Sie auswählen, ist immer abhängig vom Charakter der Situation. Patentrezepte in bezug auf Kommunikation scheitern grundsätzlich an den unterschiedlichen Gegebenheiten der jeweiligen

Sprechsituation. Kommunikation ist unplanbar, Standardempfehlungen helfen nicht, sie behindern nur die notwendige Flexibilität. Wie ich mich in einer Sprechsituation verhalte, was ich sage und wie ich es sage oder ob ich schweige, ist niemals vorab zu entscheiden, schon gar nicht anhand von Tips oder Regeln, sondern ergibt sich jedes Mal neu aus dem situativen Kontext.

Auch der Versuch, einen Gesprächspartner auf einen optimalen Weg vorzuprogrammieren, ist eine Illusion. Wir können Handlungsspielräume eröffnen und uns um Hilfreiche Beziehungen bemühen. Nur so können wir auf die Eigenart und Einmaligkeit des Gesprächsteilnehmers eingehen. Wir machen Angebote, lassen aber dem Partner die Freiheit, aus unserem Angebot auszuwählen.

Dreiklang: Wiederlernen, umlernen, hinzulernen

Kommunikationstraining besteht aus dem Dreiklang: Wiederlernen, Umlernen, Hinzulernen. Es geht beim Kommunikationstraining um die Wiederbelebung verschütteter Fähigkeiten, den Ausbau vorhandener Fähigkeiten sowie um neue Fähigkeiten, die ich hinzuerwerbe. Wir haben Kommunikation nach der Geburt erlernt, vieles jedoch im Laufe der Jahre wieder verlernt. Kinder sind Kommunikationskünstler, doch wie bleiben wir Kommunikationskünstler, wenn wir älter werden? Was wir verlernt haben, müssen wir uns wieder aneignen. Freies Sprechdenken zu trainieren ist eine Wiederentdeckung und Wiederbelebung des Selbstverständlichen. Frei sprechen ist erlernbar, aber es ist anders als z. B. beim Lesen oder Schreiben lernen. Diese Fähigkeiten gehören zu den Dispositionen, die, einmal erworben, nie wieder verlernt werden. Die Praxis aber, frei sprechen zu können, ist die gesamte Lebenspraxis und somit unbegrenzt, offen und unvorhersehbar. Ich verliere kommunikative Kompetenz, wenn sie mir nicht ständig abverlangt wird.

Wiederlernen

Kommunikative Kompetenz erwerben ist wie Schwimmen gegen den Strom. Höre ich damit auf, treibe ich zurück.

Häufig mache ich diese Beobachtung bei Frauen, die sich auf einen Wiedereinstieg ins Berufsleben vorbereiten und deshalb Kommunikationskurse bei der Volkshochschule besuchen. Es sind Frauen mit guter Schul- und Berufsausbildung, die die berufliche Karriere wegen der Kinder unterbrochen haben und nun beim Wiedereinstieg erstaunt feststellen, daß sie Teilbereiche ihrer sprachlichen Kompetenz verloren haben. Diese Defizite werden fälschlicherweise häufig als persönliches Versagen interpretiert. Den Frauen wurden in der Zeit, in der sie daheim die Kinder versorgt haben, äußerst wertvolle menschliche Fähigkeiten abverlangt. Bestimmte kommunikative Kompetenzen, wie sie im Berufsleben gefordert werden, wurden in dieser Zeit allerdings nicht trainiert. Die einst im Berufsleben erworbenen vielfältigen kommunikativen Kompetenzen sind jedoch nicht verschwunden, sondern nur verschüttet. Sie sind sogar erstaunlich rasch wieder zu mobilisieren, wenn sie gefördert werden. Männer können nicht »von Haus aus« besser reden, sie haben es nur leichter. Die Fähigkeit, sich mitteilen zu können, wird im Berufsleben täglich unbewußt trainiert. Bietet sich für Frauen in dieser Lage nicht die Gründung einer Lernselbsthilfegruppe geradezu an?

Umlernen

Etliche Verhaltensweisen haben wir uns im Laufe der Jahre angewöhnt, durch die wir uns sicherer fühlen, die uns aber nur scheinbar sicherer machen. Diese »scheinbaren Hilfen« sind bei genauerem Hinsehen ein Notbehelf, eine kommunikative Überlebensstrategie. Sie »helfen« uns durch schwierige Gesprächssituationen zu manövrieren, behindern aber kommunikatives Wachstum. Wir mogeln uns einerseits damit durch, andererseits können wir unsere Fähigkeiten nicht entfalten, weil die »scheinbaren Hilfen« unserer Weiterentwicklung im Wege stehen. In solchen Fällen muß umgelernt werden. Zum Prozeß des Umlernens gehört die Fähigkeit, Altbekanntes wie Altbewährtes in Frage zu stellen. Unser bisheriges kommunikatives Verhalten muß auf den Prüfstand. Das erfordert Mut, denn »kühner als das Unbekannte zu erforschen, kann es sein, das Bekannte zu bezweifeln (Jackson).« Wir sollten also nicht nur die Bereitschaft aufbringen, Neues aufzunehmen, sondern das »Altbewährte« auf Fehlerquellen und Veränderungschancen durchleuchten.

Ich schreibe seit 35 Jahren Schreibmaschine mit zwei Fingern nach der Methode: »Adler-Suchsystem: Kreisen und plötzlich zuschlagen.«

Vielleicht reicht es für meine bescheidenen Verhältnisse. Nur, schneller werde ich nicht, und gut Schreibmaschine schreiben werde ich so niemals, es sei denn, ich wäre bereit, auf das 10-Finger-System umzulernen. Wenn ich mich dazu entschließe, muß ich mich mit der Tatsache abfinden, daß es erst einmal langsamer gehen wird. Auch beim Kommunikationstraining dürfen Sie nicht erwarten, daß beim ersten Umlernversuch alles deutlich besser klappt. Reinhard Tausch hat es so formuliert: »Bisherige Gewohnheiten sind gleichsam eingefahrene Spuren. Für eine neue Spur müssen wir mehr Energie aufwenden, auch wenn sie ein günstigerer Weg ist als die alte Spur. Erst durch häufigeres Benutzen wird die neue Spur leichter.«

Hinzulernen

Es geht in erster Linie beim Hinzulernen nicht um Veränderungen im Sinne von Abschaffen alter Kommunikationsgewohnheiten, sondern um den Erwerb von zusätzlichen Qualifikationen und Kompetenzen. Es geht um Bereicherungen. Ich füge etwas Neues hinzu. Ich verändere mich nicht, indem ich Vorhandenes durch etwas Neues ersetze, sondern ich verändere mich, indem ich dem Vorhandenen etwas hinzufüge.

Ich möchte den Unterschied zwischen Veränderungen durch Bereicherungen und Veränderungen durch Abschaffen anhand einer Suchtstruktur verdeutlichen. Ich bin überzeugt, daß eine Suchtstruktur sich im Laufe der Jahre verfestigt und zum Persönlichkeitsbestandteil wird. Sie bleibt uns ein Leben lang. Wird mein Denken, Fühlen und Handeln von einer Suchtstruktur beherrscht, so steht mir in problematischen Augenblicken des Lebens nur eine einzige Strategie zur Verfügung, um mit dem mich belastenden Problem oder Gefühl »fertigzuwerden«: Der Griff zur Droge. Unter dem Diktat der Suchtstruktur habe ich keine Handlungsfreiheit und somit auch keine Wahlmöglichkeiten. Denn um frei wählen zu können, muß ich in der Lage sein, frei zu fühlen, frei zu denken und frei zu handeln. Solange ich gegen diese Struktur ankämpfe im Sinne von »Abschaffen«, besteht dieser Kampf aus einer Kette von Niederlagen, und jede einzelne Niederlage zerstört mein Selbstwertgefühl mehr und mehr. Viel erfolgreicher ist folgende Strategie: Ich akzeptiere meine Suchtstruktur. Ich freue mich nicht gerade darüber, versuche aber damit zu leben. Ich verändere diese Suchtstruktur nicht, indem ich sie abschaffe, sondern ihr etwas hinzufüge. Ich verändere sie durch Bereicherungen und eröffne mir dadurch Handlungsoptionen. Wenn ich mir durch das Einüben neuer Einstellungen und Verhaltensweisen Wahlmöglichkeiten verschaffe, die mir die Freiheit erlauben, nicht zur Droge, sondern auf einen gleichwertigen Ersatz oder auf etwas Besseres zurückzugreifen, bin ich in der Lage, mich in Konfliktsituationen anders zu verhalten als bisher. Ich werde meine Suchtstruktur zwar nicht los, aber ich bette sie in eine Vielzahl anderer Verhaltensweisen ein, und sie bestimmt nicht mehr mein ganzes Denken und Handeln. Die Sucht verliert die Macht über mich. Ich mache täglich die Erfahrung, daß mir mein Leben – dank der Bereicherungen – ohne Suchtmittel deutlich besser gelingt und dadurch auch besser gefällt als zuvor, und aufgrund dieser Erfahrungen bin ich bereit, an diesen Veränderungen dauerhaft festzuhalten. Die Suchtstruktur verliert mehr und mehr die Macht über mich.

Ich habe in diesem Zusammenhang drei äußerst wertvolle Lernerfahrungen machen dürfen: Das »Positive« (der Sekundärgewinn), das mir die Droge verschafft hat, ist – sehr viel besser und anhaltender – auf natürliche Art und Weise herzustellen. Die zweite Lernerfahrung: Der einzige »Ersatzstoff«, der die Droge dauerhaft ersetzen kann, ist das wirkliche Leben. Die dritte: Ich verstehe, begreife jetzt das Wort des senegalesischen Stammes der Wolut: »Nit nit, ay garabam – Der Mensch ist des Menschen Arznei.«

Ähnlich verhält es sich auch mit unseren Kommunikationsgewohnheiten. Bei manchen Gelegenheiten sind die alten Kommunikationsgewohnheiten hilfreich. Ich empfehle, daß Sie sich stets den Nutzen klarmachen, den Ihnen Ihr altes Verhalten gebracht hat, denn jeder Versuch, ein altes Verhalten durch ein neues zu ersetzen, ist von vornherein zum Scheitern verurteilt, wenn der Nutzen, den dieses Verhalten gebracht hat, nicht gewürdigt wird. Ich bemühe mich deshalb herauszufinden, welchen Sinn und Nutzen die alten Verhaltensweisen für mich haben.

Für das Neue gilt, daß erst durch Übungen oder die Alltagspraxis für uns erfahrbar wird, daß die neuen Regeln und Wegweiser der Kommunikationspsychologie keine Fesseln sind, sondern Bereicherungen, mit deren Hilfe uns Kommunikation wesentlich besser gelingt. Wenn ich das Neue ausprobiere und die Feststellung mache, daß es besser funktioniert als das Alte, treten die alten Kommunikationsgewohnheiten mehr und mehr in den Hintergrund. Es ist eine Veränderung im Hegelschen Dreifachsinn: Von unseren kommunikativen Verhaltensweisen bewahren wir, was zu bewahren ist, verneinen wir, was zu verneinen ist, und heben dadurch das Ganze auf ein höheres Niveau. Meine Lernstrategie lautet: Ich erweitere die Palette meiner mir zur Verfügung stehenden Handlungsstrategien und versuche, unerwünschte, belastende Eigenschaften zunächst zu akzeptieren. Ich würdige sie sogar, denn dann verlieren diese Eigenschaften an subversiver Kraft.

Ganzheitliches Lernen

Kommunikationstraining verlangt ernsthaftes, kontinuierliches Training, in dessen Zentrum die Entwicklung der eigenen Persönlichkeit steht. Der Wunsch, kommunikative Fähigkeiten schnell für den Beruf zu trainieren und die Person dabei auszuklammern, wie sich das viele Kursteilnehmer wünschen, ist verständlich, aber zum Scheitern verurteilt. Kommunikationstraining ist ganzheitliches Lernen, bei dem alle Bereiche der Persönlichkeit angesprochen werden. Das Lernziel Kommunikationsfähigkeit braucht ein Curriculum, das die seelische Gesundheit der Gesamtpersönlichkeit fördert, nicht nur unsere kognitiv-rationalen Fähigkeiten[46].

Exkurs: Das Spiel mit den 9 Punkten

Wir denken viel zu kompliziert. Wir halten Freies Sprechdenken für schwerer, als es eigentlich ist. Die schwerste Hürde für Weiterentwicklung und Wachstum sind die Verhältnisse im Kopf jedes einzelnen. Statt offen, abenteuerlustig und experimentierfreudig zu sein, stellen wir oft die Frage: »Bin ich gut genug, kann ich das überhaupt?« und liefern uns die Antwort gleich mit: »Meine Grenzen sind doch eng gezogen!«

Ein abstraktes, aber einfaches Beispiel soll dies veranschaulichen.

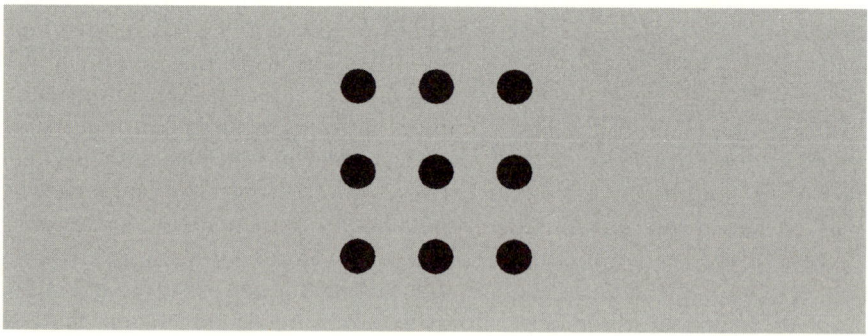

Die neun Punkte in der Figur sind durch vier gerade zusammen-hängende Linien zu verbinden. Wichtig ist, daß beim Ziehen der Linien der Bleistift nicht vom Papier abgehoben werden darf.

Diejenigen Leser, die diese Denkaufgabe noch nicht kennen: Bitte nicht weiterlesen, sondern erst versuchen, die Lösung herauszufinden. Dieser Vorgang symbolisiert u. a. den Vorgang des Kommunikationstrai-nings. Wenn Sie nicht auf die Lösung gekommen sind, starten Sie einen zweiten Versuch. Sie müssen sich herausbewegen aus diesen neun Punk-ten, müssen über sich hinaus gehen.

Fast jeder, der zum ersten Mal die Lösung dieser Aufgabe versucht, führt in seinem Lösungsversuch etwas ein, das die Lösung unmöglich macht. Es ist die unbegründete Annahme, daß die Lösung innerhalb des durch die Punkte vorgegebenen Quadrates gefunden werden muß. Eine Bedingung, die in der Aufgabe überhaupt nicht enthalten ist, sondern die wir uns selbst auferlegen. Unser Scheitern liegt daher nicht in der Un-möglichkeit der Aufgabe, sondern ist in unserem Lösungsversuch be-gründet. (Die Lösung finden Sie am Schluß dieses Kapitels.)

Die Analogien liegen auf der Hand. Wir haben alle Fähigkeiten, die wir fürs Freie Sprechdenken benötigen. Diese werden aber nur wirksam, wenn wir das Risiko eingehen, sie aus uns herauszulassen. Die 9 Punkte markieren unsere Fassaden und Zäune um uns herum. Einige sagen: Es geht nicht, ich kann nicht frei sprechen vor einer Gruppe. Versuchen Sie dennoch, aus Ihren »9 Punkten« herauszutreten und schauen Sie, wie Sie sich danach fühlen. Vergleichen Sie dieses Gefühl, sich getraut zu haben, mit dem Gefühl, eine Versammlung, eine Besprechung, ein Partnerge-spräch verlassen zu haben, ohne etwas von dem gesagt zu haben, was Sie sich vorgenommen hatten. Wenn dieses Gefühl deprimierend oder sogar erniedrigend ist, dann verlassen Sie Ihre herkömmlichen Bewußtseins-grenzen: Ich traue mich, es gibt keine Zensuren, die Zuhörerinnen und Zuhörer sind nett und freundlich zu mir. Im Rahmen der Punkte ausge-drückt: Jedesmal wenn ich aus den »9 Punkten« heraustrete, erreiche ich eine etwas höhere Bewußtseinsebene. Dann gerät die Konstellation der »9 Punkte« in eine andere Beziehung zu der neuen Anordnung. Unser altes Erkenntnisvermögen »Ich kann nicht frei sprechen« kann uns nicht mehr in Schrecken versetzen oder bedrohen. Mit einem Mal stellt sich alles in einem anderen Licht dar: »Ich kann es auch, und es tut mir gut.«

Ich erinnere mich an eine Teilnehmerin an einem VHS-Kurs, die in einen Kurs kam, der schon voll war, an dem sie aber unbedingt teilneh-men wollte, »mußte«, wie sie sich ausdrückte. Angemeldet hatte sie sich nicht. Susanne beharrte hartnäckig und kommunikativ sehr überzeugend auf einer Teilnahme. Sie hätte nächste Woche zwei Referate zu halten und müßte unbedingt mitmachen. Sie hatte sogar überlegt, ob sie das Studium »schmeißen« sollte. Ich stellte die Teilnahme von Susanne zur Diskussion und ließ die Gruppe entscheiden. Susanne setzte sich durch.

Später erzählte sie, daß sie sich schon immer erfolgreich vor Vorträgen gedrückt hatte, so auch jetzt im Studium. Susanne beharrte so eindringlich und kommunikativ geschickt auf der Teilnahme, daß ich ihr nicht recht glauben konnte und den Verdacht hatte, sie wolle sich nur in den Kurs hineinmogeln. Auch hatte ich den Eindruck, daß die Gruppe sich ein wenig erpreßt fühlte. Später wurde uns allen klar, daß tatsächlich ein hoher Leidensdruck Susanne zu dieser kommunikativen Höchstleistung geführt hatte. Ich erkannte, daß sie alle Fähigkeiten zur Verfügung hatte, wenn sie diese nur mobilisieren konnte. Der Lernvorgang bestand darin, Susanne zu überzeugen, daß sie es gut kann, wenn sie sich nur traut. Die Gruppe konnte ihr ehrlichen Herzens rückmelden, daß sie bereits ausreichende kommunikative Fähigkeiten besaß. Die Videoaufnahmen überzeugten auch Susanne. Ich bat sie um telefonische Rückmeldung. Susanne rief an und war zufrieden mit ihren Referaten. Wir freuten uns beide. Jetzt hatte ich auch den Mut, ihr zu sagen, daß ich ihr gegenüber zuerst ungläubig gewesen war. Susanne sagte: »Du mußt es mir glauben. So wie es war, war es einfach ein Problem für mich. Jetzt sehe ich es anders und habe kein Problem mehr damit.« Dadurch hat sich an ihrer Gesamtsituation an der Hochschule natürlich gar nichts geändert. Die Professoren und Studenten waren dieselben geblieben, nur die Perspektive und die Sichtweise von Susanne hatten sich geändert.

Verschiedene Sichtweisen:
Auf dieser Zeichnung können Sie einen weißen Kelch auf schwarzem Grund sehen oder, wenn Sie die weiße Fläche als Grund annehmen, zwei Profilsilhouetten. Gleichzeitig können Sie beide Möglichkeiten nicht sehen. Die Veränderung geschieht nicht etwa durch die Veränderung des „objektiv" Vorhandenen, sondern sie wird vielmehr durch die Aktivität des sehenden Organismus hervorgebracht. Beachten Sie auch die dreidimensionale Qualität des zweidimensionalen Bildes. Wenn Sie auf den weißen Kelch schauen, dann ist der schwarze Grund dahinter. Der gleiche Tiefeneffekt stellt sich ein, wenn Sie sich die beiden Gesichter wie vor einem erleuchteten Fenster vorstellen.

Die Philosophen sagen schon seit Jahrhunderten, daß wir unsere Wirklichkeit selbst konstruieren. Epiktet z.B. stellte fest: »Es sind nicht die Dinge, die uns beunruhigen, sondern die Meinungen, die wir von den Dingen haben. Und über Meinungen gibt es nunmal keine endgültigen Wahrheiten.«

Viele Menschen empfinden sich als Marionette beim Redenhalten und fühlen sich von einer feindlichen Menge umzingelt. Das ist nicht die Realität, sondern ausschließlich ihre eigene Sichtweise. Der Realität entspricht, daß über 90 Prozent der Zuhörerinnen und Zuhörer mitfühlen, notfalls auch mitleiden, schon aus Eigeninteresse heraus, damit das Zuhören nicht allzu anstrengend wird.

Verstehen Sie sich als Marionette oder als Spieler? Der Spieler spielt ein Spiel nach Regeln, die er erfunden oder vorgefunden hat und die für ihn veränderbar sind. Eine Marionette tanzt nach den Regeln, von denen sie glaubt, daß sie die Wirklichkeit und deren Gesetze sind, sie kann nicht anders. Wir fühlen uns in dieser Rolle als ein Produkt unserer Umwelt. Menschen, die ihr Leid ausschließlich in den äußeren sozialen und gesellschaftlichen Bedingungen begründet sehen, leugnen ihre eigene Verantwortung und können kaum lösungsorientiert handeln.

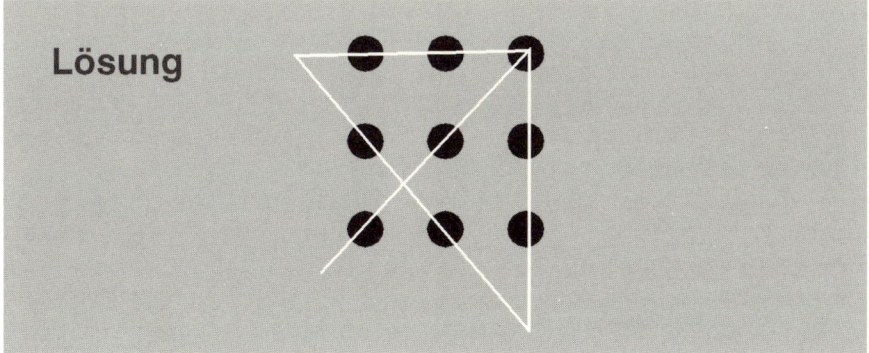

Lösung

Nach-Denk-Bruch-Stück-Werk

Was gilt für Sie?
Mein Leben ist ein Dasein als Zustand
oder
ein Dasein als Aktion.
Sagen Sie:
Ich kann nicht vor einer Gruppe reden
oder
Ich will nicht vor einer Gruppe reden?
Sagen Sie:
Das lerne ich nie!
oder
Ich übe so lange, bis ich es kann.

Exkurs: Abseitsfalle Perfektionismus

In den vielen Jahren, in denen ich Kommunikation trainiere, haben sich nahezu alle Kursteilnehmerinnen und -teilnehmer auf irgendeine Art und Weise fortentwickelt, natürlich einige mehr und andere weniger. Lediglich bei einer Gruppe bewegt sich (fast) überhaupt nichts: bei den Perfektionisten. Obwohl sie meist viele Kurse besucht haben, kommen sie einfach nicht voran. In den Abendreihen bei der Volkshochschule z. B. waren sie immer außerordentlich eifrig und verhielten sich in der Regel wie Musterschüler – bis die praktischen Übungen kamen. Die meisten von ihnen sind sogar weggeblieben, was ich sonst selten erlebe.

Es handelt sich um Menschen mit zu großen Ambitionen und zu hohen Erwartungen, nicht etwa in erster Linie an mich – den Trainer und Lernhelfer –, sondern an sich selbst. Ihr Handeln beruht auf zwei Glaubenssätzen: 1. Ich muß von jeder Person in meinem Umfeld anerkannt sein. 2. Ich bin nur dann ein wertvoller Mensch, wenn ich in jeder Hinsicht auf allen Gebieten kompetent, tüchtig und leistungsfähig bin.

Nichts, was sie tun, ist ihnen jemals gut genug. Sie nehmen selektiv nur die Ereignisse wahr, bei denen etwas schief geht. Erfolge können sie nicht genießen. Traumhaft sicher entdecken sie etwas, was sie besser hätten machen können. Sie selbst sind sich niemals gut genug und glauben, sie könnten perfekt sein, wenn sie nur wüßten wie.

Genau diese Geisteshaltung ist es, die sich als Lernfalle erweist. Ausschließlich aus einem Grund werden sie nicht gut, werden sie nicht vorzüglich, bringen sie es nicht zu ihrer persönlichen Meisterschaft: weil sie perfekt sein wollen. Jeden Fehler begreifen sie, statt ihn als Feedback, als Lernerfahrung zu akzeptieren, als peinliche Schande. So kommt es im Leben der Perfektionisten nicht zu einer fortlaufenden Ansammlung von Lernerfahrungen, sondern zu einer fortlaufenden Ansammlung von Schicksalsschlägen.

Perfektionismus, dieser maßlose Anspruch an sich selbst, ist der größte Hemmschuh in bezug auf persönliches Wachstum: eine hausgemachte Selbstblockade. Perfektionismus ist eine schwere Last: Immer die richtigen Antworten kennen, jederzeit alle Informationen zur Hand zu haben, stets alles richtig und niemals etwas falsch zu machen. Wenn sie versagen, und mit dieser Einstellung versagen sie fast immer, bestrafen und maßregeln sie sich selbst.

Wenn jemand beim Freien Sprechdenken in Zusammenhang mit Fehlern, z. B. dem »Fehler«, bei einer Rede hängenzubleiben, von Versagen spricht, ist es eine Art, ein Ergebnis zu beschreiben, die voller Wertungen steckt, maßlos übertrieben ist und mit dem wirklichen Leben nichts zu tun hat. Perfektionisten konstruieren sich ständig Sackgassen, aus denen nur schwer herauszufinden ist.

Perfektionisten erwarten auch von allen anderen, daß sie perfekt sind. Eifrig sind sie dabei, wenn es darum geht, Mängel zur Schau zu stellen. Perfektionisten sind zudem Langweiler. Jeden Morgen wird mit viel Energieaufwand darüber nachgegrübelt, was im Lauf des Tages schiefgehen könnte. Fröhliche Experimentierfreude liegt ihnen fern.

Ich begreife Fehler nicht als Schande, sondern als zusätzliche Lernmöglichkeiten. Sie sind eine hilfreiche Korrektur, eine glänzende Möglichkeit, etwas dazuzulernen, was mir vorher noch nicht aufgefallen war. Sie fördern Wachstum. Der Versuch, keine Fehler zu machen, könnte der größte Fehler überhaupt sein. Es ist befreiend und ein Gewinn, ein fehlerfreundliches Leben zu führen, denn der Mensch verwirklicht sich in der Annahme seiner Begrenztheit und Unvollkommenheit.

Perfektionisten führen einen Bürgerkrieg gegen sich selbst. Der Perfektionismus ist ein zwanghaftes, regelgeleitetes Verhaltensmuster, das sich, wird es nicht gestoppt, spiralförmig nach oben schraubt. Das hat vor allem seelische Folgen. Wenn Menschen stets darauf aus sind, Überlegenheit anzustreben, müssen sie zwangsweise einen Großteil ihrer Persönlichkeit und Menschlichkeit verleugnen.

Alle Versuche, perfekt zu sein, enden in Niederlagen, und so versinken Perfektionisten allmählich in Hoffnungslosigkeit. Die Schraube dreht sich weiter. Weil sie ohne Hoffnung sind, versuchen sie, in verstärktem Maße perfekt zu sein, in der Illusion, der Hoffnungslosigkeit zu entkommen. Dadurch entsteht ein wahrer Teufelskreis. Wenn wir keine Hoffnung mehr haben, werden wir es nicht schaffen, unseren Perfektionswahn aufzugeben. Genausowenig werden wir unser Gefühl der Verzweiflung verlieren, wenn wir stets dem Perfektionismus hinterherjagen. So werden Perfektionisten immer unglücklicher. Und wer unglücklich ist, hat Angst vor Veränderung. Und wer Angst vor Veränderung hat, wird seinen Perfektionismus nicht mehr los.

Die Menschen sehen nicht – und das
ist eigentlich eine alte religiöse Lehre –,
daß es einer großen Anstrengung bedarf,
um sich zu ändern, um glücklich zu sein.
Erich Fromm

Kommunikationstraining auf drei Ebenen

Kommunikative Verhaltensweisen haben sich im Laufe der Jahre einge-
schliffen und sind zu einem festen Persönlichkeitsbestandteil geworden.
Es sind keine Eigenschaften, die wir zufällig erworben haben. Wenn wir
uns etwas angewöhnt haben, z. B. »beim Reden sitzen zu bleiben«, hat
es meist einen verborgenen Grund, den wir nicht einfach übergehen dürfen. Die Verhaltensweise »Sitzen bleiben beim Reden« ist im Laufe der
Zeit wertvoll für uns geworden, weil sie unser seelisches Gleichgewicht
stabilisiert, und ist deshalb auch nicht auf die Schnelle durch andere
Techniken auszutauschen. Wir müssen uns auf die Suche machen, um zu
entdecken, was wir dieser Verhaltensweise zu verdanken haben. Erst
dann wird es uns gelingen, das Alte durch Neues zu ersetzen.

Kommunikationsentfaltung ist immer Arbeit an der Person, und
Arbeit an der Person geht einher mit kommunikativer Entwicklung. Dieser Veränderungsprozeß läuft auf sehr unterschiedlichen Ebenen ab.

Ein brauchbares Erklärungsmodell dafür habe ich bei dem amerikanischen Psychologen Dan Casriel gefunden. Ich halte es für geeignet,
die Vielschichtigkeit, mit der wir es beim Kommunikationstraining zu
tun haben, verständlich und durchsichtig zu machen. Ausgangspunkt ist
das Schema des dreiteiligen Menschen.

An der Oberfläche befindet sich die symptomatische Ebene:
Dazu gehört, wie sich der einzelne nach außen hin verhält. Welche
Fixierungen werden benutzt, um Angst oder Unsicherheiten zu verber-
gen? Mit welchen psychologischen Tricks versuchen wir, unsere Angst-

handlungen zu ersetzen? Welche Mauern baut der einzelne um sich herum? Vor allem die verschiedenen Fixierungen sind Symptome für innerseelische Vorgänge.

Darunter liegt die dynamische Ebene:

Bei dieser Ebene geht es darum, wie der Betroffene emotional auf sich selbst und den Rest der Welt reagiert. Welche Gefühle sind gesund, welche sind entstellt? Welche Art emotionaler Abwehr benutzen wir? Bin ich in der Lage, eine Redesituation realistisch einzuschätzen? Einige unterdrücken den größten Teil ihrer Gefühle beim Reden, doch sie tauchen in irgendeiner Form entstellt wieder auf. Andere verdrängen sie und benutzen den Mechanismus des »Erstarrens«, um sich wirksam von jedem bewußten Kontakt mit ihren Gefühlen abzuschneiden.

Es gibt Menschen, die behaupten, Redeängste überhaupt nicht zu kennen. Einige schaffen es tatsächlich, ihre Ängste auf der dynamischen Ebene zu verdrängen, aus der Welt schaffen können sie sie nicht. Sie bezahlen dies damit, daß ihnen jegliche Sensibilität für Kommunikationsprozesse abhanden kommt.

In der Lernselbsthilfegruppe Kommunikation ermutigen wir uns, auf der dynamischen Ebene Gefühle zu zeigen und uns in Selbstoffenbarungen zu üben. Wir gestehen uns unsere Ängste ein und befreien uns von Illusionen, der Angst entkommen zu können. Vorwiegend auf der dynamischen Ebene entscheidet sich, ob Streß und Ängste die gefürchteten Denkblockaden auslösen oder ob wir an unsere Ressourcen herankommen, ob wir unsere Fähigkeiten und Talente mobilisieren können.

An der Basis der Persönlichkeit liegt die Identitätsebene:

Die Identitätsebene ist zweifelsohne die entscheidendste Ebene für die Gesamtpersönlichkeit. Sie wird schon früh im Leben definiert. Hier finden wir die tiefsten Einstellungen des Individuums zu sich selbst und der Welt. Wie sieht der Betreffende sich selbst? Was erwartet er von den anderen? Die Identitätsebene bestimmt zum großen Teil, wie die dynamische und die symptomatische Ebene funktionieren.

In der Lernselbsthilfegruppe versuchen wir herauszufinden, wer wir sind, nach welchen Grundüberzeugungen wir leben und welche Glaubenssätze uns daran hindern, unsere kommunikativen Fähigkeiten zu entfalten.

Ich empfehle, beim Kommunikationstraining vorerst Nachdruck auf das Verhalten zu legen und sich von dort aus weiterzuentwickeln. Sagen Sie sich auf der symptomatischen Ebene folgendes: Ich will das alte Verhalten ablegen, z. B. alle Fixierungen, die mich am natürlichen Atmen hindern. Oder: Ich lese meine Referate nicht mehr ab, sofort referiere anhand eines Stichwortzettels, egal wie gut oder schlecht es am Anfang funktioniert. Ab jetzt versuche ich es mit den 9 Tips zur freien Rede.

Fragen Sie sich, was Sie daran hindert, diese 9 Tips, die gelungener Kommunikation abgelauscht sind, anzunehmen und in die Praxis umzusetzen, wo doch der Kopf Ihnen sagt, daß es besser gelingt, wenn Sie den Empfehlungen folgen. Denken Sie darüber nach, weshalb der »Bauch« nicht mitmachen will.

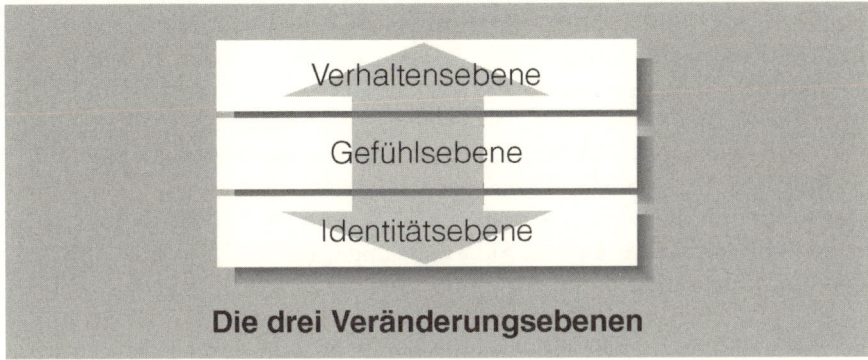

Die drei Veränderungsebenen

Ich habe dieses Kapitel entsprechend der Einteilung Casriels dreigeteilt: Die symptomatische Ebene, ich nenne sie Verhaltensebene mit den 9 Tips zur Freien Rede, die dynamische Ebene, ich nenne sie Gefühlsebene mit dem Aufsatz über Redeängste, und die Identitätsebene mit den inneren Einstellungen.

Die strenge Dreiteilung dieses Kapitels erfolgt nicht aus faktischer Notwendigkeit, sondern aus didaktischen Gründen. Alle Bereiche überschneiden sich, sind eine Gemengelage, denn zwischen den drei Ebenen der Persönlichkeit herrschen ständige Wechselwirkungen. Eine signifikante Veränderung bei der einen kann Veränderungen in einer der übrigen oder in beiden Ebenen hervorrufen, allerdings nur dann, wenn diese Wechselwirkung intakt ist. Auch wenn der Schwerpunkt der Arbeit vorerst auf der Verhaltensebene liegt, so setzt sich die Gruppe gleichzeitig mit Gefühlen auf der dynamischen Ebene und mit Grundüberzeugungen auf der Identitätsebene auseinander. Kommunikationstraining muß sich mit allen drei Seiten des Menschen beschäftigen, wenn bleibende Veränderungen eingeleitet werden sollen.

Die Verhaltensebene: 9 Tips zur Freien Rede

Diese Tips sind aus der Praxis für die Praxis. Betrachten Sie die Regeln nicht als Fesseln, die sie einengen, sondern als Hilfen, die Ihnen den größtmöglichen Spielraum fürs Freie Sprechdenken eröffnen. Schon gar nicht sind die 9 Tips eine Art Verhaltenskorsett mit dem Ziel, Sie in die Schablone eines Idealverhaltens zu pressen. Die Regeln sollen nicht zur Konformität, sondern zur konstruktiven Variabilität verführen. Sie sollen befreien, nicht kontrollieren. Finden Sie anhand der 9 Tips in der Lernselbsthilfegruppe und in der Praxis heraus, was nützlich und wirksam für Sie ist. Die Tips sind ein Gerüst, mit dem Sie herausfinden können, auf welche Art und Weise, durch welchen Stand, welche Stichworttechnik usw. Sie sich beim Freien Sprechdenken wohl fühlen. Experimentieren Sie mit den Verhaltensvorschlägen und finden Sie heraus, was nicht hilfreich ist. Verändern Sie es so lange, bis es Ihnen hilft. Was für den einen richtig ist, kann für den anderen falsch sein. Herbert Wehner verstieß stets gegen alle Regeln der klassischen Rhetorik. Er wurde laut an den falschen Stellen, und wenn es galt, in wichtigen Passagen kurz und prägnant zu formulieren, bildete er umständliche Schachtelsätze. Dennoch war er ein äußerst eindrucksvoller und erfolgreicher Redner.

Ich habe die Erfahrung gemacht, daß diejenigen große Lernerfolge haben, die ein hohes Maß an Bereitschaft aufweisen, die Regeln vorbehaltlos anzunehmen und dann in der Praxis ausprobieren, wie weit sie damit kommen. Die Tips sind ebenso Anhaltspunkte für Kritik und Rückmeldungen in der Gruppe. Kritisieren heißt übrigens keineswegs »Fertigmachen«, in einer Kritik wird lediglich ausgesagt, was gefallen hat und was nicht. Leitlinie für die Lernselbsthilfegruppe ist eine positiv bestärkende Kritik. Veränderungen vollziehen sich nicht in einem Klima der Angst oder Unsicherheit, sondern in einem Klima des gegenseitigen Verstehens und Akzeptierens.

1. Tip: Redestandort

Suchen Sie sich einen Redestandort, von dem aus Sie optimal sprechen können.

Oft wird den Vortragenden von den Veranstaltern eine Redeposition zugemutet, die allein schon durch die Entfernung ungeeignet für die

Freie Rede ist. Dadurch sind Sie gezwungen, sehr laut zu reden, was nicht nur viel Kraft kostet, sondern unsympathisch, manchmal auch lächerlich wirkt, vor allem aber Distanz zwischen Ihnen und dem Publikum schafft. Oder Sie benutzen eine Verstärkeranlage, nur weil diese vorhanden ist. Auch das verursacht eine Distanz, die Unsicherheiten hervorrufen kann. Sicherheit gewinnen Sie dadurch, daß Sie Ihrem Publikum möglichst nahe sind.

Stellen Sie sich vorab die Frage, ob Sie von Ihrem Redestandort das Publikum gut sehen können und das Publikum Sie. Das Publikum will Sie nicht nur hören, sondern auch sehen. Sonst recken die Zuhörer die Hälse, und es wird unruhig im Saal.

Nehmen Sie sich selbstbewußt den Raum, der Ihnen zusteht, viele Redner und vor allem Rednerinnen billigen sich das – meist unbewußt – nicht zu. Vermeiden Sie, wenn möglich, eine Rednertribüne. Stellen Sie sich nicht höher als Ihr gleichrangiges Publikum. Alle Versteckspiele bieten nur scheinbar Vorteile und verhindern gelungene Kommunikation.

Warum verstecken wir uns so gern beim Reden? Es ist die Angst, sich plötzlich im Mittelpunkt zu befinden. Diese Form der Angst wird Soziophobie genannt. Sie ist zwar nicht so bekannt wie die Schlangen- oder Spinnenphobie, aber sehr weit verbreitet. Sie gehört neben der Platzangst zu den häufigsten Panikkrankheiten.

Achten Sie auf den Raum, die Anordnung der Tische, schaffen Sie eine kommunikativ behagliche Atmosphäre. Diese Chance haben Sie nur vor Beginn einer Veranstaltung. Nutzen Sie sie, es lohnt sich, für Sie, für die Veranstalter und besonders für das Publikum.

2. Tip: Freie Körperhaltung

Freie Körperhaltung ist die Basis für alle Formen des Sprechens.

Freie Körperhaltung bedeutet, auf beiden Beinen zu stehen, die Füße nur leicht gegrätscht. Stehen Sie nicht auf einem Bein, Sie sind kein Storch. Legen Sie gleich viel Körpergewicht auf beide Füße. Alles andere verführt zum Schaukeln. Wechseln Sie nicht Standbein und Spielbein, wie in vielen Rhetorikbüchern empfohlen. Bemühen Sie sich mit beiden Füßen um feste Bodenhaftung.

»Das Problem der emotionalen Sicherheit eines Menschen kann nicht getrennt werden von der Frage nach der physikalischen Sicherheit, nach seiner Bodenhaftung durch die Füße«, sagt Alexander Lowen.

Beobachten Sie Rednerinnen und Redner, denen Sie gern zuhören, und achten Sie auf Stand und Körperhaltung. Stellen Sie sich vor den Spiegel, halten Sie eine kleine Rede und kontrollieren Sie Ihren Stand und Ihre Gestik. Bitten Sie auch Freunde um Rückmeldungen.

Moshé Feldenkrais fordert, daß ein Körper in optimaler Haltung im »Skelett hängen sollte«. Damit will er zum Ausdruck bringen, daß Muskelarbeit nicht dafür verschwendet werden sollte, den Körper beim Stehen aufrecht zu halten. Sparen Sie Energie beim Freien Sprechdenken, dann stehen Sie richtig. Sie sprechen mit dem ganzen Körper. Sie benötigen nicht nur einen klaren Kopf, sondern auch soliden Bodenkontakt.

Warum stehen wir nicht so gern beim Freien Sprechdenken? Es ist ein weitverbreiteter Irrglaube, daß wir uns beim Reden leichter tun, wenn wir sitzen bleiben. Bestenfalls fühlen wir uns sicherer, wir sind es aber nicht. Darüber hinaus schafft »Sitzen« beim Referieren Distanzen zwischen Sender und Empfänger. Vielleicht gelingt es Ihnen beim ersten Mal im Stehen tatsächlich nicht so gut wie bisher im Sitzen. Das liegt nicht daran, daß die Empfehlung falsch ist, sondern daran, daß Sie etwas Falsches eingeübt haben. Wenn Sie es zum ersten Mal anders probieren, dürfen Sie nicht erwarten, daß es gleich besser klappt als bisher.

Unser Kommunikationsverhalten besteht aus der Verschränkung von zwei Mitteilungskanälen (in der Wirklichkeit sind es sehr viel mehr): den auditiven (hören) und den visuellen (sehen). Die Zuhörer sind ebenso Zuschauer. Sie wollen Sie beim Reden nicht nur hören, sondern auch sehen, denn nonverbale Signale werden visuell wahrgenommen, und visuelle Signale registrieren können sie nur, wenn sie den Redner optisch wahrnehmen. Genaugenommen reden wir mehr fürs Auge als fürs Ohr und verlassen uns im Zweifelsfall, wenn wir den Text nicht verstehen, mehr aufs Sehen. Aus dieser Erkenntnis folgt die Grundregel: Aufstehen beim Freien Sprechdenken! Wer überzeugen will, muß sich zeigen. Wer andere bewegen will, muß sich zuerst selbst bewegen.

Ist der Kreis der Zuhörerinnen und Zuhörer sehr klein, geht es auch im Sitzen. Wenn Sie nicht sicher sind, ob Sie nun aufstehen sollen oder nicht, gilt die Regel: Im Zweifelsfall immer aufstehen! Sie können sich im Stehen besser konzentrieren, und das Freie Sprechdenken fällt Ihnen wesentlich leichter. Falls es Ihnen peinlich sein sollte, in einem kleinen Kreis aufzustehen, weil Sie Angst haben, daß es als Wichtigtuerei aufgefaßt wird, begründen Sie es notfalls.

Die Gründe fürs Stehen beim Reden mögen Ihnen vom Verstand her einleuchten und Sie überzeugen, und doch bleiben Sie vom Gefühl her lieber sitzen. Was geschieht da mit uns und in uns? Ihr Unbewußtes »verordnet« Ihnen eine Körperhaltung, die nicht offen, sondern verschlossen ist. Dem Unbewußten ist gegenwärtig, daß der Körper stets mehr mitteilt, als uns lieb ist. Er kann sogar Dinge mitteilen, die unserem Kopf noch nicht bewußt sind. Dan Casriel erklärt das so: »Es gibt zahllose Möglichkeiten, die der menschliche Körper nutzt, um Gefühle abzuwürgen oder zu beherrschen: Den Atem stocken lassen, die Muskeln verspannen, die Kehle zuschnüren usw. Diese Angst soll nicht zum Vorschein kommen, und deshalb spannen wir unsere Muskeln, in der Hoffnung uns so gegen Ängste wehren zu können. Aber Druck erzeugt wiederum Gegendruck. Die Angst wird immer größer. Wir bauen einen ›Muskelpanzer‹ auf und wir verkrampfen uns.«

Unser Körper versucht, aus diesen Beengungen, mit deren Hilfe wir etwas zurückhalten wollen, auszubrechen. Das führt zu wunderlichen Verrenkungen und unkontrollierten Bewegungen beim Reden, die ich Fixierungen nenne und die alles andere als hilfreich sind. Fixierungen sind der körperliche Ausdruck unterdrückter Erregung. Es gelingt uns nicht, diese Regungen vollständig zu unterdrücken, doch diese Erkenntnis hält uns nicht davon ab, es immer wieder zu versuchen.

Weshalb neigen die meisten zu den seltsamsten Fixierungen, obwohl sie uns beim Freien Sprechdenken einschneidend behindern und unsere kommunikative Fortentwicklung blockieren? Geist und Körper sind ein System, und Fixierungen sind innerliche, seelische Verkrampfungen in körperlicher Gestalt. Wir wagen nicht, das, was in uns vorgeht, anderen mitzuteilen. Wir fürchten, daß andere Menschen uns durchschauen. Wir haben Angst, uns preiszugeben. Fixierungen sollen uns davor schützen.

Einige häufige Fixierungen, aus denen wir uns lösen müssen:

- Sie stehen auf beim Reden, stützen sich aber mit den Handflächen oder mit den Fingerkuppen auf dem Tisch ab.
- Sie haben die Hände auf dem Rücken oder in der Hosentasche. Beides ist ein Versteckspiel, beides signalisiert Unsicherheiten, sehen wir vielleicht mal von geübten und routinierten Rednern ab.
- Sie »stützen« eine Säule im Saal. Denken Sie daran: Der Saal bricht auch ohne Ihre Stütze nicht ein, Sie aber brechen vielleicht beim Reden durch diese Fixierung ein.
- Sie lehnen sich auf das Pult oder halten sich krampfhaft fest.
- Sie verschränken die Arme und umklammern mit der linken Hand den rechten Arm kurz hinter dem Handgelenk.

Wir sind erfindungsreich, wenn es um Fixierungen geht. Die Folgen: Wir atmen nicht richtig. Verspannungen des Zwerchfells, der Brust- und Rückenmuskulatur oder im Bereich der Kehle schränken unseren Atemraum ein. Wir senden und empfangen nicht. Wir fühlen uns nicht wohl beim Freien Sprechdenken. Wir nehmen unsere Muskeln zu Hilfe, um Haltung zu bewahren. Dadurch verkrampfen wir uns, und der Versuch mißlingt. Je mehr Muskelkraft ich gebrauche, um eine sichere Haltung vorzutäuschen, um so unsicherer werde ich.

Fixierungen sind gewaltige Energieschlucker, denn es kostet viel Kraft, Muskelanspannungen aufrechtzuerhalten und sich mit diesen Blockierungen zu bewegen. Wir müssen uns aber beim Reden bewegen, denn wir reden mit unserem ganzen Körper, nicht nur mit unseren Stimmbändern. Es ist gewinnbringend, in der Lernselbsthilfegruppe auf Fixierungen zu achten, sie zu vermeiden und sich zu fragen, auf Grund welcher innerer Spannungen diese Fixierungen entstehen und weshalb wir sie so schwer aufgeben können.

Zweifelsohne ist die Atmung beim Freien Sprechdenken von zentraler Bedeutung. Sprechen ist mit Hilfe der Stimmbänder hörbar gemachtes Atmen, und der »Atem ist der Regler aller Dinge«, wie ein altes indisches Sprichwort sagt. Meine These: Anleitungen zum richtigen Atmen in der Rhetorik nützen (fast) nichts. Wenn Sie sich wohl fühlen beim Sprechvorgang, und Grundlage dafür ist die »Freie Körperhaltung«, regelt sich das Ein- und Ausatmen von selbst. Wir müssen nichts tun, um richtig zu atmen, wir müssen es nur geschehen lassen, wir brauchen nur die Luft aufzunehmen. Das Ein- und Ausatmen erfordert keine Anstrengungen. Es ist ein Gehenlassen, bei dem die Muskeln, welche die Rippen heben und das Zwerchfell senken, sich entspannen. All das erledigt unser Körper ohne unser bewußtes Zutun. Der Kopfbefehl »Atme richtig!« funktioniert nicht.

An der Atmung ist der ganze Körper beteiligt. Mit der Atmung nehmen wir Energie auf. Wir regulieren dadurch unseren Energiehaushalt, und dieser Energiepegel entscheidet darüber, ob wir uns wohl fühlen beim Freien Sprechdenken oder nicht. Probieren Sie es aus: Sprechen Sie etwas lauter, zunächst im Sitzen und dann im Stehen. Wo geht es besser? Wo atmen Sie unbeschwerter?

3. Tip: Blickkontakt

Der Blick ist im menschlichen Kommunikationsverhalten von zentraler Bedeutung, ist eines der wichtigsten Kommunikationssignale überhaupt. Blickkontakt fällt vor allem dann auf, wenn er nicht vorhanden ist. Studien von Alexander Mehrabian haben ergeben, daß jemand, der nicht die Wahrheit sagt, den Zuhörer weniger ansieht.

Der Blickkontakt schafft Verbindung zu allen Beteiligten. Nur so kommt das Senden und Empfangen zugleich zustande, nur so gelingt es Ihnen, in die vier Ohren der Empfänger hineinzukommen. Wenn Sie durch ständigen Blickkontakt auf das Publikum reagieren, können Sie eine Hilfreiche Beziehung zu den Zuhörern aufbauen.

Der Blickkontakt reguliert die Lautstärke, die Anzahl der Wiederholungen, und Sie entwickeln ein Gefühl dafür, wann Sie besser Schluß machen oder ob Sie noch einen »draufsetzen« können. Auch das Redetempo ergibt sich aus dem Sende/Empfangsvorgang. Der Kopfbefehl »Rede in einem der Situation angemessenen Tempo« ist sinnlos. Wenn Sie zu schnell reden, fühlen Sie sich nicht wohl, und Ihr Motto lautet: »Wenn ich schnell rede, habe ich es eher geschafft!«

Das Senden und Empfangen durch Blickkontakt ist ein äußerst komplexer und komplizierter Sachverhalt, den wir aber nicht erst lernen müssen, da wir ihn bereits können. Bereits vier Monate alte Säuglinge zeigen das typische Blickkontaktverhalten der Erwachsenen.

Der Lernvorgang besteht darin, Blickkontakt zuzulassen. Wir trauen uns nicht, die Leute beim Reden anzuschauen, und versuchen, uns durch Blickfixierungen zu retten: Wir klammern uns mit den Augen ans Manuskript, wir schauen über die Köpfe der Leute hinweg, wir schauen einfach ins Leere. Oder wir praktizieren das Modell »Scheibenwischer«: Mechanisch hin- und herfahren, von links nach rechts und von rechts nach links, ohne die Menschen wirklich anzusehen.

Lassen Sie während Ihres Vortrages Ihren Blick gleichmäßig und ruhig über das Publikum schweifen. Natürlich können Sie nicht alle Zuhörer gleich intensiv anschauen, aber in etwa sollten alle Personen im Saal gleichermaßen berücksichtigt werden. In vielen Büchern wird empfohlen, eine Gruppe, die einem freundlich gesinnt ist, anzuschauen oder sich auf Freund und Freundin im Saal zu fixieren. Auch wenn wir noch so traumhaft angelächelt werden, hier handelt es sich zweifelsfrei um einen bösen Rat! Sie wollen mit allen im Saal kommunizieren, möglichst viele Menschen erreichen und überzeugen. Gerade die Rückmeldungen, die Widerstand signalisieren, sind für uns von besonderer Wichtigkeit. Wir ignorieren ihn gern beim Reden. Der Widerstand aber ist da und läßt sich durch Wegsehen nicht verdrängen. Der Ratschlag, sich »lächelnde Unterstützung aus dem Saale zu holen« führt zu Ausgrenzungen. Ausgrenzen beschädigt das Selbstwertgefühl Ihrer Zuhörer.

Blickkontakt mit dem Publikum zu halten ist keineswegs unangenehm, wie viele Menschen befürchten. Sie werden nicht so scharf beobachtet, wie Sie vermuten. Schwierig wird es erst, wenn durch fehlenden Blickkontakt das Senden und Empfangen unterbrochen ist. Normalerweise wechselt das Publikum zwischen überwiegend Hören und überwiegend Sehen. Reißt der Kontakt zum Inhalt der Rede jedoch ab, so wird nur noch der Redner angeschaut, das Äußere des Redners wird wichtiger als das Gesagte. Die Leute achten nicht mehr darauf, was er sagt, sondern wie er es sagt. In einer solchen Situation fühlen wir uns vom Publikum angestarrt und werden noch unsicherer.

Ich bemühe mich fortwährend, beim Reden Kontakt herzustellen. Die Körpersprache der Zuhörer ist für mich ein Spiegel, in dem ich mich als Redner sehen und kontrollieren kann. Wichtig ist die innere Einstellung zum Auditorium. Ich nehme mein Publikum ernst, finde es sympathisch und baue dadurch die bei mir vorhandenen Ängste ab. Ich wirke dadurch nicht nur selbstsicher und überzeugend, sondern ich bin es.

Ich möchte an dieser Stelle auf eine Abseitsfalle aufmerksam machen. Manche Leute empfangen unverhältnismäßig sensibel nur das, was an Widerstand im Saal sichtbar wird. Andere bemerken wiederum nur Positives. Bemühen Sie sich darum, eine Redesituation realistisch einzuschätzen. Dazu gehört Übung und Erfahrung. Eine realistische Einschätzung einer Sprechsituation wird Ihnen nur gelingen, wenn Sie sich beim Sprechakt wohl fühlen.

Übung

In der Gruppe den Blick kreisen lassen, abwechselnd alle Gruppenmitglieder anschauen. Sie gewöhnen sich schnell an diesen Vorgang und werden langsam ruhig.

4. Tip: Lautstärke

Es ist ein Grundsatzfehler, wenn Sie zu laut oder zu leise reden. Beides ist nur mühsam wegzutrainieren. Zu leise sprechen heißt, sich selbst nicht den nötigen Raum zuzubilligen. Es kann damit signalisiert werden: Ich weiß, daß es mir nicht zusteht, lange zu sprechen. Oder: Niemand muß meinen Beitrag ernst nehmen. Ein typischer Anfängerfehler ist, bei Unruhe im Saal einfach lauter zu werden, in der Hoffnung, daß die Leute ruhiger werden. Das Gegenteil ist der Fall: sie unterhalten sich noch lauter. Falls die Unruhe im Saal größer wird, unterbrechen Sie Ihre Rede und schauen einige Sekunden – ohne sich zu bewegen – in die Runde.

Vielleicht fügen Sie folgenden Satz unaggressiv, aber bestimmt hinzu: »Ich habe Ihnen eineinhalb Stunden geduldig zugehört, es wäre nett, wenn Sie mir nun auch zuhören würden.« Aber Vorsicht, Sie sollten auf keinen Fall Zensuren verteilen oder die beleidigte Leberwurst spielen. Wenn die Besucher im Saal nicht aufmerksam zuhören, haben Sie nur eine Chance, diesen Zustand zu ändern: Fangen Sie bei sich selbst an. Ihre Sendefähigkeiten können Sie verbessern, auf die Hörgewohnheiten der anderen haben Sie nicht den geringsten Einfluß. Überprüfen Sie in diesem Zusammenhang Ihre eigenen Hörgewohnheiten.

Es gibt einen weiteren kleinen Trick, wenn die Leute unaufmerksam sind. Statt einfach aufzuhören, sprechen Sie mit deutlich leiserer, eindringlicher Stimme. Es funktioniert, verlangt jedoch viel Routine.

Sie sollten im Verlauf Ihrer Rede die Lautstärke variieren. Sie heben dadurch wichtige Redeteile hervor und lenken die Aufmerksamkeit der Hörer und Seher auf Sätze oder Aussagen. Wenn Sie sich wohl fühlen bei diesem Vorgang, kommt das von ganz allein. Führen Sie es auf keinen Fall künstlich herbei. Meine Anekdote hierzu stammt von Johannes Rau: Ab und zu schreibt mein Redenschreiber an den Rand meines Manuskriptes: »An dieser Stelle besonders gut betonen, da Argument besonders schwach.«

Übung

Nehmen Sie einen Korken zwischen die Zähne und halten Sie eine kleinen Vortrag oder lesen Sie einen Text vor.
Lernziel: bessere, klarere, artikuliertere Aussprache.

5. Tip: Der Unterschied von Reden und Schreiben

Es gibt einen prinzipiellen Unterschied zwischen der mündlichen Rede und einem geschriebenen Text. Bei einem geschriebenen Text kann man durchaus komplizierte Sätze bilden, kann verdichten und zuspitzen. Der Leser besitzt die Möglichkeit, innezuhalten und über das Geschriebene nachzudenken. Er kann zurückblättern und den Zusammenhang zu dem bereits Gelesenen erneut herstellen.

Das ist beim Freien Sprechdenken nicht möglich. Deshalb ist beim Reden ein einfacher und klarer Satzbau die Voraussetzung für eine erfolgreiche Übermittlung meiner Fakten. Das fängt schon bei der Wortwahl an. Der Text muß so aufbereitet und gesendet werden, daß die

Empfänger folgen und sich den Inhalt merken können. Das höchste Lob, das Ihnen zuteil werden kann, ist folgendes: »Was Du vorträgst, kann ich mir gut merken!«

Der Kabarettist Gerhard Polt berichtet, wie er die lebensnahen Dialoge für seine Sketche fertigt. Er sitzt nicht einsam vor der Schreibmaschine und starrt auf ein großes weißes Blatt, sondern spielt die handelnden Personen an einem Tisch und läßt ein Tonband mitlaufen. Der Text wird abgeschrieben, und er spielt die Personen so lange, bis die Dialoge lebendig sind.

Die Vermittlungsform »Freies Sprechdenken« birgt ganz andere Qualitäten in sich als der ausformulierte Text. Beide Formen sind äußerst wert- und wirkungsvoll, aber beide haben ihre eigenen Gesetze.

In einer frei gehaltenen Rede sprechen Sie viel mehr in Bildern als in einem geschriebenen Text. Mit bildreicher Sprache treffen Sie direkt ins Herz Ihrer Zuhörer, denn im Gegensatz zu Satzgebilden auf hohem Abstraktionsniveau sind Bilder schneller erfaßbar.

6. Tip: Verständlichkeit

Ich versuche, mich so verständlich wie möglich auszudrücken. Schon Kurt Tucholsky mokierte sich über Schwulst in vielerlei Reden: »Sie sagen nicht, ein Tisch ist rund, sondern: Möbeltechnisch gesehen, hat der Tisch irgendwie eine kreisförmige Gestalt.«

Nicht nur durch mangelnden Blickkontakt, auch durch Sprache können wir Menschen ausgrenzen. Viele Mitbürger, die nicht das Glück hatten, Latein und andere Sprachen zu lernen, erleben diese sprachlichen Ausgrenzungen als eine massive Verletzung ihres Selbstwertgefühls. Die zunehmende Beschäftigung mit Kommunikation hat zu einem »Psychodeutsch« geführt, das oft angeberisch im Alltag zelebriert wird und Kommunikation behindert, vor allem, weil es Vorurteile produziert. Die Kunst des Freien Sprechdenkens besteht darin, einen komplizierten Sachverhalt so einfach wie möglich zu senden. Der Zwang zur Einfachheit, verbunden mit der Auflage »ohne zu vereinfachen«, stellt eine große Anforderung dar. Es ist die hohe Kunst der Rede!

Sie können z. B. sagen: »Das kubische Volumen der Erdäpfel ist reziprok proportional zur intellektuellen Kapazität der sie produzierenden Agrarier.« Sie können es aber auch einfacher ausdrücken: »Die dümmsten Bauern haben die größten Kartoffeln.«

Diese Fremdwörterhuberei hat der Amerikaner Philip Broughton vortrefflich deutlich gemacht. Broughton war Beamter im US-Gesundheitsdienst und hat eine Tabelle entwickelt, aus der Sie »Fremdwörterfetzen,« die gut klingen, aber nichts aussagen, beliebig zusammenstellen können. Bilden Sie einfach neue Wörter, indem Sie aus jeder Spalte der folgenden Liste einen Teil des neuen Wortes wählen. Denken Sie sich drei Zahlen, z. B. 2, 4, 8, so ergibt sich »permanente Koalitionsproblematik«. Das können Sie in beliebigen Kombinationen fortsetzen. »Keiner wird im Entferntesten wissen, wovon Sie reden«, sagte Broughton. »Aber entscheidend ist, daß niemand wagen wird, es zuzugeben.«

Spalte 1	Spalte 2	Spalte 3
0. konzentrierte	0. Führungs-	0. -struktur
1. integrierte	1. Organisations-	1. -flexibilität
2. permanente	2. Identifikations-	2. -ebene
3. systematisierte	3. Drittgenerations-	3. -tendenz
4. progressive	4. Koalitions-	4. -programmierung
5. funktionelle	5. Fluktuations-	5. -konzeption
6. orientierte	6. Übergangs-	6. -phase
7. synchrone	7. Wachstums-	7. -potenz
8. qualifizierte	8. Aktions-	8. -problematik
9. ambivalente	9. Interpretations-	9. -kontingente

Natürlich können wir nicht ganz auf Fremdwörter verzichten. Viele sind längst eingebürgert wie z. B. das Wort Kommunikation. Wer über Wirtschaftspolitik redet, sollte darüber informiert sein, was Investitionen sind oder was Produktivität bedeutet. Albern dagegen wird es, wenn Sie im Alltag über Stand-alone-Strategie, Downsizing oder Bottom-out-Effekt reden. Der übermäßige Gebrauch von Fremdwörtern ist ein deutliches Anzeichen dafür, mit Sprache nicht umgehen zu können.

Auch in Fachvorträgen sind Fremdwörter unverzichtbar, aber erklären Sie sie ruhig durch einen Nachsatz. Hüten Sie sich davor, Wissenschaftlichkeit durch häufigen Gebrauch von Fremdwörtern vorzutäuschen. Die Häufung von Fremdwörtern hat in diesem Zusammenhang meist eine dreifache Funktion: Das Selbstwertgefühl des Redners aufzuplustern, den Zuhörer zu verwirren und den Sachverhalt zu verdunkeln, der eigentlich erhellt werden sollte. Das gleiche gilt für Abkürzungen und Eigennamen. Sie sind selbst dann zu erklären, wenn es nur wenige Zuhörer sind, von denen Sie vermuten, daß sie die Abkürzungen nicht kennen.

Wenn Sie Dialekt sprechen, dann bleiben Sie dabei. Eine Rede ist etwas ganz Persönliches aus Ihrer Erlebnis- und Gefühlswelt. Wenn Sie im Alltag Dialekt sprechen, beim Vortragen jedoch ins Hochdeutsche wechseln, wirkt es künstlich und Sie fühlen sich nicht wohl dabei.

»Wie ist jede – aber auch jede – Sprache schön, wenn in ihr nicht bloß geschwätzt, sondern gesagt wird«, schrieb Christian Morgenstern.

Die vier Verständlichmacher
Friedemann Schulz von Thun hat vier Verständlichmacher aus Informationstexten herausgefiltert:

1. Einfachheit
Der Text ist allgemein verständlich, ich bilde kurze Sätze, ich verwende bekannte Wörter aus der Alltagssprache, Fremdwörter werden erklärt. Ich bemühe mich um ausdrucksstarke Sprachbilder. Sie werden feststellen, daß dies ein äußerst schwieriges Unternehmen ist. Der Gewinn: Die Freie Rede ist wirkungsvoll und als Vermittlungsform unschlagbar.

2. Gliederung und Ordnung
Ich achte darauf, daß mein Redebeitrag nicht wie ein Pudding auseinanderläuft, sondern daß die Gedanken geordnet, gegliedert und logisch miteinander verknüpft sind. Ich achte darauf, daß der Beitrag einen Spannungsbogen enthält. Ich gliedere durchsichtig, wie z.B.: Aus der Fülle von Argumenten möchte ich drei nennen, die mir für die Diskussion besonders wichtig erscheinen, erstens ..., zweitens ..., drittens ... Bei einem längeren Referat erkläre ich vorab, wie der Text aufgebaut ist. Ich setze Zwischenüberschriften und mache, wenn es angebracht ist, strukturierende Bemerkungen.

3. Kürze und Prägnanz
Warum sind wir von dem Drang besessen, alles zu sagen, was wir wissen? Wir haben – fälschlicherweise – Angst, daß ein Diskussionsteilnehmer uns auf Lücken aufmerksam macht. In einem geschriebenen Text kann es sinnvoll sein, alle Gründe aufzuführen, die z.B. für eine einzelne These sprechen. Beim Freien Sprechdenken gilt jedoch: Weniger ist meistens mehr! Beschränken Sie sich aufs Wesentliche. »Wer etwas zu sagen hat, hat keine Eile. Er läßt sich Zeit und sagt es in einer Zeile«, sagte Erich Kästner.

Es gibt aber auch Menschen, die zu kurz sprechen, weil sie glauben, nicht so viel Zeit beanspruchen zu dürfen. Dann wirkt die Rede nicht. So wie Sie sich selbstbewußt den notwendigen Raum für Ihre Rede sichern müssen, genauso selbstbewußt beanspruchen Sie bitte auch für sich die notwendige Zeit.

Halten Sie sich beim Reden an die vorgegebene Zeit. Wenn Ihr Chef Sie bittet »Können Sie mal in zehn Minuten berichten, was in Ihrer Abteilung los ist«, halten Sie sich an die Vorgabe. Er will von Ihnen auch erfahren, ob Sie in der Lage sind, in einem von ihm vorgegebenen Zeitrahmen einen komplexen Sachverhalt kurz und prägnant darzustellen.

4. Zusätzliche Stimulanzen

Während die ersten drei Verständlichmacher die Grundsubstanz meiner Rede sind, so sind zusätzliche Stimulanzen die Gewürze. Die Rede wird schmackhafter. Trotzdem sollten Sie mit zusätzlichen Stimulanzen sparsam sein. Auch hier ist weniger meistens mehr.

Ich bemühe mich um hohe Selbstoffenbarungsanteile in meiner Rede, die naturgemäß viele Stimulanzen enthalten. Dies gilt zu Unrecht als unwissenschaftlich. Wenn ich z. B. einen Fachvortrag über Öffentliche Bibliotheken halte, zeige ich, was ich als Person damit zu tun habe. Ich sammle kleine Begebenheiten, die sich im Laufe der Jahre ereignet haben und die viel über das Wesen einer Bibliothek aussagen. Dadurch spreche ich die Zuhörerinnen und Zuhörer gefühlsmäßig an und erreiche die »ganze Person«.

Wie können Sie zusätzliche Stimulanzen in Ihre Redebeiträge einbauen? Suchen Sie Sprachbilder aus dem Alltag. Bemühen Sie sich um Beispiele aus der Lebenswelt Ihrer Zuhörerinnen und Zuhörer. Sammeln Sie ständig auf Karteikarten oder in einem Tagebuch kleine Begebenheiten aus dem Alltag, die Sie in Ihre Referate einbauen können.

7. Tip: Der Redeverlauf

Herrn H. wird das Wort erteilt, und er fängt – während er noch aufsteht – mit seiner Rede an. Er spricht undeutlich und zu leise, denn Aufstehen und Reden zugleich erschwert die Atmung. Das hat Folgen für die Deutlichkeit der Aussprache, natürlich auch für die Lautstärke. Einigen im Saal ist es überhaupt nicht aufgefallen, daß Herr H. eine Rede halten möchte. Das gleichzeitige Senden und Empfangen kommt nicht zustande. Herr H. redet über die Köpfe der Leute hinweg. Der Redeeinstieg ist verpatzt. Anschließend erteilt der Versammlungsleiter Frau E. das Wort. Frau E. steht ruhig auf, geht um Ihren Stuhl herum, stellt ihn bedächtig vor sich hin, atmet tief durch und beginnt mit der Rede. Die Leute hören ihr aufmerksam zu. Was ist geschehen? Frau E. weiß, daß sie nicht sofort mit der Rede anfangen darf, sondern erst die Zuhörerinnen und Zuhörer auf sich aufmerksam machen muß. Das geschieht am einfachsten dadurch, daß wir in der Redeposition fünf bis zehn Sekunden aufrecht verharren und erst dann beginnen. Wenn Sie dastehen und nichts sagen, wird es langsam ruhiger im Saal. Frau E. weiß, daß sie in Streßsituationen nicht daran denkt, die Sekunden abzuzählen: Einundzwanzig, zweiundzwanzig, dreiundzwanzig, vierundzwanzig, fünfundzwanzig ... Frau E. weiß, daß sie immer wieder der Gefahr erliegt, zu früh anzufangen. Deshalb ist der kleine Trick mit dem Stuhl recht nützlich: Aufstehen, um den Stuhl herumgehen, den Stuhl so hinstellen, daß genügend Platz vorhanden ist. Dafür benötigt Frau E. exakt die Zeit, die sie vor Redebeginn abwarten sollte. Versuchen Sie den Trick mit dem Stuhl bei der nächsten Gelegenheit. Er funktioniert und wirkt souverän!

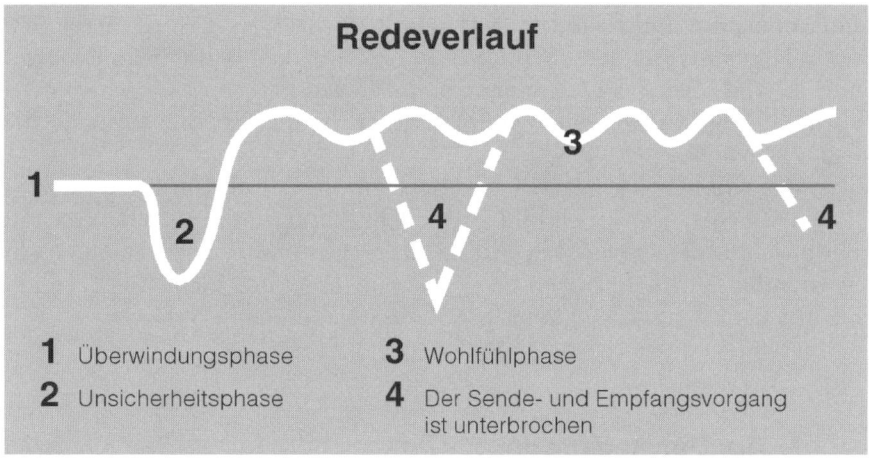

Inhaltlich sollten Sie jedoch gleich zur Sache kommen. Entschuldigen Sie sich nicht mit Floskeln wie »Wie der Vorredner ja schon alles so schön gesagt hat ...« oder »Ich weiß, daß es sehr spät ist und schon alles gesagt wurde, aber lassen Sie mich doch bitte noch einmal ...«, sondern nehmen Sie sich selbst wichtig. Sie haben den anderen auch aufmerksam zugehört. Es gibt keinen Grund, sich dafür zu entschuldigen, Sie haben etwas zu sagen!

Oft äußern Kursteilnehmer: »Wenn ich weiß, wovon ich rede, läuft es prima, aber wenn ich von der Sache nichts verstehe, geht es regelmäßig schief.« Wundert Sie das? Melden Sie sich nur, wenn Sie wirklich etwas zu sagen haben. Versammlungen leiden darunter, daß sich Leute durch Schaumschlägerei profilieren wollen. Fast alle Zuhörer spüren genau, was gespielt wird. Leider lassen sie es sich nicht anmerken und fressen ihren Ärger in sich hinein. Wir sollten den Wortschwallproduzenten konsequent und nachhaltig Veränderungschancen einräumen, indem wir Ihnen deutlich sagen, was wir von ihnen halten.

Beim Abschluß einer Rede vermeiden Sie den Fehler, so schnell wie möglich vom Redestandort davonzulaufen. Genießen Sie den Beifall!

8. Tip: Die Gedächtnisstütze

Egal wie kurz oder lang Sie eine Rede oder einen Diskussionsbeitrag halten, fertigen Sie sich immer einen Stichwortzettel an. Dieser Stichwortzettel wird fälschlicherweise Spickzettel genannt. Ich nenne ihn, weil es den Sachverhalt genau trifft, Gedächtnisstütze. Alles, was Sie sicherer macht beim Reden, sollten Sie nutzen. Und kaum etwas macht Sie sicherer als eine sorgfältig ausgearbeitete Gedächtnisstütze.

Die wichtigste Regel für die Anfertigung einer Gedächtnisstütze: Nur Stichworte oder kurze Halbsätze aufs Papier, keine ganzen Sätze. Die Gedächtnisstütze ist nicht das Textbuch Ihrer Rede, sondern hat die Funktion eines Drehbuches, das Anweisungen für den Verlauf enthält. Ich empfehle ein Minimum an Struktur, diese eröffnet Ihnen ein Maximum an Sicherheit und Freiheit. Sie lesen nicht einen vorgefertigten Text ab, sondern die Stichworte senden Denkimpulse aus, die Sie zum Freien Sprechdenken anregen. Sie sind der rote Faden für Struktur und Inhalt unserer Rede. Was für den Bergsteiger die Haken in der steilen Felswand, sind für den Redner die Stichworte der Gedächtnisstütze. Diese Technik ermöglicht uns abwechselnden Blickkontakt mit dem Publikum und unserer Gedächtnisstütze. Wir senden und empfangen zugleich, und nur so sind wir in der Lage, flexibel auf das Publikum zu reagieren.

Aus der Praxis für die Praxis:
- Schreiben Sie die Stichworte groß und deutlich auf.
- Beschreiben Sie die Blätter einseitig, benutzen Sie festes Papier, am besten im Format DIN A 5. Ein dünner DIN-A-4-Zettel zittert bei der Rede, was das Publikum, vor allem aber Sie, nur nervös macht.
- Numerieren Sie die Seiten.
- Für jeden Grundgedanken Ihres Redebeitrages ein Stichwort oder einen Halbsatz.

■ In der Struktur Ihrer Gedächtnisstütze sollten auch die Pausen erkennbar sein. Pausen und Zäsuren erzeugen Spannung und machen
Ihre Rede wirkungsvoller. Pausen sind Denkzeiten für die Zuhörer.

Diese Tips gelten nicht nur für Kurzbeiträge, sondern auch für längere
Referate. Viele Kursteilnehmer machen die Erfahrung, daß sie die Gedächtnisstütze für den anschließenden Beitrag nicht benötigen. Ich antworte dann: »Um so besser. Aber was wäre, wenn spontane Reaktionen
aus dem Publikum kommen und Sie den Faden verlieren?« Außerdem
liegt bei Kurzbeiträgen der Gewinn des Stichwortzettels schon darin, daß
Sie vor Beginn der Rede wenigstens einmal Ihren Beitrag durchstruktu-
riert haben. Das macht Sie sicherer beim Freien Sprechdenken.

Wir sollten den Grundsatz »Nur Stichworte« ehern einhalten, aber
wie überall gibt es auch hier eine Ausnahme: Den Schlußsatz immer auf-
schreiben! Nicht nur Anfänger, auch Profis tun sich oft schwer, einen geeigneten Schluß für einen Redebeitrag zu finden. Kommen zum Ende des
Redebeitrages Unsicherheiten auf, so flüchten wir in Formeln wie »ich
bin am Ende« und starten dann wieder durch wie ein Flugzeug, das zur
Landung ansetzt, aber, weil sie nicht gelingt, erneut abhebt. In der Fach-
welt spricht man von einem »Rührteigschluß«: Den ganzen bisher vorge-
tragenen Brei noch einmal durchrühren, in der Hoffnung, daß uns plötzlich ein zündender Schlußgedanke einfällt. Diese Hoffnung trügt. In der
Praxis, vor allem wenn das Senden und Empfangen gut geklappt hat, ergibt sich ein geeigneter Schlußsatz von ganz allein. Viele Teilnehmer sagen: In den meisten Fällen benötige ich den Schlußsatz gar nicht. Der
ausformulierte Schlußsatz ist nur für Notfälle gedacht.

Noch ein wichtiger Hinweis zur Gedächtnisstütze: Den Stichwortzettel nicht verbergen oder schamhaft verstecken, sondern in der Hand
halten. Das ist die einzige Fixierung, die ich für erlaubt halte. Sie löst sich
bei erfolgreichem Redeverlauf von allein und behindert deshalb auch
nicht Gestik und Körpersprache.

An dieser Stelle möchte ich noch einmal auf die Freie Körperhaltung
zurückkommen. Sie stehen leicht gegrätscht, mit beiden Beinen fest auf
dem Boden, halten die Gedächtnisstütze mit beiden Händen in der Mitte, die Arme leicht abgewinkelt, auf keinen Fall an die Brustseiten ge-
preßt. Drücken Sie die Gedächtnisstütze nicht an den Bauch, sondern
achten Sie auf Abstand vom Körper, damit Sie natürlich atmen können
und sich wohl fühlen beim Reden. Denken Sie daran, daß das Zwerchfell
Ihr wichtigster Atemmuskel ist.

So stehen Sie optimal, weil Sie
■ frei und tief atmen können, ohne daß Sie darauf achten müssen,

- die Gedächtnisstütze in der für Sie geeigneten Höhe halten und jederzeit die Stichwörter gut lesen können,
- offen sind für Körpersprache und Gestik.

Üben Sie die Freie Körperhaltung mit Gedächtnisstütze vor dem Spiegel und beobachten Sie sich mit Hilfe der Videokamera.

In meinen Kursen achte ich sorgfältig auf die Einhaltung dieser Regeln, was oft als kleinkariert empfunden wird und Widerstand hervorruft. Wenn jedoch die Basis, die Plattform für das Freie Sprechdenken nicht stimmt, geht meistens alles weitere schief.

Das Entscheidende ist, ob Sie sich beim Freien Sprechdenken wohl fühlen oder nicht. Beobachten Sie Redner, bei denen alles klappt und denen Sie gern zuhören. Sie werden feststellen, daß sie meist eine ähnliche Haltung einnehmen. Selbstverständlich können Sie den Stichwortzettel auf ein Pult legen und haben so beide Hände frei für Körpersprache und Gestik. Aber es lauern Gefahren in dieser Verfahrensweise: Das Pult verführt dazu, sich zu fixieren, sich festzuhalten, sich aufzustützen, auf einem Bein zu stehen. Oft ist das Pult zu hoch oder zu niedrig. Wenn Sie die Gedächtnisstütze in der Hand halten, dann haben Sie den optimalen Abstand zwischen Auge und Schrift.

9. Tip: Sei du selbst!

In der klassischen Rhetorik war die Frage, wie wir beim Reden Unsicherheiten verbergen, eine der wichtigsten. Ich bin der Meinung, daß dies nur faule Tricks sind, die nichts bringen, sondern nur schaden. Wann immer ich Unsicherheiten verberge, fixiere ich mich. Fixierungen engen ein, ich atme nicht richtig, ich fühle mich unbehaglich, fixiere mich noch mehr und komme dabei u. U. sogar in eine Luft-Angst-Spirale hinein. Das kostet viel Energie, die beim Freien Sprechdenken, der Verfertigung der Gedanken beim Reden, fehlt. Je weniger Energie Sie beim Freien Sprechdenken benötigen, um so besser sind Sie in Ihrer Rede.

Letztlich hilft nur folgendes: Sei Du selbst, dann bist Du gut. Menschen haben ein außerordentlich feines Gespür dafür, ob es einer ehrlich meint oder nicht. Wer vor sich selbst und vor anderen zugibt, beim Reden Angst zu haben, hat schon halb gewonnen.

BEOBACHTUNGSBOGEN

Zur Person

trifft zu:	voll und ganz	eher mehr	eher weniger	überhaupt nicht	
Freie Körperhaltung					Fixierungen
Geeigneter Redeplatz					Ungünstiger Redeplatz
Alle Leute anschauen					Über die Köpfe hinwegsehen
Mimik / Gestik					zu viel / zu wenig Mimik / Gestik
Natürlich geatmet					Nach Luft geschnappt?
Senden und Empfangen zugleich					Senden / Empfangen mißlingt
Etwas lauter					Zu laut / zu leise
Etwas artikulierter					Undeutlich / genuschelt
Angemessenes Redetempo					Zu schnell / zu langsam
Eine Rede ist keine Schreibe					Er/Sie liest ab!

Zu den vier Verständlichmachern

Einfachheit					Kompliziertheit
Gliederung / Ordnung					ohne Zusammenhang / Unordnung
Kürze / Prägnanz					Weitschweifigkeit
Zusätzliche Stimulanz					keine zusätzlichen Stimulanzen

Zur Gestaltung des Vortrages

Erholsame Pausen					Zu wenig Pausen
Am Anfang 5–10 Sek. gewartet					Zu schnell angefangen
Inhaltl. sofort zur Sache gekommen					Weitschweifig angefangen
Beifall genossen					Einfach davon gelaufen
Gedächtnisstütze gut genutzt					Gedächtnisstütze kaum genutzt
Wirkungsvoller Schlußsatz					Schlußsatz fehlt
Unsicherheiten nicht verborgen					Unsicherheiten verborgen
Sei Du selbst, dann bist Du gut					Redner/in nimmt eine Rolle an
Gesamtbewertung					

Redner/in: _____

Kritiker/in: _____

Findling

Ratschläge für einen schlechten Redner

Fang nie mit dem Anfang an, sondern immer drei Meilen vor dem Anfang! Etwa so: »Meine Damen und Herren! Bevor ich zum Thema des heutigen Abends komme, lassen Sie mich Ihnen kurz ...«

Hier hast du schon so ziemlich alles, was einen schönen Anfang ausmacht: eine steife Anrede, der Anfang vor dem Anfang, die Ankündigung, daß und was du zu sprechen beabsichtigst, und das Wörtchen kurz. So gewinnst du im Nu die Herzen und die Ohren der Zuhörer. Denn das hat der Zuhörer gern: daß er deine Rede wie ein schweres Schulpensum aufbekommt; daß du mit dem drohst, was du sagen wirst, sagst und schon gesagt hast. Immer schön umständlich.

Sprich nicht frei – das macht einen unruhigen Eindruck. Am besten ist es: du liest deine Rede ab. Das ist sicher, zuverlässig, auch freut es jedermann, wenn der lesende Redner nach jedem viertel Satz mißtrauisch hochblickt, ob auch noch alle da sind. Wenn du gar nicht hören kannst, was man dir so freundlich rät, und du willst durchaus und durchum frei sprechen ... du Laie! Du lächerlicher Cicero! Nimm dir doch ein Beispiel an unseren professionellen Rednern, an den Reichstagsabgeordneten – hast du die schon mal frei sprechen hören? Die schreiben sich sicherlich zu Hause auf, wann sie »Hört! Hört!« rufen ... ja, also wenn du denn frei sprechen mußt: Sprich, wie du schreibst. Und ich weiß, wie du schreibst.

Sprich mit langen, langen Sätzen – solchen, bei denen du, der du dich zu Hause, wo du ja die Ruhe, deren du so sehr benötigst, deiner Kinder ungeachtet, hast, vorbereitest, genau weißt, wie das Ende ist, die Nebensätze schön ineinandergeschachtelt, so daß der Hörer, ungeduldig auf seinem Sitz hin und her träumend, sich in einem Kolleg wähnend, in dem er früher so gern geschlummert hat, auf das Ende solcher Perioden wartet ... nun, ich habe dir eben ein Beispiel gegeben. So mußt du sprechen.

Fang immer bei den alten Römern an und gib stets, wovon du auch sprichst, die geschichtlichen Hintergründe der Sache an. Das ist nicht nur deutsch – das tun alle Brillenmenschen. Ich habe einmal in der Sorbonne einen chinesischen Studenten sprechen hören, der sprach glatt und gut französisch, aber er begann zu allgemeiner Freude so: »Lassen Sie mich Ihnen in aller Kürze die Entwicklungsgeschichte meiner chinesischen Heimat seit dem Jahre 2000 vor Christi Geburt ...« Er blickte ganz erstaunt auf, weil die Leute so lachten.

So mußt du das auch machen. Du hast ganz recht: man versteht es ja sonst nicht, wer kann denn das alles verstehen, ohne die geschichtlichen

Hintergründe ... sehr richtig! Die Leute sind doch nicht in deinen Vortrag gekommen, um lebendiges Leben zu hören, sondern das, was sie auch in den Büchern nachschlagen können ... sehr richtig! Immer gib ihm Historie, immer gib ihm. Kümmere dich nicht darum, ob die Wellen, die von dir ins Publikum laufen, auch zurückkommen – das sind Kinkerlitzchen. Sprich unbekümmert um die Wirkung, um die Leute, um die Luft im Saale; immer sprich, mein Guter. Gott wird es dir lohnen.

Du mußt alles in die Nebensätze legen. Sag nie: »Die Steuern sind zu hoch.« Das ist zu einfach. Sag: »Ich möchte zu dem, was ich soeben gesagt habe, noch kurz bemerken, daß mir die Steuern bei weitem ...« So heißt das. Trink den Leuten ab und zu ein Glas Wasser vor – man sieht das gern. Wenn du einen Witz machst, lach vorher, damit man weiß, wo die Pointe ist.

Eine Rede ist, wie könnte es anders sein, ein Monolog. Weil doch nur einer spricht. Du brauchst auch nach vierzehn Jahren öffentlicher Rednerei noch nicht zu wissen, daß eine Rede nicht nur ein Dialog, sondern ein Orchesterstück ist: eine stumme Masse spricht nämlich ununterbrochen mit. Und das mußt du hören. Nein, das brauchst du nicht zu hören. Sprich nur, lies nur, donnere nur, geschichtele nur. Zu dem, was ich soeben über die Technik der Rede gesagt habe, möchte ich noch kurz bemerken, daß viel Statistik eine Rede immer sehr hebt. Das beruhigt ungemein, und da jeder imstande ist, zehn verschiedene Zahlen mühelos zu behalten, so macht das viel Spaß. Kündige den Schluß deiner Rede lange vorher an, damit die Hörer vor Freude nicht einen Schlaganfall bekommen. ... Kündige den Schluß an, und beginne dann deine Rede von vorn und rede noch eine halbe Stunde. Dies kann man mehrere Male wiederholen. Du mußt dir nicht nur eine Disposition machen, du mußt sie den Leuten auch vortragen – das würzt die Rede. Sprich nie unter anderthalb Stunden, sonst lohnt es gar nicht erst anzufangen. Wenn einer spricht, müssen die anderen zuhören – das ist deine Gelegenheit! Mißbrauche sie.

Ratschläge für einen guten Redner

Hauptsätze, Hauptsätze, Hauptsätze.

Klare Disposition im Kopf – möglichst wenig auf dem Papier. Tatsachen, oder Appell an das Gefühl. Schleuder oder Harfe. Ein Redner sei kein Lexikon. Das haben die Leute zu Hause. Der Ton einer einzelnen Sprechstimme ermüdet; sprich nie länger als vierzig Minuten. Suche keine Effekte zu erzielen, die nicht in deinem Wesen liegen. Ein Podium ist eine unbarmherzige Sache – da steht der Mensch nackter als im Sonnenbad. Merke Otto Brahms Spruch: Wat jestrichen ist, kann nich durchfalln.

Kurt Tucholsky

Ich habe keine Angst, eine Rede zu halten.
Nur dabei sein möchte ich nicht so gern.
frei nach Woody Allen

Die Gefühlsebene: Redeängste

Wir wollen es nicht wahr haben, aber wie der Tod ist auch Angst ein fester Bestandteil unseres Lebens. Je hartnäckiger ich diese Tatsache leugne, desto größer werden meine Ängste. Angst haben können wir vor nahezu allem. Angst vor einem Krieg, aber auch vor einer Spinne. Wir haben Angst, allein zu sein, und Angst vor Beziehungen. Wir haben Angst, nicht liebenswert zu sein, nicht gebraucht zu werden, verlassen zu werden. Wir wünschen uns nichts sehnlicher als Zärtlichkeit und Nähe, haben aber gleichzeitig Angst davor.

Angst haben wir keineswegs nur vor schrecklichen Dingen, sondern es gibt auch Glücksangst.[47] Glücksangst ist eine bedrohliche Gemengelage aus Schuldgefühlen, daß es einem so gut geht, aus Angst vor dem Neid der anderen; aus dem Wissen, daß das Schicksal kein Gleichmaß kennt, aus der Ungewißheit, ob das Glück wirklich Glück ist, und aus der Angst vor der Intensität des Empfindens, direkt und einfach glücklich zu sein. Viele Menschen werden durch Ängste behindert, sich als einzigartige Persönlichkeit zu erleben. Sie haben Angst, sie selbst zu sein, und aus diesem Grund können sie sich nicht weiter entwickeln.

Es gibt sogar erstaunlicherweise viele Menschen, die Angst vor Erfolg haben. Ein großer Lottogewinn ist eine sogenannte positive Katastrophe, die Angst auslöst und genauso viel Energie zur Bewältigung abverlangt wie ein schwerer Schicksalsschlag. Nach einer Untersuchung sollen 90 Prozent nach 5 Jahren wieder auf dem gleichen finanziellen Niveau leben wie vor dem Gewinn.

Die Angst, öffentlich reden zu müssen, rangiert nach einer amerikanischen Studie mit 41 Prozent vor angstauslösenden Situationen wie große Höhen zu bezwingen, Krankheiten oder Geldsorgen. Die Soziophobie, die Angst, plötzlich im Mittelpunkt zu stehen, ist eine der weitverbreitetsten Phobien. Angst entsteht in Sprechsituationen aus folgendem Konflikt: Es ist das erregte Körpergefühl einerseits, sowie das besorgte Ansichhalten, die Besorgnis um die »gute Figur« andererseits. Dieser Konflikt existiert in allen Sprechsituationen.

Aus anatomischer und physiologischer Sicht entsteht Angst (von lat. »angustia«, Enge) bei der unwillkürlichen Zusammenziehung der Brust. Sie entsteht in allen Situationen, in denen dem Organismus zu wenig Sauerstoff zugeführt wird. Diese Erkenntnis finden wir auch in unserer Sprache wieder: Ich habe einen Frosch im Hals, Angst schnürt uns die Kehle zu, wir halten den Atem an, mir sitzt die Angst im Nacken.

Trotz langjähriger Praxis habe auch ich stets Redeängste. Kurz vor einem wichtigen Referat bin ich für meine nächste Umgebung schlicht ein Ekel. Die Redeangst ist da, ob ich will oder nicht. Je hartnäckiger ich sie leugne, umso größer wird sie. Ich versuche deshalb, sie in Ruhe zu betrachten. Die erste Voraussetzung dafür ist, das Dagegenkämpfen aufzugeben, denn Angst macht halsstarrig und schränkt unsere Wahlmöglichkeiten ein. Wir wählen nicht, der Situation angemessen, eine erfolgversprechende Strategie aus unserem Verhaltensrepertoire aus, sondern praktizieren unter Angstdruck meist das, was wir schon immer gemacht haben. Angst kann uns so in Panik versetzen, daß wir alles vergessen, was wir bislang gelernt und an kommunikativen Fähigkeiten hinzu- und zurückerworben haben. Wenn die gefürchtete Denkblockade einsetzt, stehen uns Handlungsalternativen nicht mehr zur Verfügung. Aus diesem Angstknoten, aus diesem Angsteisblock, müssen wir heraus.

Die Angst, sich bloßzustellen, resultiert aus drei Bewertungsinstanzen[48]: Publikum (Freunde, Vorgesetzte), frühere Bezugspersonen, ich selbst.

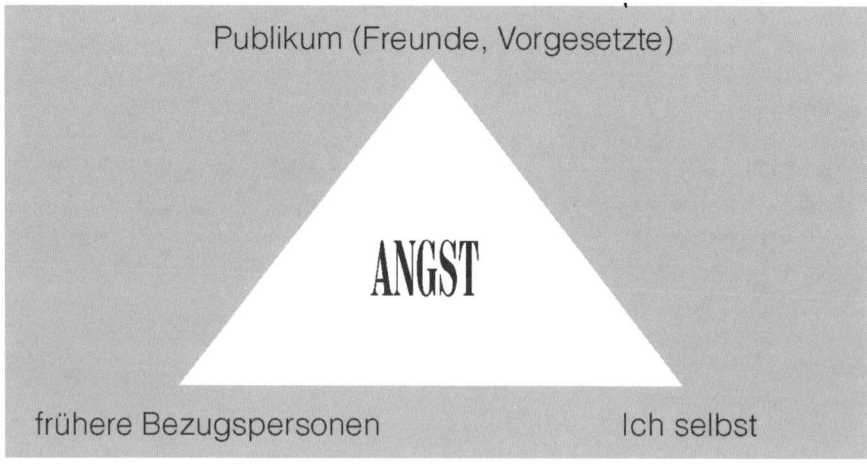

Die Spannung ergibt sich aus der Bewertung von außen, aus der Vermittlung früherer Bewertungen und der Selbsteinschätzung.

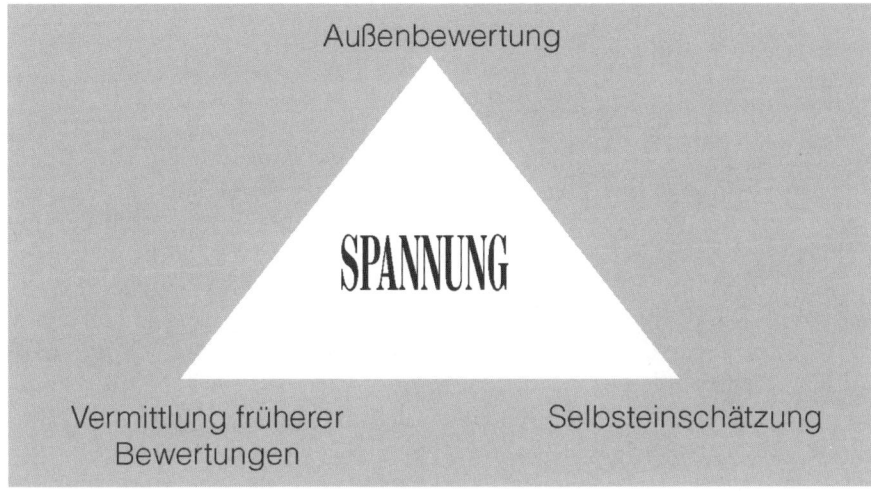

Positive und kreative Energie, die wir bei einem guten Gespräch verspüren, lassen sich auch in schwierigen Sprechsituationen mobilisieren. Wir können Angst in Spannung verwandeln und uns mit Hilfe dieser Energie besser auf den Kommunikationsvorgang konzentrieren.

Biologische Angst

Was in einer solchen Redesituation in uns vorgeht, obwohl es sich um eine harmlose, sehr menschliche Begebenheit handelt, ist in unserem Bewußtsein tatsächlich ein Ernstfall. Dieser Ernstfall löst einen Verteidigungsmechanismus aus, der in Sekundenschnelle alle Energiereserven für eine extreme Muskelleistung mobilisiert. Er dient zur blitzschnellen Vorbereitung auf Angriff oder Flucht. Die geistige Leistungsbereitschaft bewegt sich in diesem Zustand gegen Null.

Auslöser sind Alarmsignale aus der Umwelt: Eine rasche Bewegung, ein Schritt, ein ungewöhnliches Geräusch, der plötzliche Anblick eines Feindes, in Redesituationen die »feindliche Menge« im Saal, oder nur ein plötzlich auftauchender unsympathischer Typ, von dem wir schon immer gewußt haben, daß er uns nichts Gutes will.

Frederic Vester beschreibt diesen Vorgang eindrucksvoll in seinem Buch »Phänomen Streß«:

»Sehen wir uns diesen vorgeschichtlichen Menschen und seinen Streßmechanismus in der freien Wildbahn einmal näher an. Versuchen wir uns vorzustellen, wie er vor zehntausend, ja schon vor hunderttausend Jahren vor seiner Feuerstelle liegt, sich von der Jagd ausruht. Plötzlich hört er ein Knacken, spürt er den Schatten eines sich nähernden Raubtieres. Ohne zu denken, reagiert jetzt sein Körper automatisch mit einer momentanen Energiemobilisierung. Denn jedes Denken, jede Überlegung wäre Zeitvergeudung: Eine Erklärung für die mit Streß gekoppelten Denkblockaden. Der Wahrnehmungsimpuls läuft dafür in seinem Gehirn sofort in eine Region des Zwischenhirns, wo er Angst signalisiert. Von dort geht die Erregung weiter an den Sympathikus-Nerv und aktiviert schlagartig die Nebenniere. Das Nebennierenmark schüttet daraufhin über den Kreislauf die Hormone Adrenalin und Noradrenalin aus. Reflexartig ist er aufgesprungen, den Speer in der Hand. Die Hormone haben seinen Herzschlag beschleunigt, den Blutdruck erhöht, den Kreislauf schlagartig verändert. Zucker und Fettreserven werden angezapft, gehen an seine Muskeln, wo sie wie eine Traubenzuckerspritze wirken und sozusagen Vollgas geben. Schon prescht er – durch die Streßreaktion blitzartig auf Hochleistung gebracht – im Sprint durch den Busch. Über die Hirnanhangdrüse, die Hypophyse, und den von ihr ausgeschütteten Botenstoff ACTH ist inzwischen ein weiteres Hormon aus der Nebenniere abgerufen worden: Hydrocortison. Verdauungsprozesse, wie auch Sexualfunktionen werden jetzt ausgeschaltet, so daß alle Energie ungeteilt auf die Begegnung mit der Gefahr gerichtet werden kann. Rote Blutzellen überschwemmen die Arterien, um den Körper zu mehr Sauerstoff zu verhelfen und besser Kohlendioxyd auszustoßen. Die Blutgerinnungsfaktoren sind schlagartig angestiegen, damit sich bei eventuellen Verletzungen Wunden rascher schließen.

So präpariert, kann er nun ohne Schwierigkeiten fliehen, seine Beute jagen und ergreifen oder in Sekundenschnelle in seiner Höhle verschwinden. Das Ganze wurde somit zu einem lebensrettenden Programm für alle höheren Lebewesen in freier Wildbahn: In vielen Fällen auch heute noch für jeden von uns. Z.B. wenn uns ein blitzartiger Hechtsprung, zu dem wir normalerweise nie die Kräfte hätten, uns vor einem überraschend heranbrausenden Zug rettet.«

Mit dieser, vereinfachend gesagt, biologischen Angst, haben wir in allen Redesituationen zu tun, wenn auch nicht mit ihr allein. Was früher ein überlebensnotwendiger Vorgang war, ist heute in den meisten Situationen ein Nachteil, denn diese biologische Reaktion ist größtenteils sinnlos geworden, weil Sprechsituationen nicht mit Flüchten oder Stand-halten zu bewältigen sind. Gefahrensituationen beziehen sich in der Re-gel in der heutigen Zeit nicht mehr auf körperliche Unversehrtheit.

Wer keine Angst hat, lebt nicht. Angst warnt uns vor Gefahren, z. B. auch davor, unvorbereitet eine größere Rede zu halten. Ohne Ängste le-ben wäre lebensgefährlich.

Ich möchte auf einen typischen Anfängerfehler hinweisen: Auf einer großen Bürgerversammlung meldet sich Herr H., nachdem er sich dazu durchgerungen hat, zu Wort. Er steht an siebter Stelle der Rednerliste. Als die sechste Rednerin aufgerufen wird, geht er nicht etwa langsam nach vorn, sondern bleibt so lange in seiner Clique in der äußersten Ecke sitzen, wie nur irgend möglich. Als sein Name aufgerufen wird, bewegt er sich zögernd nach vorn, und die Versammlungsteilnehmer ermuntern ihn mit Zurufen wie »Etwas schneller, bitte«.

Der Versammlungsleiter bittet Rednerin Nummer 8 schon nach vorn, so daß Herr H., noch nervöser geworden, im Laufschritt ans Red-nerpult stürzt. Bereits außer Atem, blickt er ins Publikum und sieht sich einer »feindlichen Menge« gegenüber. Alle Augen scheinen auf ihn zu starren, so daß er am liebsten davonrennen möchte. Gleichzeitig spürt er die urplötzliche Leere im Kopf. Das Reptilienhirn ringt mit der Groß-hirnrinde, siegt, und der Körper kehrt zu archaischen Verhaltensweisen zurück. Die gefürchtete Denkblockade setzt ein. Die Angst wird größer, der durch das Laufen zum Rednerpult ohnehin schon knappe Atem wird noch knapper, und Herr H. gerät dadurch in eine Angst-Luft-Spirale. Er hat Angst und atmet deshalb falsch. Die Angst erfaßt den ganzen Körper und bewirkt schnellen Puls, Herzflattern, größere Muskelanspannung und höheren Blutdruck.

Jeder innere Zustand geht mit einer äußeren körperlichen Verän-derung einher. Herr H. fixiert sich, er hält sich am Pult fest, steht, weil er beim Reden nicht hin- und herwackeln will, auf einem Bein, bekommt dadurch weiche Knie und atmet wiederum nicht richtig. Dieser Zustand verschlimmert sich in wechselseitiger Verstärkung von Sekunde zu Se-kunde. Die Fixierung von Herrn H. bewirkt Verspannungen, die die Re-deangst verstärken. Wie der Versuch von Herrn H. endet, können Sie sich vorstellen.

Kann Herr H. etwas gegen die biologische Angst unternehmen? Ich kenne einen kleinen Trick, den ich nach vielen Jahren Praxis immer noch mit Erfolg anwende und den ich mit einer Zeichnung verdeutlichen möchte:

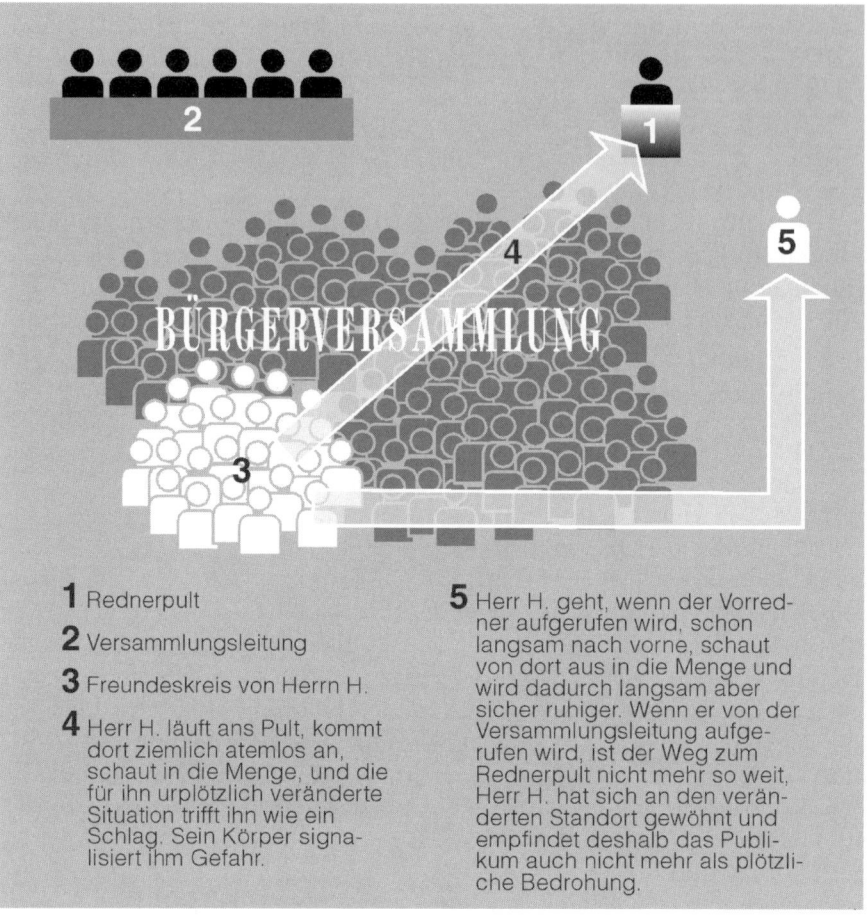

1 Rednerpult

2 Versammlungsleitung

3 Freundeskreis von Herrn H.

4 Herr H. läuft ans Pult, kommt dort ziemlich atemlos an, schaut in die Menge, und die für ihn urplötzlich veränderte Situation trifft ihn wie ein Schlag. Sein Körper signalisiert ihm Gefahr.

5 Herr H. geht, wenn der Vorredner aufgerufen wird, schon langsam nach vorne, schaut von dort aus in die Menge und wird dadurch langsam aber sicher ruhiger. Wenn er von der Versammlungsleitung aufgerufen wird, ist der Weg zum Rednerpult nicht mehr so weit, Herr H. hat sich an den veränderten Standort gewöhnt und empfindet deshalb das Publikum auch nicht mehr als plötzliche Bedrohung.

So kann Herr H. vermeiden, daß die gefürchtete Denkblockade einsetzt. Probieren Sie es auf der nächsten Versammlung aus, und zwar auch dann, wenn Sie sich nicht zu Wort gemeldet haben. Sie werden sehen, es funktioniert. Sie werden erfahren, daß Redeängste und Lampenfieber erfreulicherweise schnell abklingen.

Fertigen Sie ein kleines Protokoll darüber an. Beschreiben Sie, was Sie gefühlt haben. Zeichnen Sie eine Kurve über den Ablauf der Körpersignale. Wann sind Sie ruhiger geworden? Fassen Sie die Angstgefühle in Worte. Wann kommt dieses flaue Gefühl in der Magengegend? Wann kommt die Kopfleere, wann wird der Atem flacher? Reden Sie darüber, allein werden Sie die Redeangst nicht los. Es ist erstaunlich, aber wahr: Ich kann meine Redeängste abbauen, indem ich darüber rede!

Erworbene Angst

Die biologische Redeangst ist verhältnismäßig leicht abzubauen: Üben, Erfahrungen sammeln, sich immer wieder Sprechsituationen aussetzen.

Viele von uns leiden unter einer unbestimmten Angst, deren Ursprung wir nicht ausfindig machen können. Wir wissen nicht genau, wovor wir uns fürchten, doch spüren wir, daß wir Angst haben. Schon Sigmund Freud unterschied zwischen bestimmten und unbestimmten Ängsten. Die unbestimmte Angst mischt sich auf vielfältige Art und Weise mit unserer Redeangst.

Redeangst, dieses mit Beengung, Erregung, Eindämmung, Verzweiflung verknüpfte Gefühl, dessen besonderes Kennzeichen die Aufhebung der willensmäßigen wie verstandesmäßigen Steuerung ist, besteht nicht nur aus biologischer Angst. Es gibt auch Angst als Eigenschaft. Eigenschaftsangst ist eine erworbene, zeitstabile Verhaltensdisposition, welche bei einem Menschen zu Erlebens- und Verhaltensweisen führt. Ich nenne sie in bezug auf freies Reden vereinfachend, im Gegensatz zur biologischen Angst, erworbene Angst. Sie verführt meist dazu, eine Vielzahl von objektiv wenig oder kaum gefährlichen Situationen als Bedrohung wahrzunehmen, obwohl eine Bedrohung gar nicht besteht.

Natürlich gibt es auch gesellschaftlich verursachte Ängste. Es ist ein Irrglaube, so zu tun, als gäbe es keine Verbindung zwischen privaten Ängsten und der Welt. Es gibt ein unauflösliches Wechselverhältnis zwischen äußerer und innerer Angst. Darauf weist besonders Dieter Duhm[49] hin: »Die Polarität KÖNNEN – NICHT KÖNNEN wird zum vorrangigen Urteilsschema in fast allen Lebensfragen, das Leben zu einem Ablauf von angsterregenden Bewährungssituationen ... damit vertieft das Leistungs- (und Konkurrenz-) Prinzip die Kluft zwischen den Menschen, verfeindet sie gegenseitig und legt auch in die besten Beziehungen einen Bodensatz von Neid und Mißgunst.«

Die Angst vor Autoritäten kommt nicht von ungefähr. Diese berechtigte und notwendige Angst wird leider oft generalisiert und auf Lebenssituationen übertragen, die keinen Wettbewerbscharakter haben, und Angst wird dadurch zum ständigen Lebensbegleiter. Redeangst zu haben, wenn es um eine Festanstellung geht, ist verständlich und real, auf Großmutters achtzigstem Geburtstag, auf dem ich um eine kleine Rede gebeten werde, ist sie unangemessen.

90 Prozent aller Redeängste halte ich für ein innerorganisches Erleben ohne direkten Bezug auf äußere Objekte. Ich möchte gesellschaftlich verursachte Ängste keinesfalls leugnen, sondern auf folgende Tatsache

aufmerksam machen: Es ist ein Fehler, alles auf gesellschaftliche Verhältnisse zurückzuführen. Jedes Individuum hat ein autonomes Potential zur Selbstorganisation. Veränderungen sind möglich, auch wenn die Rahmenbedingungen noch so ungünstig sind. Veränderungen im Kleinen wie im Großen bedingen sich wechselseitig. Um voranzukommen, müssen kleine Schritte auf beiden Ebenen unternommen werden.

Redeangst hat viel mit Selbstwertgefühl zu tun und bezieht sich auf die Trias: Wert, Macht und Versagen, also auf verletzliche und empfindliche Aspekte unseres Selbst. Woher leite ich z. B. meine Berechtigung ab, mich in einer größeren Gruppe zu Wort zu melden? Wenn ich in einer Gruppe anderen sorgfältig und einfühlsam zugehört habe, habe ich den Anspruch erworben, daß mir in gleicher Weise Aufmerksamkeit geschenkt wird. »Nehmen ist seliger denn geben«, schreibt die behinderte Schriftstellerin Luise Habel. »Ich begriff erst nach und nach, daß ich lernen mußte zu nehmen, um wieder geben zu können. Meine Schwierigkeit bestand darin, daß ich mich nicht dazu berechtigt fühlte ...«

Es geht um folgende Fragen: Kann ich mich selbst annehmen? Fühle ich mich berechtigt? Bin ich mutig genug, so zu sein, wie ich wirklich bin, und habe ich den Mut, das anderen zu zeigen? Das hängt damit zusammen, ob ich folgende Tatsache akzeptiere: Ich weiß, daß es nicht nur Schätze in mir zu heben gibt, sondern auch Anteile, die ich nicht mag.

Es gibt also nicht eine Ursache für Redeängste, sondern wir müssen uns mit einem ganzen Ursachenbündel auseinandersetzen. Redeängste sind eine Mischung aus biologischer und erworbener, bewußter und unbewußter Angst, wobei sich die unterschiedlichen Angstformen wechselseitig verstärken. Sind die daraus resultierenden Denkblockaden unvermeidlich? Oder ist es vielleicht sogar möglich, Energien daraus zu schöpfen, so daß wir als Rednerinnen und Redner in Streßsituationen sogar mehr und nicht etwa weniger leisten?

Erst einmal sollte die einfachste Erklärung für Redeängste herangezogen werden: Meine Redeangst ist eine völlig normale, alters-, berufs-, ausbildungs- und entwicklungsgemäße Angst. Angst ist ein ganz einfacher psychosomatischer Vorgang. Sie ist das Erlebnis der Atemnot bei jeder blockierten Erregung. Es ist das Gefühl, mehr Luft in die Lunge bekommen zu wollen, die von Muskelkontraktionen des Brustkorbs eingeengt wird.[50] Redeängste erzeugen in der Tat ein scheußliches Gefühl, aber ich werde sie durchstehen. Dann wirken sie stimulierend. Es ist nicht »die« Redeangst, die von außen auf mich herabfällt, es ist meine Angst. Ich akzeptiere, daß ihre Bewältigung für meine Fortentwicklung von Wichtigkeit ist. Ich verdränge sie nicht, sondern setze mich mit ihr auseinander.

Angst ist tatsächlich, wenn sie nicht gewisse Grenzen überschreitet, eine nützliche Regung, die erhöhte Sensibilität produzieren kann, die ich beim Freien Sprechdenken für den Sende/Empfangsvorgang benötige.

Sich in einer Versammlung zu Wort zu melden geht einher mit Angst. Ich spüre Ängste, aber ich traue mich. Es ist wie der Sprung von einem Fünfmeterbrett. Nach einer Phase der Überwindung springe ich und plötzlich weiß ich, daß ich es kann. Das sprengt die Mauern, die mein Verstand vor mir aufbaut: Du kannst nicht! Du darfst nicht! Jetzt weiß ich, ich kann, wenn ich mich nur traue.

Die Verwandlung von Angst in schöpferische Unruhe

Alle Menschen haben Redeängste. Trotzdem versuchen wir, sie zu verbergen. Einige können es gut, die meisten weniger gut. Manche Redner erwecken den Eindruck, als ob sie sich überhaupt nicht fürchten, aber das täuscht. Sie haben – meist unter großen Mühen – trainiert, standhaft zu bleiben, auch dann, wenn ihnen die Knie zittern. Möglicherweise spürt der Betreffende die Redeangst selbst nicht, weil er sie verdrängt. Sie sind jedoch für jeden, der Auge oder Ohr dafür hat, durch Tonfall, Atembeschwerden und Unruhe leicht erkennbar.

In den Seminaren habe ich Teilnehmer kennengelernt, die von sich behaupten, nie Redeängste zu spüren. Ich fürchte, sie haben keinen Zugang zu ihren eigenen Gefühlen. Ohne diesen finden sie aber auch keinen Zugang zu der Gefühlswelt ihres Gesprächpartners.

Nutzen Sie die Chance, Angst nicht als äußeren Feind, sondern als Freund zu betrachten, als lebensnotwendiges Signal in gefährlichen Sprechsituationen. Die »Angst als Freund« zeigt Ihnen, wo es ratsam ist, vorsichtig zu sein, hilft Ihnen, Situationen zu erkennen, wo Sie sich schützen müssen. Eine realistische Einschätzung der Sprechsituation gelingt uns selten. Vielmehr neigen wir zu dramatischen Übertreibungen und Verzerrungen. Eine realistische Einschätzung der Redesituation wird nämlich behindert durch die Vorwegnahme einer negativen Beurteilung durch den Mitmenschen. Wir unterstellen den Zuhörern Erwartungen, die ausschließlich unseren Gedanken entspringen. Wir sehen Richter, Staatsanwälte, Zensoren, wo in Wirklichkeit bescheidene Menschen sitzen, die hoffen, daß wir es ihnen nicht allzu schwer machen.

Aus der Psychologie wissen wir, was dabei in uns vorgeht: Wir phantasieren unsere Erwartungen nach außen, diese schlagen als verselbständigte Macht auf uns zurück und steigern zusätzlich unsere eigenen unrealistischen Erwartungen. Dadurch bilden wir uns ein, noch perfektionistischer, noch strenger mit uns sein zu müssen, und unser eigener Anspruch verzerrt sich dramatisch. Jeder Stolperer, jede falsche Betonung, selbst ein Versprecher, den kaum einer bemerkt, erscheint als Katastrophe. Niemand beurteilt Sie beim Reden so streng wie Sie sich selbst!

Mögen Sie Ihr Publikum eigentlich gern? Wir brauchen vor Menschen, die nichts weiter tun, als uns zuzuhören, keine Angst zu haben. Das »Ungeheuer Masse« existiert nur in unserer Phantasie. Achten Sie darauf, daß Sie sich aus dieser Phantasie nicht Ihren eigenen Käfig bauen. Erst einmal ist das Publikum den Referentinnen und Referenten freundlich gesinnt. Ich glaube sogar, daß ein Großteil des Publikums mit uns zittert, damit wir gut über die Runden kommen. Es war für mich eine große Erleichterung, als ich eines Tages erkannte, daß andere Menschen meine Ängste nicht nur verstehen, sondern daß sie auch bereit sind, sie mit mir zu teilen, wenn ich sie zeige.

Sie können etwas gegen erworbene Ängste unternehmen. Denn was Sie erworben haben, können Sie auch wieder los werden. Voraussetzung dafür ist, Redeangst als einen notwendigen Teil des Lebens anzuerkennen und auszuhalten. Wenn ich meine Ängste verringern will, muß ich sie durchleben und durchfühlen und das Entstehen und die Entwicklung dieses Gefühls verfolgen. Ich muß lernen, damit umzugehen. Wenn wir vor der Angst fliehen, verleihen wir ihr erst so richtig Kraft. Wenn ich mich nicht traue, Angst zuzugeben, vor anderen und vor mir selbst, produziere ich eine weitere Angst: Die Angst vor der Angst! Diese zweite Angst ist die Angst vor der Redeangst, vor dem Zittern, Schwitzen oder der Gedächtnislücke. Viele Menschen sind deshalb Opfer ihrer Redeängste, weil sie sie leugnen und verdrängen. Sie verhalten sich wie Kinder, die hoffen, beim Versteckspielen nicht entdeckt zu werden, wenn sie ihre Augen schließen.

Die Angst zulassen und damit umgehen lernen, dazu gibt es aus meiner Sicht keine Alternative. Erst wenn ich loslasse und einsehe, daß ich gegenüber meinen Redeängsten machtlos bin, lerne ich, mit ihnen umzugehen. Das Paradoxe liegt darin, daß erst aus dieser Einsicht die Stärke erwächst, die uns in die Lage versetzt, mit der Redeangst als etwas Natürliches umzugehen und ihre positiven Seiten zu erkennen. Redeängste sind ambivalent: Sie wirken nicht nur beengend, sondern auch sensibilisierend und mobilisierend. Sie sind hilfreich. Mit der Angst umgehen lernen bedeutet, den Erregungszustand nicht nur als unangenehme, sondern auch als lustvolle Komponente zu erleben. Dann werden Redeängste zu einem positiven Stimulans, das zu stärkerer Konzentration, zu erhöhter Wachsamkeit, zu Schlagfertigkeit und insgesamt zu Leistungssteigerungen führt. Redeängste sind eine gesunde Reaktion des Körpers, die uns Fähigkeiten signalisieren. Redeängste zeigen an, daß die bevorstehende Rede ein Risiko enthält. Das versetzt den Körper in eine innere Anspannung, die Denkprozesse mobilisiert, und wir sind in der Lage, rasch und schnell auf plötzliche Veränderungen zu reagieren. Wenn Sie lernen, in Sprechsituationen mit Ihrer Redeangst umzugehen, fällt es Ihnen auch in anderen Bereichen leichter, mit Ihrer Angst zu leben. Die Bewältigung von belasteten Situationen trägt zu unserer Fortentwicklung bei. Glück und Zufriedenheit erwächst aus der Tatsache, mit Schwierigkeiten zurechtzukommen.

Tips für den Umgang mit Redeängsten

Werden Sie in bezug auf Redeängste Teil der Lösung und keinesfalls Teil des Problems. Das Entscheidende ist, daß Sie etwas tun. Unser Ziel ist klar. Redeängste sollen keine Denkblockade verursachen, sondern sensibilisierend und mobilisierend wirken.

Probieren Sie die Tips aus, die Ihnen einleuchten oder sympathisch erscheinen. Wenn ein Tip nicht funktioniert, probieren Sie einen anderen. Denken Sie immer an unsere Regel: Wir gehen grundsätzlich von der einfachsten Lösung aus. Die einfachste Lösung in bezug auf Redeängste heißt immer: Sie haben zu wenig geübt, Sie haben zu wenig Erfahrung.

1. Erproben Sie sich jeden Tag in einer Redesituation, auch wenn sie noch so unbedeutend ist. Steigern Sie sich allmählich.
2. Hören Sie auf, gegen die Redeangst zu kämpfen, und Sie haben schon halb gewonnen. Denken Sie immer daran, jeder gute Schauspieler hat auch Lampenfieber.
3. Es ist heilsam, mit anderen Menschen darüber zu sprechen. Angst kann in Gesprächen aufgelöst werden. Allein werden Sie Ihre Redeangst nicht los.
4. Fangen Sie ruhig mit einer Selbstoffenbarung an: »Ich rede zum ersten Mal vor einem so großen Publikum ...« Wenn Sie keine Masche daraus machen, funktioniert es.
5. Bedenken Sie, daß Ihr Gegenüber keine Wunder erwartet. Nur Sie selbst legen so strenge Maßstäbe an!
6. Überlegen Sie, was passieren kann, und schreiben Sie diese Überlegungen auf.

7. Lernen Sie alles über Kommunikation, aber wenn Sie vor einem Auditorium sprechen, dann vergessen Sie alle Regeln und jede Technik.
8. Interpretieren Sie nicht jede andere Meinung als Angriff. Begreifen Sie die Meinung der Andersdenkenden als Bereicherung oder als Festigung des eigenen Standpunktes.
9. Nehmen Sie sich genügend Zeit, um Ihre Rede sorgfältig vorzubereiten. Schieben Sie die notwendige Arbeit nicht hinaus, denn Zeitnot verursacht Streß und blockiert Kreativität.
10. Widmen Sie der rhetorischen Aneignung der Rede ausreichend Zeit. Stellen Sie sich in Ihrer Phantasie den Veranstaltungsverlauf vor!
11. Schreiben Sie sechs verschiedene Situationen auf, wo Ihnen Redeangst hilfreiche Lektionen erteilt hat. Nehmen Sie sich Zeit zum Nachdenken und sprechen Sie mit jemandem darüber.
12. Stehen Sie mit beiden Beinen auf der Erde, damit Sie richtig atmen können. Atmen Sie gut ein und aus! Öffnen Sie beim Ausatmen den Mund. Lassen Sie den Magen nach unten sacken. Nehmen Sie bewußt wahr, wie sich die Bauchdecke hebt und senkt.
13. Tragen Sie Kleider, in denen Sie sich wohl fühlen.
14. Suchen Sie sich den günstigsten Redeplatz aus.
15. Testen Sie die Höhe des Rednerpults. Bringen Sie sich notfalls etwas zum Darunterlegen mit. Kontrollieren Sie die Beleuchtung.
16. Überprüfen Sie die Technik inklusive Mikrophon.
17. Vergessen Sie nicht Ihre gut vorbereiteten Stichwortzettel.

Stellen Sie sich aus diesen Vorschlägen eine persönliche Checkliste zusammen, die Sie vor jeder Rede durchgehen, denn in der »Gefahrensituation« denken Sie nicht daran. Unternehmen Sie alles, was Sie sicherer macht. Probieren Sie die Regeln aus und verändern Sie sie so lange, bis sie Ihnen helfen. Freies Sprechen ist etwas Individuelles. Deshalb können nur Sie selbst herausfinden, was Sie beim Freien Sprechdenken sicherer macht.

Übungen

Atmen sie so hoch und flach, wie Sie können, als ob Sie auf der Flucht wären. Hecheln Sie! Das gleiche geschieht in einer Rede-Streßsituation. Dem Gehirn wird Sauerstoff entzogen, das »Überlebensprogramm« eingeschaltet, geistige Tätigkeiten werden eingestellt. Sie spüren diese seltsame Leere im Kopf. Führen Sie diesen Zustand künstlich herbei und achten Sie dabei auf Ihre Körpersignale.

Atmen Sie tief ein und anschließend tief aus. Brust und Bauch sollten Sie gleichmäßig heben. Legen Sie die Hände abwechselnd auf Brust und Bauch und fühlen Sie der Atmung nach. Welcher Zustand stellt sich jetzt in Ihrem Körper ein? Benennen Sie diesen Zustand!

Versuchen Sie, beide Zustände nacheinander herbeizuführen und versuchen Sie, so schnell wie möglich von einem Zustand in den anderen zu kommen.

Findling

Ratschläge, die in die Irre führen

Es wird empfohlen, gute Freunde im Publikum ausfindig zu machen, die einen ermuntern und freundlich anlächeln.
Meine Meinung: Ihre Rückmeldungen sind einseitig, eventuell sogar unehrlich. Außerdem grenzen Sie andere Zuhörerinnen und Zuhörer aus.

Es wird empfohlen, die Unsicherheit am Beginn einer Rede möglichst professionell wie ein Schauspieler zu überspielen.
Meine Meinung: Schlichter Blödsinn! Die mangelnde Sicherheit am Anfang einer Rede ist nicht nur unangenehm, sondern produziert auch die notwendige Sensibilität für das Senden und Empfangen zugleich.

Es wird empfohlen, die ersten Sätze eines Referates auszuformulieren und vorzulesen oder auswendig zu lernen.
Meine Meinung: Da Sie Ihr Referat zuhause im stillen Kämmerlein formulieren, wissen Sie nicht, wie die Stimmung im Saal ist. Das Senden und Empfangen zwischen Redner und Publikum kommt so viel schwieriger in Gang.

Es wird empfohlen, sich am Rednerpult festzuhalten.
Meine Meinung: Ein Pult ist etwas für Drückeberger und erinnert an langweilige Festreden. Stellen Sie sich lieber von Anfang an frei vor die Gruppe. Das Festhalten an irgendwelchen Gegenständen nützt Ihnen nur scheinbar.

Es wird empfohlen, gegen die allzu große Angst einen kleinen Cognac zu trinken.
Meine Meinung: Wenn überhaupt, dann hinterher!

Die Identitätsebene: Einstellungen und Glaubenssätze

Unsere Einstellungen, Grundüberzeugungen, Glaubenssätze, diese Begriffe werden hier synonym verwendet, sind starke Kräfte, die meist im Untergrund wirken und großen Einfluß auf unsere Verhaltens- und Gefühlsebene haben. Uns beeinflußt eine Vielzahl positiver, aber auch eine Vielzahl destruktiver Einstellungen. Es sind strukturierte Denkmuster, die überwiegend in der Kindheit erworben wurden und alle Gebiete unseres Lebens durchdringen. Wir können Kommunikation noch so intensiv auf der Verhaltens- und der Gefühlsebene trainieren, wenn Glaubenssätze dem entgegenwirken, wird es schwierig. Wir wissen zwar, daß der Glaube Berge versetzen kann, wir wissen aber nicht, worauf diese Wirksamkeit zurückzuführen ist.

Glaubenssätze dienen als Filter, die unsere Wahrnehmung der Realität lenken und interpretieren. Was unsere Sinnesorgane uns von der Wirklichkeit übermitteln, filtern wir durch unsere Grundüberzeugungen. Wir betrachten das Leben durch eine innere Brille, die uns hindert, bestimmte Dinge wahrzunehmen. Diese Filter sind auf der Identitätsebene fest verankert und für Veränderungen schwer zugänglich.

Auch Glaubenssätze, die andere über uns haben, beeinflussen uns.

Wie kommen Glaubenssätze zustande? Wie entwickeln sie sich? Wodurch verfestigen sie sich? Wir wissen es nicht genau. Etliche Grundüberzeugungen haben wir zu einem Zeitpunkt übernommen, zu dem uns die Wirkung noch gar nicht bewußt sein konnte. Wir hatten kaum eine Chance, uns dagegen zu wehren.

Im Laufe der Jahre übernehmen wir Glaubenssätze von Eltern und Nachbarn, Lehrern, Medien und unserem sozialen Umfeld. Sie lassen sich einteilen in innere Einstellungen, die uns als Ressourcen dienen: »Ich bin zwar schon älter, aber ich kann noch wachsen«, »Nicht nur die Jungen können reden lernen, ich kann das auch noch« und in Einstellungen, die unsere Ressourcen begrenzen: »Ich bin zu alt, was Hänschen nicht lernt, lernt Hans nimmer mehr«, »Das ist nur etwas für die Jungen.«

Wenn z. B. unser Herr H. nicht daran glaubt, daß er eine Rede halten kann, dann wird er es nicht schaffen. Er kann sich nicht entwickeln, weil er es nicht ausprobiert; für ihn wird nicht erfahrbar, daß es gut funktioniert, wenn er sich nur traut. Herr H. wird auch nicht die Erfahrung machen, wie gut es ihm tut, wenn er sich einmischt. Ihn beherrschen Denk- und Vorstellungsgewohnheiten, die seine Phantasie und Kreativität blockieren. Stillstand bedeutet Rückschritt und ist eine wichtige Lernerfahrung für die kommunikative Entwicklung.

Einige typische Glaubenssätze in bezug auf das Freie Sprechdenken, die unsere Ressourcen begrenzen und unser kommunikatives Wachstum blockieren, lauten:

- Das ist nichts für mich, ich bin ein einfacher Mensch.
- Ich kann mich nicht so ausdrücken wie ein Akademiker.
- In meinem Alter geht nichts mehr, ich hätte früher anfangen sollen.
- Bei mir geht es doch immer schief.
- Ändern kann man durch Reden sowieso nichts.
- Ausgerechnet bei mir hören die nicht zu.
- Ausgerechnet bei mir ist einer im Publikum, der mich nicht mag.

Ob uns in der Kommunikation etwas gelingt, hängt nicht in erster Linie von unserer Technik, sondern von unseren Grundüberzeugungen ab, denn das, was ich durchsetzen kann, ist immer davon abhängig, was ich mir zutraue. Unser Bild von uns selbst und unsere Vorstellung darüber, was in der Gesellschaft möglich ist, sind Kriterien, die in erheblichem Maße auf unsere Kommunikationsfähigkeit einwirken.

Wenn Grundüberzeugungen eine so große Macht über uns haben und rationaler Argumentation nicht zugänglich sind, stellt sich im Kommunikationstraining die Frage: »Wie kommen wir an sie heran? Können wir sie kontrollieren? Können wir sie verändern, und wenn ja, wie? Lassen sich Glaubenssätze, die uns massiv einschränken, so umstrukturieren, daß sie an Kraft verlieren? Lassen sich neue Grundüberzeugungen auf der Identitätsebene entwickeln?

Glaubenssätze verändern sich nicht nach den gleichen Regeln wie Verhaltensweisen. Wenn wir uns z. B. den Glaubenssatz »Es lohnt sich nicht, Freundschaften zu schließen, man wird ja doch nur enttäuscht« anschauen, so ist sehr einfach nachzuweisen, um welch gefährliche Lebensfalle es sich bei dieser Einstellung handelt. Vom Kopf her wird es jeder sofort einsehen. Sie werden jedoch die Erfahrung machen, daß rationale Argumentation gegen Glaubenssätze vergebens ist. Glaubenssätze liegen jenseits der Ebene des logischen Argumentierens. Es gibt nur eine Möglichkeit, Glaubenssätze zu verändern: Jeder und jede muß es für sich selbst tun.

Wo liegt der Schlüssel für unsere Veränderungsarbeit? Entscheidend ist, daß ich bereit bin für Veränderungen.

Aufgrund meiner persönlichen Erfahrung steht dieses »Bereit sein« in engem Zusammenhang mit Zäsuren, Einschnitten, Erschütterungen, Bruchstellen im Leben, die eine Kapitulation vor alten Verhaltensweisen herbeiführen und die Bereitschaft fördern, neue Verhaltensweisen anzunehmen.

Ich hatte in all den Jahren drei Teilnehmerinnen, die ein außerordentlich hohes Maß an Bereitschaft mitbrachten, das Neue vorbehaltlos anzunehmen. Dieses Bereitsein war keineswegs ein Ergebnis meiner Trainerleistung, sondern ist in einem längeren Prozeß gewachsen. Meine Leistung bestand bestenfalls darin, erkannt zu haben, an welcher Stelle ich sie »antippen« mußte. Aber herbeiführen, wie viele Trainer versprechen, kann ich ein solches Bereitsein nicht. Solche Entwicklungssprünge kann ich bestenfalls hilfreich begleiten. Das Bereit-Sein steht zweifelsohne in Zusammenhang mit Lebensbrüchen. Aber Zäsuren stehen nicht am Anfang dieser Entwicklung, sondern am Ende. Sie sind auslösendes Moment für den Veränderungsprozeß, nicht dessen Ursache.

Woher nehme ich die Kraft, Altes abzulegen und Neues anzunehmen? Es beruht auf einem Paradoxon, der Einsicht in meine Machtlosigkeit gegenüber alten Verhaltensweisen, die ungeahnte Kräfte in mir freisetzt. Mit Hilfe dieser Energien kann ich das Alte ablegen und das Neue vorbehaltlos annehmen. Wenn ich die Erfahrung mache, daß es mit dem Neuen besser gelingt, festigt sich das Neue dauerhaft auf der Identitätsebene. Die folgenden Grundüberzeugungen haben mir geholfen, mich nicht nur in bezug auf Kommunikation, sondern auch im Leben zurechtzufinden. Sie dienen mir als Ressourcen, die mich nicht einengen, sondern meine Handlungsspielräume erweitern.

Wenn es Ihnen gelingt, einige dieser Grundüberzeugungen und Glaubenssätze anzunehmen, wird sich, ohne daß Sie es richtig merken, Ihr Blickwinkel ändern. Sie werden die Dinge aus verschiedener Sicht betrachten und feststellen, daß Sie anders fühlen und denken. Auf jeden Fall werden Sie zuversichtlicher in Gesprächssituationen hineingehen.

Bereit sein

Die Bereitschaft, sich auf Neues einzulassen, ist die wichtigste Voraussetzung für Kommunikationstraining. Bereit sein beinhaltet die Fähigkeit, Altbewährtes loszulassen, verbunden mit dem Bedürfnis, nach neuen Formen und Inhalten zu suchen. Es ist ein Aufgeben der Abwehr, ich trenne mich von inneren Blockaden und Schranken.

Warum fällt uns dieses »Bereit sein« so schwer? Das Altbewährte hat uns in der Vergangenheit in vielen Fällen geholfen. Dem Neuen jedoch sind diese Verhaltensweisen im Wege. Ich bin bereit, sie loszulassen. Loslassen bedeutet, weniger verhaftet zu sein und die Realitäten zu akzeptieren. Ich überwinde alte Kommunikationsgewohnheiten, indem ich neue hinzufüge. In meinen Kursen sind es oft die Stillen, die sich schwer getan haben, bei denen ich langfristig Erfolge feststelle. Ihre Bereitschaft, neue Kommunikationsregeln anzunehmen, sie auszuprobieren und darauf zu vertrauen, daß sie hilfreich sind, zahlt sich aus. Den Begabten fällt es oft schwerer, Regeln zu akzeptieren.

Nehmen Sie sich die Zeit, über folgende Fragen nachzudenken: Möchten Sie wirklich alte Kommunikationsgewohnheiten aufgeben? Wollen Sie das Risiko eingehen, Neues zu wagen, und ist es Ihr Ziel, durch ständiges Ausprobieren den Spielraum Ihrer Handlungsmöglichkeiten zu erweitern? Wenn Sie dazu bereit sind, gehen Sie schon von einer anderen Sichtweise aus. Von diesem Standpunkt aus sehen Sie sich nicht mehr ausschließlich als Opfer in Sprechsituationen. Sie werden aktiv, sie bewältigen Situationen, vor denen Sie sich bislang gedrückt haben, und machen immer wieder die Erfahrung, daß Sie Ihr Leben mitgestalten können.

Das Prinzip »als ob«

Wenn Sie den neuen Kommunikationsregeln skeptisch gegenüberstehen, tun Sie so, als ob Sie bereit wären, diese auszuprobieren. Es ist ein hilfreicher Trick.

Das »Handeln als ob« ist zwar eine positive Vortäuschung, aber es ist ein Hilfsmittel, das uns von inneren Blockaden befreien kann. Wenn Sie die Regeln nicht als tauglich empfinden, treffen Sie nach dieser Methode die bewußte Entscheidung, so zu handeln, als ob Sie von den Tips und Regeln begeistert wären. Das »Handeln als ob« kann Druck von Ihnen nehmen, und Ihre Bereitschaft zum Lernen ist wieder vorhanden. Der kleine Trick dabei: Ich strebe nach einer neuen Einstellung, nach einer neuen Haltung und erreiche sie, indem ich so tue, als ob. Dadurch können sich die neuen Verhaltensweisen festigen. Wir entscheiden uns, das alte Verhaltensmuster aufzugeben und beginnen etwas Neues.

»Handeln als ob« ist eine positive Form, Ängste, Zweifel und zu geringes Selbstvertrauen zu überwinden. Ich bin dabei keineswegs gegen mich selbst unehrlich, da ich die Methode bewußt anwende. Kommunikationstraining ist ein Bereich, in dem die Methode des »Handelns als ob« die Voraussetzung für jene Realität schafft, die ich mir wünsche.

Keine Vorbilder

Nehmen Sie sich keine Vorbilder, die Sie zu imitieren versuchen. Geben Sie sich nicht der Hoffnung hin, daß Sie Ideale mit Tricks und Techniken erreichen können. Wir können weder unsere eigene Lebensform noch unseren eigenen Kommunikationsstil durch einen anderen Menschen finden. Richten Sie sich nicht nach den Wünschen Ihrer Umwelt, die von Ihnen fordert so zu sein, wie Sie nicht sind.

Wir können zwar viel von anderen lernen, doch das Selbstbewußtsein, das ich benötige, um in einer Sprechsituation Wahlmöglichkeiten zur Verfügung zu haben, kann nur aus meinem Inneren kommen. Zu dem Merksatz »Sei du selbst, dann bist du gut« gibt es keine Alternative. Carl Rogers meint dazu: »Die Entwicklung eines Menschen vollzieht sich nicht durch das Anstreben eines Ideals, sondern in dem Bemühen, ganz und wahrhaftig der zu sein, der er in Wahrheit ist.«

Unsere Art zu kommunizieren ist der Daumenabdruck unserer Persönlichkeit. Viele kommunikative Eigenschaften, die wir bei anderen bewundern, passen nicht zu uns. Kopieren wir sie, so ist es, als ob wir versuchten, ein falsches Teil in ein Puzzle zu zwängen.

Machen Sie sich auf die Suche nach Gelegenheiten, wo Sie Ihre eigenen Fähigkeiten entdecken und entwickeln können. Suchen Sie nicht nach vollkommenen Menschen, stellen Sie niemanden auf einen Sockel. Es erspart Ihnen Enttäuschungen. Akzeptieren Sie den anderen wie er ist, anstatt ihn zu idealisieren. Indem wir auch von anderen keine Perfektion erwarten, können wir die Menschen akzeptieren, sie fördern, wo ihre Stärken liegen, und sie dort unterstützen, wo sie schwach sind.

Aus Erfahrungen lernen

Wir müssen unsere eigenen, individuellen Lernerfahrungen machen, nicht die eines anderen. Wir würden scheitern, wenn wir uns ausschließlich auf die Erfahrungen anderer verlassen. Ich fordere niemanden auf, meinen Lernerfahrungen zuzustimmen oder sie zu übernehmen. Überprüfen Sie, ob die in diesem Buch vermittelten Erfahrungen mit Ihren eigenen übereinstimmen. Vielleicht geben Ihnen meine Vorerfahrungen ein wenig Einblick in Ihr eigenes Verhalten. Die eine oder andere könnte Ihnen bei der Entdeckung der für Sie wünschenswerten Richtung der

Persönlichkeitsentwicklung behilflich sein. Es kann ein Startimpuls für Ihren ersten Schritt sein.

Persönliche Meisterschaft

Ich muß nicht der Beste sein, habe aber den Ehrgeiz, meine kommunikativen Fähigkeiten optimal zu entwickeln. Mir ist klar, daß dies ein andauernder Prozeß der Verbesserung, Bereicherung und Vergrößerung von Fähigkeiten ist. Matthias Claudius spricht davon, daß wir den Meister in uns selbst entdecken müssen. Wir sollten das anstreben, wozu wir fähig sind, indem wir versuchen, die Reichhaltigkeit unseres Potentials auszuschöpfen, um ein Höchstmaß an innerem Wachstum und persönlicher Entfaltung zu erreichen. Stärke und Unterstützung kann Ihnen die Lernselbsthilfegruppe geben. Finden Sie heraus, welcher Ihr ganz persönlicher Weg ist, und schöpfen Sie aus, was in Ihnen angelegt ist. Wir können es alle zu unserer persönlichen Meisterschaft bringen.

Ziele formulieren

Machen Sie sich eine Vorstellung von Ihren Zielen und schreiben Sie diese auf. Wir benötigen Ziele, für die wir arbeiten, denn wir brauchen etwas, was unsere Einbildungskraft fesselt und zu größeren Anstrengungen verlockt. Stellen Sie sich Ihre Ziele so präzise wie möglich vor.

Ein schönes literarisches Beispiel habe ich in dem Buch »Alice im Wunderland« von Lewis Caroll gefunden:

»Würdest du mir bitte sagen, wie ich von hier aus weitergehen soll?« »Das hängt zum größten Teil davon ab, wohin du möchtest«, sagte die Katze. »Ach wohin ist mir eigentlich gleich ...«, sagte Alice. »Dann ist es auch egal, wie du weitergehst«, sagte die Katze.

Lernbereit sein heißt, ein Ziel nicht aus den Augen zu verlieren, sich nicht ablenken zu lassen.

Achten Sie darauf, Ihre Ziele positiv zu formulieren. Sagen Sie z. B. nicht: »Ich möchte weniger Angst beim Reden haben«, sondern: »Ich möchte mich wohl fühlen beim Reden und diesen Zustand genießen.« Es ist eine spezielle Form der Selbstabwertung, an sich zu hohe Erwartungen zu stellen und, wenn diese sich nicht erfüllen – was in der Regel der Fall ist – sich in der niedrigen Selbsteinschätzung bestätigt zu fühlen. »Weiter ausschreiten zu wollen, als die Beine reichen, das ist unmöglich und wider die Natur«, schrieb Montaigne schon vor über 400 Jahren. Sollte Ihr Ziel zu hoch sein, so unterteilen Sie es in Unterziele, die Sie sich Zug um Zug erarbeiten. Der Weg der kleinen Schritte ist erfolgreicher und schneller als der Weg der Überforderung.

Lösungen suchen

Ich suche nicht nach Fehlern, sondern nach Ressourcen. Anstatt danach Ausschau zu halten, was falsch gelaufen ist, denke ich über Möglichkeiten nach, die mein Leben bereichern könnten.

Viele reden gern und lange über ihre Probleme und vermitteln sich dadurch das Gefühl, etwas Wesentliches für sich zu tun. Sie können gut über ihre Schwierigkeiten reden, aber schlecht damit fertig werden. Bestenfalls befreien sie sich kurzfristig von einer gewissen Unruhe. Da sie keine Verantwortung für ihr Handeln übernehmen, bleibt es folgenlos. Sie konzentrieren ihre Kraft nicht auf Lösungsmöglichkeiten. Durch diese Einstellung werden sie in diesem Prozeß selbst zu einem Teil des Problems, statt sich als Teil der Lösung zu begreifen. Erst wenn ich mich als Teil der Lösung betrachte, räume ich mir Veränderungschancen ein. Mein Ausgangspunkt ist die Lebenswirklichkeit, und ich konzentriere mich auf Veränderungsmöglichkeiten. Ich gehe von einer neuen Sicht der Dinge aus. Diese Überlegungen lassen keine Ausreden oder Schuldzuweisungen mehr zu.

Deshalb versuche ich stets, den Lösungsprozeß voranzutreiben, statt mich lange bei einem Problem aufzuhalten. Ich konzentriere mich auf entwicklungsbezogene Fragen: Was möchte ich gern können? Was möchten ich hinzulernen?

Im Heute leben

Es ist lohnend und notwendig, die eigene Lebensgeschichte aufzuarbeiten. Der »Urgrund«, den es zu verarbeiten gilt, liegt in unserer Kindheit.

Die alten Informationen aus der Kindheit beschränken und engen uns ein. Selbst von positiven Kindheitserfahrungen müssen wir uns trennen, wenn sie mit den heutigen Erfahrungen nicht mehr übereinstimmen. Es gilt, Ängste und andere Erfahrungen aus der Vergangenheit durch eine andere Sichtweise neu zu bewerten. Deshalb ist es wichtig, daß wir die frühen, oft unbewußt abgespeicherten Erfahrungen auf ihre Richtigkeit überprüfen.

Der lebensfrohe Mensch nimmt die Gegenwart als Bezugspunkt, nicht die Vergangenheit. Von diesem Punkt kann ich vor- und zurückblicken, wie es die Situation oder der Anlaß erfordert. Ich reduziere die Probleme auf eine überschaubare Dimension. Das Gestern ist ein abgeschlossenes Kapitel, was morgen geschieht, muß sich erst noch herausstellen. Diese Einstellung läßt Raum, die Vergangenheit aufzuarbeiten und die Zukunft zu planen. Ich lebe in meiner Gefühlswelt im Heute und weiß, daß die jetzige Stunde die wichtigste ist.

Oft drücken wir uns mit der Aussage »Ich bin in meiner frühen Kindheit so geprägt worden« vor jeglicher Eigenverantwortung. Oder wir ergötzen uns an der spiegelbildlichen Variante: Wir geben uns Tagträumen hin, wie wir die Zukunft gestalten könnten. Gegenwärtige Aktivitäten jedoch werden als lästige Pflichtübungen abgetan. Davon sollten wir uns lösen, um frei zu sein für neue, lohnendere Erfahrungen. Wir müssen aufhören, auf die guten Dinge im Leben zu hoffen, und statt dessen dafür sorgen, daß sie passieren.

Aus einer solchen Perspektive heraus entwickelt sich eine neue Grundhaltung: Es ist ein selbstbewußtes Wissen um unsere Fähigkeiten, und die alten Prägungen aus der Kindheit verlieren merklich an Kraft.

So einfach wie möglich

Statt die Dinge zu vereinfachen, neigen wir dazu, sie komplizierter zu machen, als sie in Wirklichkeit sind. Freies Sprechdenken ist weder schwierig noch kompliziert. Wir selbst sind es, die es so schwierig und kompliziert machen. Ich rate den Teilnehmerinnen und Teilnehmern bei Mißerfolgen: »Nehmen Sie die einfachste Möglichkeit an, weshalb es nicht funktioniert hat. Gehen Sie davon aus, daß Sie zu wenig Übung haben. Erst wenn wiederholtes Üben nicht hilft, sollten Sie sich nachhaltigere Gedanken darüber machen.«

Stärken ausbauen

Beim Freien Sprechdenken baue ich meine Stärken aus und konzentriere mich auf das, was ich gut kann. Meine Schwachstellen nehme ich selbstbewußt in Kauf. Ich melde mich zu Wort, wenn ich es für angebracht halte und genieße auch bereits die Augenblicke, in denen mir Freies Sprechdenken erst ansatzweise gelingt. Wenn Sie in Zweiergesprächen kommunikativ stark sind, bauen Sie diese Fähigkeit weiter aus. Wiederholen Sie, was funktioniert. Die beste Lernmethode besteht darin, erst eine Sache zu meistern und sich dann der nächsten zu widmen. Finden Sie mit Hilfe der kommunikationspsychologischen Lupe heraus, aus welchem Grund es Ihnen gut gelingt. Sprechen Sie mit anderen darüber, tauschen Sie sich aus. Überlegen Sie, warum Sie diese Fähigkeiten z. B. in einem Diskussionsbeitrag vor einer größeren Gruppe nicht zur Geltung bringen können. Versuchen Sie, Ihren Wachstumspunkt herauszufinden.

Die kleinen Erfolge sind hilfreiche Einwände gegen die stets gegenwärtige Furcht: Werde ich es wirklich schaffen? Diese Erfolge mehren Ihr Selbstvertrauen in Ihre Fähigkeiten und Möglichkeiten. Später sollten Sie sich den Bereichen zuwenden, in denen es Ihnen nicht so leicht gelingt! Wenn Sie Ihre Schwachstellen verleugnen, tauchen sie in anderer, meist schwer durchschaubarer Form wieder auf. Vielleicht können Sie herausfinden, woher diese Schwächen kommen, und können sie einordnen: Wo schaden, wo nützen sie mir?

Aus Fehlern lernen

Beim Kommunikationstraining ist es nicht nur erlaubt, sondern erwünscht, Fehler zu machen. Sie sind begrüßenswerter Bestandteil des Lernens, und jeder Fehler ist ein Meilenstein auf dem Weg zu besserer Kommunikation. Fehler im Kommunikationstraining sind willkommenes Feedback, und aus Fehlern lerne ich in der Regel mehr als aus Erfolgen. Fritz Perls meint dazu: »Freund, hab keine Angst vor Fehlern. Fehler sind keine Sünde. Fehler sind Wege, Dinge auf verschiedene Art zu tun, vielleicht kreative neue Wege.«

Die Macht der kleinen Schritte

Wenn ich an meinem kommunikativen Verhalten an einer einzigen Stelle nur ein klein wenig verändere, so kann das insgesamt schon wie bei einem Mobile große Auswirkungen haben. Ich glaube an die Macht der kleinen Schritte.

In einem Dschungel kann ich nicht geradeaus gehen. Ich muß Umwege einkalkulieren. Wenn ich alles auf einmal angehe, ist es eine Strapaze; wenn ich Schritt für Schritt voranschreite, ist es oft ein Kinderspiel. Jeder kleine Schritt schafft neue Sichtweisen. Irgendwann stellt sich die Veränderung und damit auch eine Verbesserung der kommunikativen Fähigkeiten ein. Entscheiden Sie sich für kleine Schritte auf kleine realistische Ziele hin. Auch die große Idee entwickelt sich aus vielen kleinen Einfällen, die aus den Fehlern resultieren. Erwarten Sie im Kommunikationstraining keine großen Wunder, es sind die kleinen, die Sie bereichern und Mut machen, es auch einmal anders zu probieren. Manchmal gehen wir im Leben ein paar Schritte zurück. Auch das ist notwendig, auch das gehört zum Fortschritt.

Legen Sie sich ein kleines Heft an und tragen Sie dort ihre kleinen Erfolge ein. Bitten Sie Freunde um Rückmeldungen. Freuen sie sich über Ihre Erfolge und belohnen Sie sich dafür.

Viele Wege führen nach Rom

Wenn wir etwas tun und es funktioniert nicht, so hindert es uns nicht, das gleiche noch einmal zu versuchen. Wir verhalten uns wie Butler James in »Dinner for one«, der immer wieder an derselben Stelle über den Tigerkopf stolpert (»The same procedure as every year«), statt einfach einen anderen, geeigneteren Weg zu wählen. Lernen sollten wir von Odysseus, der seine Verfolger stets durch neue Strategien narrte. Er tat genau das, was seine Feinde nicht von ihm erwarteten, und verblüffte immer wieder durch neue, den Gegner überraschende Einfälle. Selten kommen wir auf die Idee, es anders als bisher zu versuchen. Entscheidend ist, welche Wege hilfreich für Sie sind: Was wirkt, was funktioniert? Womit gelingt es Ihnen, Ihre kommunikativen Fähigkeiten zu verbessern? Es geht nicht um richtig oder falsch, sondern um wirksam oder unwirksam.

Geduld

Lassen Sie sich Zeit, haben Sie Geduld. Fehlende Geduld ist in Kommunikationskursen oft das größte Hindernis. Habe Geduld mit Dir selbst, Stärke wächst aus innerer Ruhe, und Geduld ist ein wichtiger Schlüssel zur Lösung unserer Probleme. Die Veränderung unserer Kommunikationsgewohnheiten ist ein mühevoller Weg, der langen Atem benötigt.

Im Gegensatz zu dieser Auffassung steht eine neue Richtung in der Kommunikationsforschung, die sich unter dem Kürzel NLP (Neurolinguistisches Programmieren) versammelt. Wenn wir den Anzeigen trauen dürfen, können wir durch NLP schnell und mühelos alles erreichen, was wir wollen. Ich bezweifle das. Was ist mit dem persönlichen und beruflichen Umfeld des Betroffenen? Wer berücksichtigt die Konsequenzen, die sich aus einer schnellen Wandlung ergeben? Wer trägt die Verantwortung dafür?

Unsere Lebenszusammenhänge sind ein System. Verändere ich mich in bezug auf meine kommunikativen Fähigkeiten von heute auf morgen, so wie es versprochen wird, welche Folgen hat das in anderen Kontexten für mich? Mein Haupteinwand: Die Verbundenheit unserer kommunikativen Fähigkeiten mit anderen Lebensbereichen ist so komplex, daß das Unbewußte in uns schon dafür sorgt, daß wir das Neue im Alltag nicht einfach übernehmen. Ich halte die Vorsicht der Menschen, sich auf Handlungen einzulassen, die den Rahmen ihrer bisherigen Erfahrungen sprengen, für berechtigt.

Arbeitsfreude

Kommunikation zu trainieren, macht überwiegend Freude, kann spielerisch eingeübt werden. Im Lernprozeß kann ich die Lust spüren, ich selbst zu sein. Ich öffne mich für die vielfältigen Alternativen des Lebens und freue mich über die Möglichkeit, Beziehungen zu anderen Menschen zu knüpfen. Doch Kommunikationstraining bedeutet nicht nur Spaß und Freude. Es ist auch notwendig, sich daran abzuarbeiten.

Die Mehrzahl der Menschen mogeln sich mit ihren Talenten durchs Leben. Manchmal sind sie sehr gut, manchmal gelingt es ihnen hervorragend, dann wieder verunglücken sie und stürzen ab. Viele haben nicht gelernt, hart zu arbeiten, Geduld zu haben und Enttäuschungen einzustecken. »Im Schwierigen liegen die freundlichen Kräfte, die Hände, die an uns arbeiten«, schrieb Rainer Maria Rilke.

Kommunikative Probleme, gerade die, die nur mühsam zu bewältigen sind, bringen Spannung in unser Leben. Die tägliche Herausforderung, Konflikte anzupacken und zu meistern, wirkt anregend und belebend. Ich glaube, daß in bezug auf Kommunikation der Mensch sogar herausgefordert werden muß, damit die versteckten Kräfte und Möglichkeiten, die brach liegen, wirksam werden können.

Schmerz

Oft versuchen wir, innere Schmerzen und Kummer zu verbergen. Wir sollten statt dessen auf die Schmerzen als Wegweiser sorgfältig achten, denn oft sind sie ein Warnzeichen, daß wir nicht mehr so weiter leben können wie bisher.

Drogen, Medikamente oder prozeßgebundene Süchte verhindern die schmerzhafte Wahrnehmung der Realität. Sie lindern bestenfalls den Schmerz des alltäglichen Daseins für eine kurze Zeit. Die unerfüllten Bedürfnisse, die unter den Schmerzen liegen, bleiben unberührt.

Auch Kommunikationstraining verlangt manchmal schmerzliche Neuorganisierungsprozesse. Wachstumsschmerzem existieren keineswegs nur bei meiner neunjährigen Freundin Julia. »Da, wo es weh tut, geht es lang«, wird in den Selbsthilfegruppen gesagt, denn häufig ist Schmerz und Leid der Eintrittspreis in ein neues Leben.

Schmerz ist eine wichtige Information. Wir sollten deshalb den Schmerz als notwendig und unerläßlich für unser weiteres Wachstum akzeptieren. Schmerzen sagen uns, daß wir am Leben sind. Sie öffnen unser Bewußtsein für mögliche Lösungen. Dann wird Schmerz zu einer Quelle des Wissens. Dan Casriel sagt dazu: »... Schmerz ist eine allgemeine menschliche Erfahrung, die von anderen verstanden und geteilt werden kann. Wir können wertvolle Unterstützung von ihnen erhalten, wenn wir unseren Schmerz ehrlich zeigen. Den Schmerz zu verdrängen, läßt ihn nur unerträglich anwachsen und zwingt uns dazu, daß wir uns vom lebenswichtigen emotionalen Kontakt mit anderen absondern. Der Schmerz muß freigelassen werden, sonst ersticken wir daran, verkümmern emotional oder verschwenden unser ganzes Leben mit irrwitzigen psychologischen Tricks, um den Schmerz nicht zu spüren.«

Üben

Ich glaube nicht, daß wir auf dieser Welt irgend etwas sehr gut können, wenn wir uns nicht darin üben. Der berühmte Pianist Paderewski erzählte einmal: »Wenn ich einen Tag nicht übe, merke ich es, versäume ich zwei Tage, merken es meine Kritiker, wenn ich drei Tage aussetze, merkt es das Publikum.«

Frei sprechen lernen Sie, indem Sie frei sprechen. Kommunikation lernen Sie nicht aus einem Buch, auch nicht aus diesem. Ich lerne gerade, mit über 50, die türkische Sprache. Das Entscheidende am Lernvorgang ist, daß ich die Sprache spreche, auch wenn ich sie noch nicht beherrsche. Nehmen Sie sich nicht zuviel auf einmal vor. Sie sollten immer nur eine Verhaltensweise einüben – z. B. Feedback spenden, die Selbstoffenbarungsanteile in Ihren Referaten ausbauen, Hilfreiches Zuhören praktizieren. Gehen Sie erst dann zum nächsten Bereich über, wenn Sie sich in einem sicher fühlen. Der Erfolg des Kommunikationstraining ist abhängig von Ausdauer, Beharrlichkeit, Eifer, Selbstbeherrschung und der Fähigkeit, sich selbst zu motivieren.

Nutzen Sie jeden Tag wenigstens einmal die neuen Kommunikationsregeln, möglichst in einer Situation, wo es um wenig geht. Prüfen Sie, wie es Ihnen dabei geht, steigern Sie sich langsam. Führen Sie ein Tagebuch über Ihre Aktivitäten. Es sind die konkreten Schritte im Alltag, die eine Veränderung bewirken. Haben Sie Angst, vor einer größeren Gruppe zu reden, so ist diese Angst erst weg, wenn Sie in der Praxis zum ersten Mal in Ihrem Leben vor einer Gruppe sprechen und dabei erleben, daß sich Redeängste tatsächlich in schöpferische Spannung umwandeln lassen.

Fang bei Dir selbst an

Ich bin dafür verantwortlich, wie meine Nachrichten beim Gesprächspartner ankommen. Mein Gegenüber hat ein Empfangsgerät, das in der Regel nicht auf mich eingestellt ist. Wenn ich meine Kommunikation verbessern will, habe ich nur eine Chance: Ich fange bei mir selbst an, denn mein Verhalten kann nur ich ändern. Dann verändern wir unsere Beziehungen, und die anderen werden sich ebenfalls ändern. »Verändere Dich selbst, und Du veränderst die Welt«, heißt es in den Selbsthilfegruppen.

Jede Ermahnung, die Regeln einzuhalten, ist so erfolglos wie der Versuch, das Wetter zu beeinflussen. Ich bin für mein kommunikatives Verhalten verantwortlich.

Ein altes chinesisches Sprichwort lautet: »Willst du die Welt in Ordnung bringen, so mußt du zuerst das Land in Ordnung bringen. Willst du das Land in Ordnung bringen, so mußt du zuerst die Provinzen in Ordnung bringen. Willst du die Provinzen in Ordnung bringen, so mußt du zuerst die Familien in Ordnung bringen. Willst du deine Familie in Ordnung bringen, so mußt du zuerst dich selbst in Ordnung bringen.«

Übungen

Wir alle kommunizieren nach Regeln, die uns meistens nicht bewußt sind. Regeln sind festgesetzte Verhaltensrichtlinien, die starken Einfluß auf uns haben. Beginnen Sie mit einer »Regel-Inventur«. Die Fragen, die Ihnen weiterhelfen könnten, wären z.B.: Wie lauten meine Regeln? Was erreiche ich damit? Wo helfen sie mir, wo schaden sie mir?

Welche Änderungen muß ich in meiner kommunikativen Praxis vornehmen, wenn ich das Neue für den Alltag übernehmen will? Welche der bisherigen Regeln kann ich beibehalten, ohne daß sie den neuen Regeln entgegenlaufen. Welche verstoßen gegen das Neue und müssen aufgegeben werden? Welche neuen würde ich gern anwenden und bei welcher Gelegenheit will ich sie ausprobieren?

Nach-Denk-Bruch-Stück-Werk

Robert Dilts hat ein Modell mit fünf Ebenen entwickelt. Das Modell geht davon aus, daß ich mich auf fünf Ebenen bewege, wenn ich kommuniziere. Ich halte es für sehr geeignet, um anhand dieses Schemas einen Eindruck vom Einfluß der verschiedenen Ebenen zu erlangen.

Ich kommuniziere

- auf der Mitweltebene (alles, was um mich herum ist, alles, was meine Kommunikation fördert oder einschränkt),
- auf der Verhaltensebene; ich wirke durch mein Verhalten auf die Mitweltebene ein,
- auf meiner »Landkartenebene«, von wo aus mein Verhalten gesteuert wird; auf dieser Ebene werden meine Fähigkeiten definiert,
- auf der Glaubensebene; die Fähigkeiten (aus der Landkartenebene) werden mit Hilfe von Glaubenssystemen organisiert,
- auf der Identitätsebene; die Glaubenssätze werden über die Identitätsebene organisiert.

Wenn Sie Ihre Kommunikation verbessern wollen, wenn Sie Schwierigkeiten und deren Ursachen erkennen wollen, machen Sie sich als Detektiv auf die Suche und stellen sich folgende Fragen:

Wird mein kommunikatives Defizit durch meine Umgebung hervorgerufen, traue ich mich, nicht so richtig auf den Putz zu hauen, wenn der Chef dabei ist?

Fehlen mir vielleicht spezielle Kenntnisse auf der Verhaltensebene?

Sind vielleicht in meiner Landkarte nicht genügend Strategien eingetragen, so daß ich in Sprechsituationen nicht flexibel reagieren kann? Fehlen mir Wahlmöglichkeiten?

Habe ich vielleicht einen Glaubenssatz verinnerlicht (Reden ist nur was für Akademiker oder mit Manuskript reden lerne ich nie), der im Widerspruch zu dem Ziel »Erwerbung kommunikativer Kompetenz« steht?

Liegt eine tiefe Störung auf der Identitätsebene vor, die das gesamte System betrifft?

Vielleicht gelingt es Ihnen, anhand dieses Schemas einen Eindruck vom Einfluß der verschiedenen Ebenen zu erlangen.

Findling

Herr, lehre mich die Kunst der kleinen Schritte!
Ich bitte nicht um Wunder und Visionen, Herr, sondern um die Kraft für den Alltag! Lehre mich die Kunst der kleinen Schritte!
Mach mich erfinderisch, um im täglichen Vielerlei und Allerlei rechtzeitig meine Erkenntnisse und Erfahrungen zu notieren, von denen ich besonders getroffen und betroffen bin. Mache mich griffsicher in der richtigen Zeiteinteilung. Schenke mir das Fingerspitzengefühl, um herauszufinden, was erstrangig und was zweitrangig ist.
Ich bitte um Kraft für Zucht und Maß, daß ich nicht durch das Leben rutsche, sondern den Tageslauf vernünftig einteile, auf Lichtblicke und Höhepunkte achte, und wenigstens hin und wieder Zeit finde für einen kulturellen Genuß. Laß mich erkennen, daß Träumereien nicht weiterhelfen, weder über die Vergangenheit noch über die Zukunft. Hilf mir, das Nächste so gut wie möglich zu tun und die jetzige Stunde als die wichtigste zu erkennen.
Bewahre mich vor dem naiven Glauben, es müßte im Leben alles glatt gehen. Schenke mir die nüchterne Erkenntnis, daß Schwierigkeiten, Niederlagen, Mißerfolge und Rückschläge eine selbstverständliche Zugabe zum Leben sind, durch die wir wachsen und reifen.
Erinnere mich daran, daß das Herz oft gegen den Verstand streikt. Schick mir im rechten Augenblick jemand, der den Mut hat, mir die Wahrheit in Liebe zu sagen.
Gib mir das tägliche Brot für Leib und Seele, eine Geste deiner Liebe, ein freundliches Echo, und wenigstens hin und wieder das Erlebnis, daß ich gebraucht werde. Ich weiß, daß sich viele Probleme dadurch lösen, daß man nichts tut. Gib mir, daß ich warten kann.
Ich möchte Dich und die anderen immer aussprechen lassen. Das Wichtigste sagt man sich nicht selbst, es wird einem gesagt.
Du weißt, wie sehr wir der Freundschaft bedürfen. Gib, daß ich diesem schönsten, schwierigsten, riskantesten und zartesten Geschäft gewachsen bin. Verleihe mir die nötige Phantasie, im rechten Augenblick ein Päckchen Güte – mit oder ohne Worte – an der richtigen Stelle abzugeben.
Mach aus mir einen Menschen, der einem Schiff im Tiefgang gleicht, um auch die zu erreichen, die unten sind.
Bewahre mich vor der Angst, ich könnte das Leben versäumen. Gib mir nicht, was ich mir wünsche, sondern was ich brauche.
Lehre mich die Kunst der kleinen Schritte!

Antoine de Saint-Exupéry

Sie wollen reden lernen,
ohne ihr Leben zu verändern.
Und die, die sich ändern wollen, kommen
nie darauf, beim Reden anzufangen.
Sten Nadolny

Die Lernselbsthilfegruppe Kommunikation

Wenn kommunikative Kompetenz die Kunst ist, sich in vielerlei Sprech-situationen gegenüber vielerlei Empfängern verständlich zu machen, und wenn kommunikative Kompetenz eine Schlüsselqualifikation ist, die mir beruflich, gesellschaftlich und persönlich gleichermaßen abverlangt wird, und zwar persönlich, weil meine Lebenszufriedenheit und seelische Ge-sundheit in hohem Maße von der zwischenmenschlichen Kommunika-tion abhängt, beruflich, weil mein Fortkommen weitgehend von meinen kommunikativen Fähigkeiten bestimmt ist, und gesellschaftlich, weil an-gesichts der modernen Großgefahren der Versuch, die unterschiedlich-sten Gruppen miteinander ins Gespräch zu bringen, die einzige Chance birgt, eine Verständigungsbrücke zwischen verfeindeten Welten zu schla-gen, wenn ich das akzeptiere, dann sollte ich der Entwicklung meiner kommunikativen Fähigkeiten systematischer als bisher meine Aufmerk-samkeit widmen.

Wenn ich darüber hinaus mir eingestehe, daß Kommunikation kei-ne Naturbegabung ist, sondern daß ich lernen kann, weil ich ein ganzes Bündel an Entwicklungsmöglichkeiten in mir herumtrage, und wenn ich mir klar mache, daß Freies Sprechdenken weder schwierig noch kompli-ziert ist, sondern daß ich es bin, der es schwierig und kompliziert macht, und wenn ich weiß, daß dies eine Aufgabe ist, die ich nicht an andere de-legieren kann, weil mein gefühlsmäßiges Reagieren und mein Verhalten nur ich selbst ändern kann, dann sollte ich mir eingestehen, daß ich nur etwas erreiche, wenn ich selbst aktiv werde.

Wenn ich dann auch noch akzeptiere, daß im Zentrum des Kommunikationstrainings die Entwicklung der eigenen Persönlichkeit steht, und wenn ich annehmen kann, daß Lernprozesse ohne Ausprobieren und Experimentieren nicht möglich sind, weil mich nur die Praxis davon überzeugt, daß das Neue viel besser funktioniert, und wenn mir klar ist, daß das Neue unausgesetzt neu belebt werden muß, wenn es nicht verloren gehen soll, weil ich kommunikative Kompetenz wie sportliche Kondition wieder verliere, wenn sie mir nicht ständig abverlangt wird, und wenn ich mir eingestehe, daß kommunikative Entwicklung ein Prozeß ist, der nicht an wenigen Wochenenden eingeübt werden kann, sondern daß das Einüben kommunikativer Verhaltensweisen eine immerwährende Aufgabe ist, ein niemals endender Prozeß der Verbesserung, Bereicherung und Vergrößerung von Fähigkeiten, dann kann ich nichts Besseres für mich tun, als eine Lernselbsthilfegruppe Kommunikation zu gründen.

Mit den AA fing alles an

Wie verhalten sich Menschen, die sich in einer Notlage befinden? Entweder finden sie sich damit ab oder sie entschließen sich, die neue Situation nicht widerspruchslos hinzunehmen. Wenn keine Hilfe von außen kommt oder diese sich als untauglich erweist, schreiten sie zur Selbsthilfe und gründen eine Selbsthilfegruppe. Der Entschluß, in einer Selbsthilfegruppe mitzuarbeiten, ist keinesfalls eine rein private Aktion: Sich gegen eine herrschende Kultur zu wehren, Expertenwissen zu hinterfragen, die eigenen Bedürfnisse zu artikulieren, sich zu solidarisieren, Meetings zu organisieren, sind immer auch Schritte, wo neben privaten auch politische Fähigkeiten verlangt und entwickelt werden. Die Entscheidung, sich selbst zu helfen, ist immer ein politischer Schritt.

Was in den Selbsthilfegruppen an Kompetenzen und Fähigkeiten entwickelt wurde und wird, ist aus der gesellschaftlichen Entwicklung nicht mehr wegzudenken. Die Geschwindigkeit, mit der sich Selbsthilfegruppen ausgebreitet haben, ist atemberaubend, jedoch sind längst nicht alle Möglichkeiten ausgeschöpft, die Selbsthilfe bietet. Die Entwicklung steht erst am Anfang.

Im Club of Rome[51] wird seit vielen Jahren darüber nachgedacht, wie, wodurch und wohin sich unsere Gesellschaft entwickelt. In dem Buch »Die globale Revolution« findet sich die Selbsthilfe-Idee an zentraler Stelle wieder, indem der Club of Rome folgende Auffassung vertritt,

»... daß das künftige Schicksal der Erde vor allem in den Händen der Selbsthilfegruppen und -organisationen liegt, weil sich die Regierungen als zu schwerfällig und innovationsarm erwiesen haben und nicht länger in der Lage sind, die komplexen Schwierigkeiten vor Ort zu lösen ...«

Urahn aller Selbsthilfegruppen sind die Anonymen Alkoholiker (AA). Die AA wurden 1935 in den USA von zwei Männern gegründet, die in ihrer Umgebung als hoffnungslose Säufer galten: der Börsenmakler Bill W. und der Chirurg Dr. Bob. Ausgangspunkt der Entwicklung war folgende Erfahrung: Wenn zwei Betroffene sich unterhalten, dann läßt der Saufdruck, wie die AA Entzugserscheinungen nennen, nach. Im Gespräch liegt die Heilung. Ziel ist die Rückgewinnung der Begegnung mit dem Leben, ausgehend von der Erkenntnis, daß ein Mensch nur durch die Begegnung mit der Welt und dem Du zu seiner Selbstverwirklichung findet. Deshalb ist das Kernstück des AA-Programms das Gespräch, der Dialog, den der Süchtige mit einem anderen Süchtigen führt: Im Meeting, im Gespräch mit dem Sponsor, einer Vertrauensperson aus der Gruppe, oder im Telephonkontakt. »AA sind keine professionellen Helfer, sie sind Freunde, die selbst hilfsbedürftig sind. Jeder ist Therapeut, jeder ist Klient, jeder Lehrer, jeder Lernender, nicht abwechselnd, sondern immer zugleich.«[52]

Wenn ich Sucht aus kommunikationspsychologischer Sicht betrachte, so stellt sich das Bild eines Süchtigen folgendermaßen dar: Beim Alkoholiker ist die innere und infolgedessen auch die äußere Kommunikation zusammengebrochen. Das Leben als Trinker ist kein Dialog mit dem Leben, sondern nur noch ein Monolog mit sich selbst. Im Heilungsprozeß baut der Süchtige zuerst den Kontakt zu sich wieder auf, dann folgen die Beziehungen zu den Mitmenschen und, wenn er will, zu einer höheren Macht, wie ein jeder sie selbst versteht. Der Genesungsprozeß ist sowohl Rückgewinnung als auch Neuaufbau kommunikativer Fähigkeiten, die den Süchtigen in die Lage versetzen, sein Leben so umzuorganisieren, daß es ihm danach deutlich besser gefällt als zuvor. Die Heilung wird bewirkt durch eine neue Definition der eigenen Identität und Lebenswelt. War der Alkoholiker früher überzeugt, daß das Leben ohne Alkohol nicht lebenswert ist, so ist für ihn jetzt erfahrbar, daß das Leben ohne Alkohol entgegen allen Befürchtungen und Ängsten tatsächlich schöner ist.

Heute sind die AA mit weltweit über 70.000 Gruppen und Millionen Mitgliedern in 115 Ländern die erfolgreichste Selbsthilfegruppe überhaupt. Seit 1953 gibt es AA auch in Deutschland. Es existieren weder Mitgliederlisten noch Mitgliedsbeiträge, noch nehmen die AA Hilfe von außen an. Die Gemeinschaft erhält sich ausschließlich aus eigenen Spenden. Die einzige Voraussetzung für die Zugehörigkeit ist der Wunsch, mit dem Trinken aufzuhören. Daß eine Organisation auf der Basis dieses Minimalkonsenses weltweit wirksam werden kann, ist für mich eine organisationspolitische Sensation, und in diesem Licht erscheinen mir traditionelle Organisationen wie Dinosaurier.

Die Entwicklung der Anonymen Alkoholiker vollzog sich mit einer rasanten Geschwindigkeit. 1953 fand in München das erste AA-Meeting auf deutschem Boden mit acht Teilnehmern statt, heute gibt es über 2.000 Gruppen, die sich in allen Teilen Deutschlands wöchentlich treffen.

Die AA kennen, im Gegensatz zu Abstinenzlerbünden, keinen Haß und keine Intoleranz gegenüber der alkoholischen Gesellschaft. Die Erfahrung lehrt, daß eine solche Haltung keinem hilft.

Die AA sind kein Lebensersatz, die Gruppe ist ein Trainingslager fürs wirkliche Leben, denn Anonyme Alkoholiker leben nicht, um trocken zu sein, sondern sie sind trocken, um zu leben.

Die AA haben ein 12-Schritte-Programm, das mittlerweile für viele andere Gruppen als Vorbild dient und lediglich für spezielle Belange abgewandelt wird. Es ist eine Synthese von Ideen aus den Weltreligionen, der Medizin, der Psychologie und den Erfahrungen, die die Gründungsväter in bezug auf den Heilungsprozeß gemacht haben. Bill W. hat in seiner Bescheidenheit immer wieder betont, daß es nichts Originelles in den AA-Grundsätzen gibt. Die geniale Leistung von Bill W. und Dr. Bob bestand darin, diese alten Weisheiten so aufbereitet zu haben, daß sie für Alkoholiker annehmbar wurden und sie ihr Leben danach ausrichten konnten. Das Programm näher zu erläutern würde den Rahmen dieses Buches sprengen. Ich verweise auf die entsprechende Literatur, die auch für Nicht-Süchtige von Interesse ist.[53]

Es ist eine Kommunikationskultur mit den Grundwerten Authentizität, Bonding (Verbundenheit), Selbstbestimmung und Hoffnung entstanden, die sich deutlich von der herrschenden unterscheidet und die ich für übertragbar in die Gesellschaft halte, denn sie ist nicht davon abhängig, daß andere sie auch praktizieren. Jeder fängt bei sich selbst an. Wenn es Kranken damit gelingt, ein lebenswertes Leben zu führen, wie hilfreich mögen diese neuen Verhaltensweisen erst für alle anderen Menschen sein.

Die AA entwickelten die Prinzipien der Selbsthilfe und die dazu passende Organisationsstruktur und weisen inhaltlich mit dem 12-Schritte-Programm neue Wege. Für Laien ist die Vielfalt der Selbsthilfegruppen und das dadurch entstandene Netz unvorstellbar. Es gibt Selbsthilfegruppen für Übergewichtige, für Spielsüchtige, für Frauen nach Brustkrebsoperationen, für Herzoperierte, für Geschiedene usw. Wir unterscheiden therapeutische Selbsthilfegruppen, medizinische Selbsthilfegruppen, auch viele Bürgerinitiativen (z. B. Mütter gegen Atomkraft) rechne ich dazu. Anfangs von gleichermaßen ängstlichen wie ahnungslosen Experten belächelt, sind Selbsthilfegruppen heute eine anerkannte, wirksame und oft unverzichtbare Ergänzung zur professionellen Therapie.

Ich schätze die Zahl der Selbsthilfegruppen in Deutschland auf 100.000, in den USA sind es über eine halbe Million mit über 10 Millionen Mitgliedern. Dort ist die Gruppenselbstbehandlung nicht nur ein wichtiger Faktor, sondern in der psychosozialen Gesamtversorgung sogar wichtiger als die professionelle Therapie.

Die Chancen der Selbsthilfegruppenarbeit können für viele andere Bereiche genutzt werden.

Selbsthilfegruppen sind Identitätswerkstätten

Was geschieht dort? Wie ist es möglich, daß alte, tief auf der Identitätsebene verankerte Verhaltensweisen zugunsten neuer und anderer Verhaltensmuster aufgegeben werden? Ich vermute, daß die neue Qualität der Beziehungen untereinander die Veränderungen herbeiführt.

Die Veränderungen beruhen auf der Entdeckung neuer Sinnzusammenhänge, auf einem neuen Verständnis von sich selbst und auf einem neuen Verständnis der subjektiven Wirklichkeit. Die Heilung wird bewirkt durch eine neue Definition der eigenen Identität und der Lebenswelt. Erfahrene AA sagen: »Warum willst du wissen, wie es funktioniert? Hauptsache, du weißt, daß es funktioniert.«

Das Wertesystem der Selbsthilfegruppen

Im Zuge der Entwicklung von Selbsthilfegruppen haben sich Grundwerte herausgebildet, die die Eckpfeiler dieser neuen Kommunikationskultur bilden. Diese entsteht aufgrund veränderter Beziehungen der Gruppenteilnehmer untereinander. Erst vollzieht sich dieser Prozeß in der Gruppe, dann stabilisiert sich das neue Verhalten – oft unbewußt – im Alltag.

Folgende Eigenschaften und Fähigkeiten entwickeln sich in allen Selbsthilfegruppen: Toleranz, Flexibilität und Unvoreingenommenheit.

Die Teilnehmer lernen, Selbstkritik zu äußern und Fremdkritik zu akzeptieren. Sie entwickeln die Fähigkeit zur Selbstbeobachtung, lernen, eigene Konflikte zu erkennen und anzunehmen, die eigenen Bedürfnisse zu artikulieren, und treten für Selbstbestimmung ein. Sie sind in der Lage, Gemeinsamkeiten und Konfrontationen auszutauschen und in der Gruppe darüber zu reden. Aufgrund entstehender Spontanität infolge des Gruppenklimas wird Neues ausprobiert. Sie lernen, mit negativen Gefühlen umzugehen, und sie sind in der Lage, sie anderen mitzuteilen. Es wird die Fähigkeit entwickelt, sich selbst und eine Gruppe zu leiten. Sie lernen verschiedene Sichtweisen kennen und akzeptieren, und der Gruppenprozeß befähigt zu dialogischer Kommunikation. Die Fähigkeit zum Dialog bedeutet gleichzeitig die Überwindung von Schwarz-Weiß-Denken und Freund-Feind-Bildern. Sie schließt ambivalenzoffene Einstellungen mit ein. Sie kommen unbewußten Regeln und Glaubenssätzen auf die Spur.

Diese veränderten Beziehungen manifestieren sich in einem übergreifenden Wertesystem. Wertesystem bedeutet, daß die einzelnen Werte in einer engen Wechselbeziehung stehen, daß sie sich nicht nur summieren, sondern auch auf Grund ihrer Kombination verstärken. Das Wertesystem ist die übergreifende Steuerung der Gruppe. Michael Lukas Moeller benennt in diesem übergreifenden Wertesystem vier Grundwerte: Selbstbestimmung, Echtheit, Hoffnung und Solidarität.[54] Mit einer Ausnahme habe ich sie übernommen. Den Grundwert Solidarität habe ich ersetzt durch den Ausdruck »Bonding« (Verbundenheit), weil er mir zutreffender erscheint für das in den Selbsthilfegruppen entstehende Zusammengehörigkeitsgefühl. Den Begriff Bonding habe ich dem Buch »Die Wiederentdeckung der Gefühle« von Dan Casriel entnommen.

1. Bonding gegen defekte Beziehungen

Bonding beinhaltet Begriffe wie Liebe, Intimität, Nähe, Wärme, Glauben, Vertrauen, Geborgenheit, Einssein mit der Welt, sich verbunden fühlen. Bonding ist der Grundwert, der sich gegen defekte Beziehungen und Einsamkeit wendet. Bonding führt aus der inneren Einsamkeit heraus. Nach Dan Casriel ist Bonding ein biologisches Grundbedürfnis.

Durch Bonding breitet sich ein Gefühl des Behagens aus, das erleichtert und befreit. Diese Erleichterung kommt aus dem als wunderbar empfundenen Erlebnis, meine Gefühle, Schmerzen und Ängste teilen, mitteilen zu können. Das ist eine neue Erfahrung, und eine weitere sehr wichtige kommt hinzu: Bonding setzt Energien frei.

2. Selbstbestimmung gegen Fremdbestimmung

Dieser Wert zeigt sich in zwei Regeln: Jede Gruppe ist für sich selbst verantwortlich, ist autonom, und jeder ist verantwortlich für die eigenen, in unserem Fall kommunikativen Defizite. Für die Anstrengung, sie zu beheben, ist jeder selbst zuständig.

Dieser Wert richtet sich gegen Fremdbestimmung, wie z. B. das Dominiertwerden, gegen Glaubenssätze und gegen Verhalten, das auf Rollenvorschriften der Eltern oder von Autoritäten beruht.

Selbstbestimmung hat für die Lernselbsthilfegruppe Kommunikation folgende Konsequenzen: Aktivierung und Autonomisierung. Wem die Gruppe nicht hilft, der geht, und wer es erneut versuchen will, kann wiederkommen. Diese Freiwilligkeit vertieft den Gruppenprozeß. Statt eines asymmetrischen Arbeitsbündnisses (Meister/Lehrling) entsteht ein gleichgestelltes. Jede Zusammenarbeit mit einem professionellen Trainer enthält immer auch Fremdbestimmung.

3. Authentizität gegen unangemessene Abwehr

Echtheit ist Wahrhaftigkeit sich selbst und anderen gegenüber. Ich habe den Mut, mich so zu zeigen, wie ich bin. Authentizität bedeutet darüber hinaus, den anderen zu akzeptieren und seine Authentizität anzuerkennen, aber auch, ihn mit seiner Unechtheit zu konfrontieren. In unserem kommunikativen Alltagsverhalten dagegen unterdrücken wir viele Teile, spalten ab, was uns bewegt und verbergen diese Teile, indem wir sie nicht zum Ausdruck bringen. Diesem Verhalten ist der Wert Authentizität entgegengesetzt: Wenn ich authentisch kommuniziere, sind meine kommunikativen Beziehungen offen, echt und konfliktfähig.

Das bedeutet für die Lernselbsthilfegruppe Kommunikation: Die Teilnehmer lernen in der Gruppe, ohne daß Druck auf sie ausgeübt wird, sich zu öffnen, so weit es ihnen möglich ist. Wie weit sie dabei gehen, bestimmen ausschließlich sie selbst. Der Lernprozeß in der Gruppe läuft folgendermaßen ab: Ich erzähle Dinge von mir, die ich sonst nicht offenbare. Vor allem fürchte ich, daß mich niemand mehr mag, wenn ich sie preisgebe. Wenn ich mich in der Gruppe traue, stelle ich oft erstaunt fest, daß mir viel Sympathie entgegengebracht wird, und erkenne, daß andere insgeheim genauso denken und fühlen wie ich. Das führt zu wechselseitigen Ermutigungen, die die Authentizität in der Gruppe fördern. Dies ist ein befreiender Prozeß, ein Aufgeben der Abwehr, und das fördert die Bereitschaft, sich auf Veränderungsprozesse einzulassen.

4. Hoffnung gegen Angst

Hoffnung ist die emotionale Grundtendenz der Selbstheilungskräfte. Jeder kann es schaffen, es gibt keine hoffnungslosen Fälle. Wer fest daran glaubt, daß er es schafft, der schafft es auch. Wer den Glauben noch nicht hat, erfährt stellvertretend den Glauben der anderen Gruppenmitglieder, daß er es schafft.

Wenn ein Mensch keine Hoffnung hat, fehlt auch die Kraft zur Veränderung. Hoffnung stärkt die Beziehung der Gruppenmitglieder, sie verschafft wechselseitige Ermutigungen und das Gefühl, anerkannt zu werden. Sie stärkt unsere Selbstheilungstendenzen, Hoffnung ist der Energiespender für Zeiten, in denen nichts mehr vorangeht. Hoffnung verschafft uns den langen Atem und gibt uns Vertrauen zu uns selbst und zu anderen. Ich entschließe mich zu hoffen, und Hoffnung wird damit zu einer aktiven Einstellung.

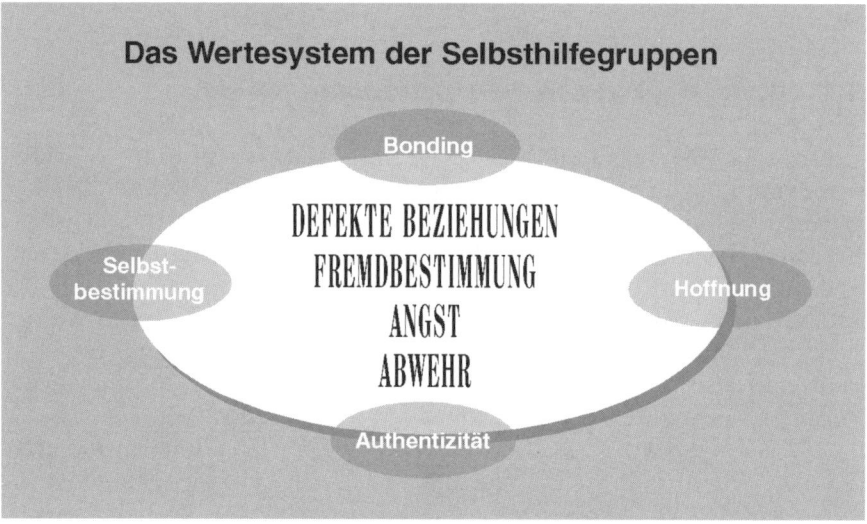

Die Grundwerte Selbstbestimmung, Authentizität, Hoffnung und Bonding sind ein zusammenhängendes Ganzes, stehen in Wechselbeziehungen zueinander, jeder Wert definiert den anderen mit. So ist z. B. der Grundwert Authentizität nicht ohne den Grundwert Selbstbestimmung möglich. Selbstbestimmung für sich allein kann zu krassem Egoismus führen, wenn Selbstbestimmung nicht in ausgehaltener Spannung zum Grundwert Bonding steht.

Die Grundwerte sind Utopien im Sinne positiver Orientierung. Sie sind gegen die unzureichenden Fakten der existierenden Kommunikationskultur gerichtet. Es sind Gegengifte gegen Verschwiegenheit und Heuchelei, gegen unsere entfremdeten und verdinglichten Beziehungen.

Die Gruppenarbeit sorgt dafür, daß diese Werte kontinuierlich in Beziehung zu den realen Verhältnissen gesetzt werden. Nur dann sind sie brauchbar. Wenn ich im Alltag gelungene Kommunikation erlebe und daran einen gewichtigen Anteil habe, habe ich mich auf diese Werte hinbewegt, wenn etwas mißlungen ist, war ich weit davon entfernt.

Die Lerngemeinschaft

Die Ausgangspunkte der Selbsthilfe sind Not und Verzweiflung, sie sind Kitt und Antriebskraft zugleich. Was gibt mir den Mut zu glauben, daß sich Menschen freiwillig zusammenschließen, um kontinuierlich, ausgerichtet an den Grundwerten Authentizität, Selbstbestimmung, Bonding, Hoffnung, an ihren kommunikativen Fähigkeiten zu arbeiten?

Ich bin überzeugt, daß wir privat und in der Gesellschaft gewaltige Kommunikationsdefizite haben, die das Wort Not rechtfertigen. Die Vielzahl der Selbsthilfegruppen ist u. a. auch eine Antwort auf wachsende Kommunikationsdefizite in der Gesellschaft. Aber ich weiß, daß das nicht ausreicht, damit Gruppen auf freiwilliger Basis selbstverwaltet über einen längeren Zeitraum an diesen Defiziten arbeiten. Gibt es etwas, das eine Gruppe zusammenhalten könnte, deren Ausgangspunkt nicht aktuelle, existentielle Not ist? Meine Antwort ist Ja.

Die Gründung einer Lernselbsthilfegruppe Kommunikation wirft einen unschätzbaren, schnell erfahrbaren Gewinn ab: Ich komme im Alltag deutlich besser zurecht und stelle fest, daß mir auch im wirklichen Leben Kommunikation leichter fällt und dadurch besser gelingt.

Aus Erfahrung weiß ich, daß der Gruppenprozeß uns etwas gibt, was uns im Leben fehlt: Die Fähigkeit, Vertrauen zu haben und zu schenken, und den Mut, unsere »Verteidigungswaffen«, deren Aufrechterhaltung uns ungeheure Energien kostet, wegzuwerfen. Es ist die Verbundenheit der Teilnehmer untereinander, der emotionale Kontakt, Bonding, was als so befriedigend empfunden wird, die Gruppe kontinuierlich arbeiten läßt und erstaunliche Antriebskräfte freisetzt. Ich entwickle in diesem Prozeß nicht nur verantwortungsvolles Interesse an mir selbst, sondern auch für die anderen. Es entsteht ein Gefühl der Geborgenheit.

Kommunikative Fähigkeiten zu entfalten und zu entwickeln lohnt sich, weil es das Leben freier und lebenswerter macht. Ich kann mich mitteilen, bin verantwortungsfähig, erkennbar und unverwechselbar. Sprachliche Kompetenz ist der beste Schutz gegen Diskriminierungen. Ich lerne, Minderheitenpositionen auszuhalten und ohne »Angst verschieden zu sein« (Adorno).

1. Selbstentdeckung und Selbstentfaltung

Die Gruppe hat die Funktion eines Spiegels für das eigene Verhalten. Sie bietet Chancen zur persönlichen Selbstentdeckung. Wir gewinnen Einsichten in bisher nicht bewußte Zusammenhänge des eigenen Kommunikationsverhaltens.

Die Selbsthilfe-Lerngemeinschaft Kommunikation ist eine Selbstentfaltungsgruppe, um verschüttete Talente zu mobilisieren, alte Fähigkeiten auszugraben und neue kommunikative Verhaltensweisen hinzuzufügen. Die einzige Voraussetzung für die Zugehörigkeit ist der Wunsch, die eigenen kommunikativen Fähigkeiten in Selbsthilfe zu entwickeln. Es ist dabei völlig egal, ob jemand aus privatem, beruflichem oder politischem Anlaß diesen Wunsch hat. Je vielfältiger eine Gruppe zusammengesetzt ist, um so besser. Jeder ist willkommen. Jeder gibt sich vorerst so, wie er sich im Alltag verhält. Die Gruppe setzt sich selbst zusammen und ist selbstbestimmt. Jeder nimmt so lange an der Gruppe teil, wie er es selbst für nötig hält.

Erfahrungsgemäß entwickelt jede Gruppe ihre eigene Form miteinander umzugehen und zu arbeiten. Wichtig ist lediglich, daß die Prinzipien der Selbsthilfebewegung eingehalten werden: Keine Fragen, keine Ratschläge, jede und jeder spricht nur von sich. Alles was in der Gruppe gesprochen wird, bleibt in der Gruppe. Jeder kümmert sich um seine eigene kommunikative Entwicklung, nicht um die der anderen. Wenn jemand über seine Redeängste berichtet, wird das nicht kommentiert oder analysiert, sondern jeder erzählt, wie es ihm in vergleichbaren Situationen erging. Niemand mischt sich pädagogisch ein oder profiliert sich durch Ratschläge. Wer Ratschläge erteilt, macht, selbst wenn er es gar nicht beabsichtigt, immer auch dem anderen Vorschriften. Jeder hilft sich selbst und dadurch den anderen, sich selbst zu helfen.

Die Verhaltensweisen in der Lernselbsthilfegruppe sind mitfühlend, empathisch, sich stützend, sich öffnend, die Eigenarten des anderen akzeptierend. Jede Form von moralischer Haltung wird durch verstehende Haltung ersetzt.

Auffallend ist, daß in den Gruppen nahezu jede Form von Zynismus fehlt. Wenn gelacht wird, und es wird viel von Herzen gelacht, dann nie über die Person, sondern immer mit der Person.

2. Positive Veränderungen werden möglich

Kommunikative Entwicklung ist Entwicklung der Persönlichkeit und Entwicklung der Persönlichkeit ist kommunikative Entwicklung. Jedes Training muß sich deshalb daran messen lassen, ob es positive Veränderungen in den Lebensmustern der Teilnehmer erzeugt.

Ich empfehle, vorerst Nachdruck auf die Verhaltensebene (9 Tips zur Freien Rede) zu legen. Sie können selbstverständlich auch auf einer anderen Ebene anfangen. Es ist stets eine Entscheidung der Gruppe. Die Verhaltensebene erscheint mir im Kommunikationstraining als die Ebene, die am besten geeignet ist, erste Veränderungschritte zu wagen und neue Verhaltensweisen herauszufinden und auszuprobieren. Auch wenn wir schwerpunktmäßig von der Verhaltensebene ausgehen, beschäftigt sich die Gruppe gleichzeitig mit der Gefühls- und der Identitätsebene, denn zwischen diesen drei Ebenen der Persönlichkeit herrschen ständige Wechselwirkungen. Letzten Endes zielt alles, was in der Gruppe geschieht, auf die Identitätsebene, denn wenn wir diese nicht erreichen, wird das Neue kaum dauerhaft sein.

Der große Respekt vor der Selbstregulierung des Menschen offenbart sich in den Grundsätzen und Regeln der Selbsthilfegruppen. Kein Teilnehmer wird zu Verhaltensweisen verführt oder gar gezwungen. Die entsprechende Regel lautet: »Ich entscheide, ob ich spreche oder schweige.« Eine der wichtigsten Aufgaben der Gruppe ist es, schützend ihre Integrität zu bewahren. Das »Gruppengewissen« weiß, daß wir nur das Recht haben, einen einzigen Menschen zu ändern, und das sind wir selbst. Deshalb akzeptiert die Gruppe die Bedingungen, unter denen jeder einzelne bereit ist, neue Erfahrungen zu machen.

Wenn Sie das Wagnis einer Veränderung eingehen, dann nur in Eigenverantwortung. Sie selbst entscheiden, ob Sie sich auf neue Gedankengänge, neue Erlebnisse, neue Erfahrungen einlassen, und wie weit Sie dabei gehen. Die Gruppe macht Ihnen nur Mut, über bisher vertraute Grenzen hinauszugehen. Ihr verdienter Lohn ist der Zugang zur eigenen Kreativität. In erster Linie geht es darum, daß Sie neue kommunikative Verhaltensweisen ausprobieren, um zu erfahren, ob etwas davon für Ihren Alltag tauglich ist. Vielleicht entdecken Sie etwas, was Ihr Leben reichhaltiger macht.

Verhalten Sie sich in der Gruppe wie in einem Supermarkt: Nehmen Sie das mit nach Hause, was Sie gebrauchen können. Auf die Dauer muß Ihnen allerdings klar sein, daß Sie mithelfen sollten, die Regale wieder aufzufüllen. Sonst sind sie eines Tages leer.

3. Ein geschützter Raum

Um kommunikative Entwicklungen fördern zu können, benötigen wir ein Trainingslager. Die Lernselbsthilfegruppe Kommunikation hat die zentrale Aufgabe, Bedingungen zu schaffen, unter denen praktisch kommuniziert werden kann. Ein jeder wird in der Gruppe so akzeptiert, wie er ist, egal an welchem Punkt seiner kommunikativen Entwicklung er sich befindet. Es gibt kein Zur-Rede-Stellen, keine Beschimpfungen, keine Vorwürfe, keine erbitterten Debatten um Regeln. Tabu sind die Worte »du mußt« und »du sollst«.

Für die Lernselbsthilfegruppe Kommunikation empfehle ich das Prinzip der Anonymität: Prinzipien gehen vor Personen. Alles was in der Gruppe gesprochen wird, bleibt in der Gruppe. Dadurch wird sie zu einem gemeinschaftlichen Netz. Es ist ein wunderbares Gefühl, sich in dieses Netz hineinfallen zu lassen und nicht immer von der Angst verfolgt zu werden, daß ein Beitrag als Gesprächsstoff mißbraucht wird. Bei den AA steht folgendes Schild auf den Tischen: Was du hier hörst, was du hier siehst, wenn du gehst, bitte laß es hier.

Im geschütztem Raum der Gruppe lernen die Teilnehmer Sprechen und Schweigen, empathisch zuzuhören und ihre Meinung mit kommunikativer Klarheit zu vertreten. Natürlich können Sie neue Erkenntnisse gleich in die Praxis umsetzen, aber es gibt viele Gründe, es erst in der Gruppe auszuprobieren.

Wenn wir etwas Neues wagen, ist dies immer mit einem Risiko verbunden, denn das Wirkungsgeflecht unserer Handlungen ist nie voraussehbar. Häufig ist das Risiko kleiner, als wir vermuten. Den Mut, neue kommunikative Verhaltensweisen auszuprobieren, fassen wir leichter in der annehmenden und gefühlsoffenen Atmosphäre.

Wir benötigen dieses vertrauensvolle Klima, damit wir uns öffnen und entfalten können. Ich fühle mich sicher, und nur wenn ich mich sicher fühle, gehe ich ein Risiko ein. Wenn ich durch Ausprobieren in der Gruppe erfahre, wie gut das Neue funktioniert, riskiere ich es auch im wirklichen Leben.

4. Voraussetzungen für den Erfolg

Grundsätzlich gibt es keine Aufnahmebedingungen, aber drei Voraussetzungen sind für den Erfolg förderlich: Es ist erstens die Bereitschaft, sich auf Neues einzulassen, neue Erfahrungen zu machen, der Wunsch, sich selbst zu entdecken, auf die eigenen Gefühle zu achten und eigene Empfindungen zur Sprache zu bringen. Es ist die innere Bereitschaft, sich wirklich durch Bereicherungen verändern zu wollen.

Die zweite Voraussetzung für einen selbsttätigen Ablauf ist das gemeinsame Ziel. Die Zielbindung ist wichtig, sonst verkommt die Gruppe zu einer unverbindlichen Gesprächsrunde. Das Ziel der Lernselbsthilfegruppe Kommunikation besteht darin, durch intensive Aussprache und intensives Ausprobieren, persönliche kommunikative Defizite auszugleichen und neue und andere kommunikative Fähigkeiten zu erwerben. Ich möchte ein selbstbewußter, entscheidungsfreudiger und handlungsfähiger Mensch werden. Erfahrungen mit Gruppen, die sich auf meine Anregung hin gebildet haben, haben gezeigt, daß das zu erreichen ist.

Stellen Sie sich für die Gruppenarbeit folgende Fragen: Was möchte ich in der Gruppe lernen? Wann will ich es erreicht haben? Woran werde ich merken, daß ich es erreicht habe? Was wird anders sein? Und wenn ich es erreicht habe, was wird sich privat und beruflich bei mir ändern? Was muß ich in der Gruppe tun, um mein Ziel zu erreichen? Womit beginne ich, welches ist für mich der erste Schritt?

Die dritte und wichtigste Voraussetzung ist Kontinuität. Sie gilt es von Anfang an zu bewahren. Wenn Sie sich entschieden haben, eine Gruppe zu gründen, nehmen Sie sich folgendes vor: Mindestens zwölfmal versuche ich es und erfülle meinen Anteil, damit die Gruppe am Leben bleibt. Sie werden sehen, es funktioniert.

Ich habe Menschen jahrelang in Gruppen sitzen sehen, ohne daß sie in der Lage waren, einen einzigen Ton von sich zu geben, bis der Knoten sich löste und sie sich fortan in einer Form mitteilen konnten, um die sie viele beneiden würden. Aber ich habe auch erlebt, daß es nicht geklappt hat, weil ein kontinuierlicher Gruppenbesuch nicht durchgehalten wurde. Es existiert im Unbewußten ein Faden, der nicht reißen darf. Sonst funktioniert es nicht.

Die mangelnde Bereitschaft zur kontinuierlichen Mitarbeit ist das Hauptproblem der Selbsthilfe. Vertrauen muß mühsam erworben werden und ist niemals von Anfang an vorhanden. Es geht verloren, wenn ich mich nicht ständig darum bemühe. Ohne Vertrauen in die Gruppe sind Wachstumsprozesse nicht möglich. Diese elementare Bedeutung der Kontinuität der Gruppenarbeit ist den meisten nicht klar, die Hilfe in einer Gruppe suchen. Sie haben andere Ängste: Wer steuert den Gruppenprozeß? Brauchen wir nicht doch professionelle Hilfe? Worüber sollen wir reden? Das sind Sekundärprobleme. Wenn die Kontinuität der Gruppenarbeit gesichert ist, regelt sich alles andere nach kurzer Anlaufzeit von allein. Ich habe noch niemanden erlebt, dem die Gruppe bei kontinuierlicher Mitarbeit nicht geholfen hat.

Gibt es also doch Bedingungen für die Teilnahme über die Hintertürchen: Bereitschaft, Zielbindung und Kontinuität? Muß ich diese Voraussetzungen vorab erfüllen? Nein! Es genügt der aufrichtige Wunsch, sie zu erfüllen. Entwickeln werden sie sich im Gruppenprozeß.

Der Lernprozeß

Kommunikationstraining soll Informationen liefern, Verhaltensübungen anbieten und Selbsterfahrung ermöglichen. Das Erkennen unserer Fähigkeiten und Defizite geschieht über Herstellen, Mobilisieren und Erleben kommunikativer Beziehungen in einer Selbsthilfegruppe. Der Lernprozeß stützt sich auf Lernen durch Versuch und Irrtum. Ich ziehe in bezug auf Kommunikation die notwendige Erfahrung aus den eigenen kommunikativen Mißgeschicken oder Fehlern. Es ist experimentelles Lernen, ein Wechselspiel von praktischer Kommunikation und Metakommunikation. Die Reflexion über das eigene Kommunikationsverhalten in der Gruppe dient als Orientierungshilfe für Kommunikationsprozesse in der Praxis. Auf Fremdhilfe wird verzichtet.

1. Personen- und Praxisorientierung

Da es ein kommunikatives Idealverhalten naturgemäß nicht geben kann, hat Kommunikationstraining davon auszugehen, daß das Individuum Mensch im Mittelpunkt der Veränderungsarbeit steht. Kommunikationstraining hat stets von den Besonderheiten, den Anliegen und den Bedingungen des Individuums auszugehen, es ist personen- und praxisorientiert. Die kontinuierlich arbeitende Gruppe ist dafür ein vorzügliches Erfahrungsfeld. Die einzelnen Teilnehmer lernen sich im Laufe der Zeit näher kennen und erfahren immer mehr über die Lebenssituationen der Teilnehmer. Es wird an Themen gearbeitet, die die Teilnehmer im Alltag bewegen, und es werden persönliche Gefühle und Erlebnisse angesprochen. Es ist ein Vorgehen aus dem Augenblick heraus: Das, was die Gruppe drückt und bewegt, wird eingebracht. Das ist der Stoff, aus dem sich lehrreiches Geschehen entwickelt. Die kommunikativen Fähigkeiten des einzelnen, das eigene Umfeld und die aufkommenden Schwierigkeiten bei der Umsetzung neuer Verhaltensweisen ziehen sich wie ein roter Faden durch den Gruppenprozeß. Was in der Gruppe erarbeitet wurde, wird in der Praxis angewendet, als Erfolg oder Mißerfolg zurückgemeldet, erneut in der Gruppe bearbeitet und ausprobiert. Der unschlagbare Vorteil gegenüber einem Wochenendseminar besteht darin, daß die kommunikativen Defizite der einzelnen Teilnehmer über einen längeren Zeitraum bearbeitet werden können.

Dieser Entwicklungsprozeß benötigt Zeit. Es ist learning by doing, die tätige Auseinandersetzung mit Lerngegenständen. Dieser Methode Deweys' liegt die Erkenntnis zugrunde, daß die subjektive Betroffenheit des Lernenden eine natürliche Lernsituation verlangt, in der die Person mit einbezogen ist. Wo könnte es dafür idealere Bedingungen geben als in unserer Lernselbsthilfegruppe?

2. Das Gespräch über Kommunikation

Dreh- und Angelpunkt der Gruppenarbeit ist das Reden über falsch programmierte Einstellungen mit dem Ziel, Veränderungen in den Kommunikationsmustern der Teilnehmer zu erzielen.

Was immer eine Gruppe unternimmt, welche Formen sie ausprobiert, am Ende kristallisiert sich doch das Gespräch als der entscheidende Modus der Veränderungsarbeit heraus. Alle Versuche, nonverbale Übungen und Techniken aus der Gruppentherapie oder andere Aktivitäten wie Spiele usw. in Selbsthilfegruppen einzubringen, sind nach meinen Erfahrungen gescheitert. Vielleicht mag es schwierig sein, diese Spiele ohne professionelle Anleitung sinnvoll einzusetzen, aber der wesentliche Grund liegt meines Erachtens darin, daß sie wenig bringen, weil Gespräche die Veränderungen bewirken. Im Zentrum der Veränderungsarbeit der Selbsthilfe-Lerngemeinschaft steht deshalb das Gespräch über Kommunikation: Metakommunikation.

3. Explizite Metakommunikation

Der Fachausdruck Metakommunikation bedeutet Kommunikation über unsere Kommunikation. Explizit insofern, weil implizit ohnehin jede

Nachricht, insbesondere auf der Beziehungsebene, metakommunikatorische Anteile enthält. Meta kommt aus dem Griechischen und bedeutet »Über« und »darüber hinaus« oder »auf einer anderen Ebene«. Metakommunikation hat zum Ziel, eine fruchtbare, rationale und emotionale Auseinandersetzung mit real ablaufenden Kommunikationsprozessen zu ermöglichen. Wir können bleiben, wie wir sind, keiner versucht dabei den anderen zu ändern, sondern wir machen die Art, wie wir miteinander umgehen zum Gegenstand unseres Gespräches.

»Explizite Metakommunikation ist völlig unüblich, man schämt sich ihrer. Es würde geradezu einer Evolution gleichkommen, gelänge es, sie in der nächsten Generation zur Gewohnheit zu machen. Fast die einzigen Aussagen über intrafamiliäre Beziehungen bilden kurze Bemerkungen über gerade Abwesende oder im Ärger geäußerte Pauschalverurteilungen des Gegenüber. Metakommunikation hingegen verlangt kritische Analyse und Reflexion der Beziehung, verlangt flexibles Denken.«[55]

»Es scheint kaum eine kommunikative Verhaltensklasse zu geben, die die meisten Menschen so ungewohnt finden, so scheuen und doch so befreiend erleben können, wie ein Gespräch über die Beziehung wie explizite Metakommunikation.«[56]

4. Der natürliche Praxistransfer

Das Material, an dem das Kommunikationslernen in den Selbsthilfegruppen durchgeführt wird sind kleine und große Referate, die die Teilnehmer im Freien Sprechdenken in der Gruppe halten. Es sind Beiträge, wie sie uns im Alltag abverlangt werden. Entscheidend ist die Praxisnähe. Ein Teilnehmer hält z. B. ein Referat, um das ihn sein Abteilungsleiter im Betrieb gebeten hat, ein anderer bereitet sich auf eine Geburtstagsrede vor. Gelegentlich werden die Beiträge auf Video aufgenommen und anschließend gemeinsam ausgewertet.

Über all das wird in der Gruppe metakommuniziert. Die Teilnehmer lernen aus ihrem Verhalten, indem sie darüber kommunizieren. Beiträge, Referate, Gruppenleitungen und Gesprächsführungen werden analysiert und auf ihre Brauchbarkeit für die Praxis ausgewertet, mit anderen Möglichkeiten verglichen und von verschiedenen Sichtweisen aus betrachtet. Welche Veränderungsmöglichkeiten ergeben sich daraus? Wie kann ich mich bereichern? Was sollte ich vermeiden? Wie kommt mein Referat an? Was hat es lebendig gemacht, was war langweilig? War ich authentisch oder habe ich eine Rolle angenommen? Habe ich meine Redeangst verborgen oder offen gezeigt? Weshalb scheue ich Selbstoffenbarungsanteile? Warum fällt es mir schwer, meinen eigenen Standpunkt offenzulegen? Habe ich richtig geatmet? Betrachten Sie Ihre Beiträge im Licht der »9 Tips zur Freien Rede«.

Es werden auch gemeinsam Referate vorbereitet. Die Zusammenschau aus verschiedenen Blickwinkeln erhöht den Gewinn, den die einzelnen Teilnehmer aus der Gruppe ziehen, gewaltig und schafft Motivation und Kraft für kontinuierliches Arbeiten. Der entscheidende Unterschied zu professionellem Training besteht darin, daß niemand sich helfend auf denjenigen stürzt, der das Referat gehalten hat. Niemand erteilt Ratschläge. Jeder und jede redet von sich, fügt aus eigener Erfahrung etwas hinzu. Alle lernen gemeinsam, keiner ist mehr als der andere und keiner weiß es besser als der andere.

In der klassischen Selbsthilfebewegung ist direktes Feedback selten. Dem sollte aus meiner Sicht die Kommunikationsselbsthilfegruppe nicht folgen, denn nur durch Feedback erfahren wir, wie das, was wir sagen, bei anderen ankommt. Die Gruppe sollte sich nicht auf indirektes Feedback beschränken, sondern alle Formen direkten Feedbacks einüben. Es handelt sich um unverzichtbare kommunikative Qualifikationen.

Voraussetzung für die Fähigkeit der Gruppe zur Metakommunikation sind die Basiskompetenzen Feedback, Hilfreiches Zuhören, Konfrontation, Authentizität und Wirksamkeit.

Wenn Sie ein schwieriges Gespräch geführt haben, dann verdrängen Sie es nicht, sondern beantworten sich selbst schriftlich folgende Fragen: Wie habe ich mich gefühlt während des Gesprächs? Was waren die Auslöser für diese Gefühle? War ich mir darüber im klaren, was mein Anliegen, meine Botschaft war? Habe ich sie vermitteln können? Was hätte ich am liebsten sagen wollen? Was hat mich daran gehindert? Was würde ich jetzt, nach dem Gespräch, gerne noch loswerden? Welche Phantasien habe ich darüber, welche Notizen sich der andere jetzt machen würde?[57]

Die über einen längeren Zeitraum kontinuierlich tagende Gruppe ist ein Erfahrungsfeld, das der Wirklichkeit sehr nahe kommt und alle drei Veränderungsebenen abdeckt, sowohl die symptomatische als auch die dynamische und die Identitätsebene. Die Gruppe ist zwar kein Mikrokosmos der Gesellschaft, aber zumindest eine verdichtete Ausgabe der Wirklichkeit.

Ich lerne, daß das Nicht-Sprechen-Können vor einer großen Gruppe kein Schicksal ist, sondern ein Signal für einen Mangel in mir. Wenn ich das gleiche bei anderen erlebe und miterlebe, kann ich lernen, diesen Mangel zu beheben. Die Gruppe bietet Vorteile, die im Alltag nicht existieren, fürs Kommunikationstraining aber unverzichtbar sind: Wir brauchen die Rückspiegelung durch andere. Die Gruppe bietet dem einzelnen vielfältige Rückmeldungen. Im wirklichen Leben haben wir diese Chance nicht, denn die Rückspiegelung gelingt nur in einer Umgebung, in der ich mich geborgen und akzeptiert fühle. Erst dann bin ich bereit, auch für mich unangenehme Rückmeldungen über mein Verhalten anzunehmen. Durch das aufrichtige Feedback, das wir einander geben, machen wir den Weg frei zu innerem Wachstum. So wächst das Vertrauen in die Weisheit der Gruppe.

Wenn die Gruppe über einen längeren Zeitraum kontinuierlich arbeitet, wächst die Spontaneität. Weil durch den geschützten Raum die Abwehrhaltung der Teilnehmer gering ist, fällt es ihnen leicht, Grenzen zu überwinden und zu erleben, wie es ihnen dabei geht.

Die Gründung einer Selbsthilfe-Lerngemeinschaft Kommunikation ist keine Laienselbsthilfe, sondern der ganzheitliche Versuch, sich nachhaltig um die eigene kommunikative Entwicklung zu kümmern und dafür die Verantwortung zu übernehmen.

Das Hauptproblem jeglichen professionellen Trainings ist der Praxistransfer. Was spielerisch im Wochenendseminar eingeübt wird und gut funktioniert, versandet im Alltag. Die Lernselbsthilfegruppe ist anderen Formen von Kommunikationstraining deshalb überlegen, weil hier der Praxistransfer Bestandteil des Gruppenprozesses ist. Das Gruppengespräch wirkt über die Gruppe hinaus. Die Qualifikation, Beziehungen zu anderen Menschen aufzunehmen und in diesem Prozeß sich selbst zu entdecken, indem ich meine Fähigkeiten und meine Defizite erkenne und damit umgehen lerne, ergibt sich aus dem Gruppenprozeß. In der Lernselbsthilfegruppe wird nichts einstudiert, sondern es ist ein fortschreitendes lernendes Erleben, ein Erfahren, kein Geführtwerden.

Die Rahmenbedingungen

In den Selbsthilfegruppen tauchen immer wieder folgende Fragen auf:

1. Geht es ohne professionelle Hilfe?

Ist Kommunikationstraining ohne Experten überhaupt möglich?

Der Glaube an Expertenwissen ist eines der größten Hindernisse, sich selbst zu helfen, und das blinde Vertrauen darauf oft genug eine unbewußte Leugnung der eigenen Verantwortlichkeit. Im Kommunikationstraining auf Fremdhilfe zu verzichten bedeutet: Ich übernehme die Verantwortung für mich selbst und meine kommunikative Entwicklung. Ich verzichte darauf, auf jemanden zu hören, der besser weiß, was mir fehlt und was mir hilft. Das Selbsthilfeprinzip mobilisiert die aktiven Tendenzen in der Auseinandersetzung mit sich selbst. Passivität geht in Aktivität über.

Statt eines asymmetrischen Arbeitsbündnisses (Meister/Lehrling oder schlimmer Guru/Abhängiger) entsteht ein gleichgestelltes. Ich baue zu meinem Kommunikationspartner eine Hilfreiche Beziehung auf und versuche, als einfühlsamer Gesprächspartner mit ihm und auf keinen Fall für ihn Lösungsvorschläge herauszufinden.

Weitere Vorteile der Selbsthilfe-Lerngemeinschaft: Die Selbsthilfegruppe bietet Lernen durch eigenes Erleben. Ich lerne nicht in erster Linie, wenn mir ein anderer etwas beibringt, sondern durch entdeckendes Lernen. Ich wähle aus, was mich interessiert, was ich mir zumuten will. Ich bin es, der am besten auf die komplexen eigenen Bedürfnisse reagieren kann. Wenn es klappt, dann bin ich stolz auf das, was ich mir erarbeitet habe.

Das Tempo des Lernprozesses bestimmt die Gruppe, sie ist in der Lage, sich geduldig auf das Denken und Fühlen der Teilnehmer einzulassen, deren Erfahrungen zu würdigen und sich wechselseitig behutsame Angebote zu eröffnen, um neue Wege in der Kommunikation auszuprobieren. Die Grundwerte der Gruppe sorgen für innere Demokratie. Die Gruppe entwickelt einen partnerschaftlichen Stil.

2. Braucht die Gruppe ein Programm?

Ein festes Programm ist für die freie Entfaltung unserer kommunikativen Fähigkeiten eher hinderlich.

Der orientierende Wert eines Programms kann die Orientierung durch die eigene Erfahrung nicht ersetzen. Unsere Methode ist eine erlebnisaktivierende, wir lassen uns nicht auf ein Programm, sondern immer auf den einzelnen Menschen, auf seine Situation und auf sein Anliegen ein. Gegenstand des Lernens ist das, was die Gruppe im Augenblick bewegt und interessiert, und dieses Erlebnis von Echtheit vermittelt ein Gefühl intensiven Dabeiseins, das den Lernprozeß tiefgreifend verbessert.[58] Sollte anfänglich tatsächlich ein Chaos entstehen, betrachten Sie die Schwierigkeiten als einen wertvollen Bestandteil Ihres Lernprozesses. Wenn Sie diesen Prozeß aufarbeiten, stärkt das Ihre Autonomie und Ihre Selbstheilungskräfte.

3. Welche Rolle spielen die Kommunikationsregeln?

Die in diesem Buch aufgeführten Regeln ersetzen die »Fachleute« in unserem Training, die Sie vielleicht vermissen. Die Regeln sprechen in ihren Forderungen aus, die Realität anzuerkennen. Sie helfen uns, unsere Kommunikationsfähigkeiten zu durchleuchten, und sie ermöglichen uns, das eigene Verhalten zu analysieren. Für mich sind sie sogar eine Art Programmersatz. Sie engen uns nicht ein, geben uns aber Halt.

Alle Regeln und Grundsätze müssen sich legitimieren, ihr Stellenwert leitet sich ausschließlich von ihrer Wirkung im Alltag ab. Wenn ich mein kommunikatives Verhalten an den Regeln ausrichte, nähere ich mich der Realität und kommuniziere erfolgreicher.

4. Sind Spiele sinnvoll?

In Kommunikationsspielen übernehmen die Teilnehmer eine Rolle. Wenn ich dagegen praxisorientiert arbeite, ist das Verhalten echt.

5. Wie erfolgt die Theorievermittlung?

Erkenntnisse werden überwiegend durch die aktive Auseinandersetzung mit dem Thema Kommunikation, den Teilnehmern und der eigenen Person gewonnen. Wir lernen nicht nur die Kunst, Referate zu halten, sondern durch diese praktischen Übungen erfolgt auch die Vermittlung von Informationen. Es ist ein erkennendes Erfahren von Kommunikationsprozessen. Im Erfahrungsaustausch werden ständig Informationen vermittelt. Der Gruppe verdanken wir die angenehme Entdeckung, daß wir viel mehr über Kommunikation wissen, als wir zu wissen meinen. Es ist kein abstraktes theoretisches, sondern ein erfahrungsbezogenes Wissen, das dem Alltag entstammt.

Ich schlage vor, daß die Gruppenmitglieder auch Referate halten über wissenschaftliche Erkenntnisse über Kommunikation, die anschließend in der Gruppe diskutiert werden.

6. Wie werden Probleme gelöst?

Wenn ein Problem auftaucht, das einer Lösung bedarf, wird dies in der Gruppe behandelt. Die Lösungen ergeben sich aus der Gruppe selbst.

Die Gruppe entwickelt eine Vielzahl von Lösungsmöglichkeiten, der Betroffene wählt eigenverantwortlich aus, was er davon annimmt. So befähigen sich die Gruppenmitglieder gegenseitig zur Selbstverantwortung.

7. Braucht die Gruppe einen Leiter?

Die Gruppe sollte einen Leiter wählen. Er ist Diener der Gruppe und ist für die Rahmenbedingungen zuständig. Der Gruppenleiter ist nicht Vorsitzender, sondern Teil der Gruppe. Er oder sie arbeitet genauso an Redeängsten, an den gemeinsamen Zielen, an den kommunikativen Unzulänglichkeiten wie alle anderen. Er koordiniert, leitet Metakommunikation ein und macht Vorschläge für das Vorgehen aus dem Augenblick heraus oder für die nächste Sitzung. In der Gruppe wird darüber diskutiert und abgestimmt. Für das Gelingen einer Übungseinheit und für die Stimmung in der Gruppe ist der Leiter nicht verantwortlich, sondern ausschließlich die Gruppe selbst.

Der Gruppenleiter moderiert die Gruppe, ermuntert die anderen sich einzubringen und ist Wächter der gemeinsamen Grundordnung. Er ist eine freiwillig eingesetzte Kontrollinstanz, die, je länger eine Gruppe miteinander arbeitet, immer unwichtiger wird. Der Leiter erhält Rückmeldungen über sein Moderationsverhalten. Gemeinsam stellt die Gruppe fest, was beim nächsten Mal besser gemacht werden kann. Wenn die Gruppe nicht mehr weiter weiß, moderiert der Gruppenleiter ein methodisches Zwischengespräch, an dem sich alle beteiligen können. Alle sind an der Findung der Lösung beteiligt, was wiederum kommunikative Qualifikationen schult. Die Leitung sollten im Wechsel alle Gruppenmitglieder wahrnehmen.

8. Ist eine Zusammenarbeit mit Fachleuten nützlich?

Eine Zusammenarbeit eröffnet in der Tat viele Chancen wechselseitigen Lernens. Ein Gruppenmitglied lernt auf einem Seminar von einem Experten, bringt das Gelernte in die Gruppe ein und lernt durch das Weitergeben. Auch die Gruppe profitiert davon.

Ich habe nicht grundsätzlich etwas gegen professionelles Training, ich mache es ja selbst. Mein Einwand beruht vorwiegend auf den z. T. unglaublichen Versprechungen, die gemacht werden. Ich könnte mir z. B. vorstellen, daß Ausbildungsgruppen für die Einarbeitung von Gruppenleitern gebildet werden, wo unter Anleitung von Fachleuten Gruppenleiterqualifikationen geschult werden. Für notwendig halte ich es allerdings nicht, aber wenn Ängste abgebaut werden, kann es hilfreich sein.

9. Was macht es uns so schwer, eine Gruppe zu gründen?

Wo finde ich eine Gruppe, wer überläßt mir einen geeigneten Raum? Habe ich überhaupt genügend Zeit, um regelmäßig daran teilzunehmen?

Diese Einwände sind leicht zu bewältigen. Sehr viel schwieriger ist es mit unseren inneren Widerständen. Was sagen die Kollegen dazu? Mache ich mich nicht lächerlich? Eine Lernselbsthilfegruppe kostet zwar kein Geld, erfordert aber Mut. Was uns von der Gründung einer Gruppe abhält, sind primär Veränderungsängste. Durch selbstverwaltetes Kommunikationstraining nähern wir uns den eigenen Defekten, Konflikten und Unzulänglichkeiten.

10. Wo können sich Selbsthilfegruppen bilden?

In Betrieben, in Bürgerinitiativen, Vereinen, in politischen Parteien können sich Gruppen bilden, überall dort, wo Menschen miteinander zu tun haben. Der Phantasie sind keine Grenzen gesetzt. Eine kleine Anzeige in einem Reklameblatt kann zu einer hochinteressanten Gruppe führen.

Auch die Schule bietet ein ideales Übungsfeld. Ich habe an mehreren Schulen, meist unter schlechten Bedingungen, mit zu vielen Teilnehmern und unter großem Zeitdruck, Seminare veranstaltet. Die Schüler haben begeistert mitgemacht. Wenn sich Schüler und Lehrer in einer Lernselbsthilfegruppe ganzheitlich und gleichberechtigt begegnen könnten, so würde das auch eine wesentliche Verbesserung der Schulsituation insgesamt mit sich bringen. Das gleiche gilt für Hochschulen.

Die Lernselbsthilfegruppe zu zweit: Zwiegespräche

Wenn Ihnen der Mut fehlt, eine Lernselbsthilfegruppe Kommunikation zu gründen, geben Sie trotzdem nicht auf. Es lassen sich Lernerfolge in der kleinsten Gruppe erzielen, mit zwei Personen. Zwiegespräche kann man als die Tätigkeitsform einer »Zweipersonen-Selbsthilfegruppe« ansehen. Mit ihnen erreicht die Bewegung der Selbsthilfegruppen den privaten Bereich. Paar-Gespräche sind ein ideales Übungsfeld, um neue Verhaltensweisen einzuüben. Was ich privat einübe und gelernt habe, kann ich auch in Geschäftsgesprächen und im politischen Bereich anwenden. Selbstverständlich sind Zwiegespräche nicht nur in Lebensgemeinschaften möglich, sondern es können sich ebenso Freunde, Kollegen und Geschäftspartner zusammentun.

Michael Lukas Moeller hat über die Zwiegespräche ein wunderbares Buch geschrieben »Die Wahrheit beginnt zu zweit«.[59] Viele Anregungen aus Moellers Buch sind in meine Arbeit eingeflossen.

Moeller schildert fünf Bedingungen einer guten Beziehung. Sie sind nur miteinander verständlich, es sind Entwicklungsziele, und wir können sie nur mit der Zeit lernen:

1. Wir können lernen, von der wechselseitigen Unkenntnis auszugehen statt von der gleichen Wellenlänge: »Ich bin nicht du und weiß dich nicht.«

2. Wir können lernen, unser gemeinsames unbewußtes Zusammenspiel wahrzunehmen, statt uns als zwei unabhängige Individuen aufzufassen: »Wir sind zwei Gesichter einer Beziehung und sehen es nicht.«

3. Wir können lernen, regelmäßige wesentliche Gespräche als Kreislauf einer lebendigen Beziehung zu begreifen: »Daß wir miteinander reden, macht uns zu Menschen.«

4. Wir können lernen, in konkreten Erlebnissen statt in unbestimmten Gefühlsbegriffen zu sagen, was wir meinen: »In Bildern statt in Begriffen sprechen.«

5. Wir können lernen, unsere Gefühle als unbewußte Handlungen mit geheimer Absicht zu verstehen, statt zu meinen, sie überkommen uns von innen – wie Angst und Depression – oder würden uns von außen gemacht – wie Kränkung und Schuldgefühl: »Ich bin für meine Gefühle selbst verantwortlich.«[60]

Zwiegespräche geben der Entwicklung freien Raum. Sie benötigen allerdings einen Rahmen. Dieser erscheint uns so locker, daß wir schnell der Gefahr erliegen, ihn nicht zu beachten. Doch alle Teile des Rahmens sind entscheidend für die Wirkung. Der Rahmen ist mehr als die Summe der Teile. Die Grundordnung[61] umgreift folgendes: Wenigstens einmal die Woche, anderthalb Stunden, nicht mehr, nicht weniger. Die Regelmäßigkeit ist wie bei der Selbsthilfegruppe das Geheimnis ihres Erfolges. Jeder spricht über das, was ihn bewegt, wie er sich, den anderen, die Beziehung und sein Leben erlebt. Er bleibt bei sich. Das Gespräch hat kein anderes Thema. Es ist offen. Reden und Zuhören sollte möglichst gleich verteilt sein. Schweigen und schweigen lassen, wenn es sich ergibt. Ausgeschlossen sind bohrende Fragen, Drängen, Kolonialisierungsversuche. Jeder entscheidet für sich, was und wieviel er sagen will. Beide lernen durch Erfahrung, daß größtmögliche Offenheit am weitesten führt. Das Ziel besteht darin, sich wechselseitig einfühlbar zu machen.

Exkurs: Themenzentrierte Interaktion

Die »Themenzentrierte Interaktion (TZI)« nach Ruth C. Cohn ist eine Lehr-Lern-Methode, eine Philosophie und die Kunst, sich selbst und eine Gruppe leiten zu können. Ich empfehle TZI als Grundrahmen für die Lernselbsthilfegruppe. Sie ist eine Möglichkeit, doch kann und sollte die Gruppe auch eigene Regeln entwickeln.

Unter TZI ist ganzheitliches Lernen zu verstehen, mit dem Ziel, sich selbst und andere so zu leiten, daß die wachstumsfreundlichen und heilenden, nicht aber die stagnierenden und krankmachenden Tendenzen im Menschen angeregt und gefördert werden.

Es geht um Kooperationsbereitschaft anstelle von zerstörerischer Rivalität, um Realitätssinn anstelle von persönlichen oder gesellschaftlich bedingten Illusionen und um Verantwortlichkeit und Besorgnis für alles Lebendige anstelle von Anpassungsverhalten und vorauseilendem Gehorsam.[62]

TZI hat ein klares, gesellschaftspolitisches Anliegen. Ruth Cohn schreibt dazu: »... TZI war für mich von Anfang an der Ausdruck einer Idee, daß es doch so etwas geben müsse, was wir mitten im Grauen der Welt tun könnten – ihm etwas entgegensetzen, kleine Schritte, kleine winzige Richtungsänderungen ... Ich hatte den Wunsch, eine Bewußtwerdung – wie die Analyse sie einzelnen Menschen ermöglichte – vielen Leuten zugänglich zu machen und vor allem Kinder und Eltern zu erreichen ... Ich habe damals nicht geglaubt und glaube auch heute nicht, daß menschliche Grausamkeit ein unbekämpfbares Naturgesetz ist, sondern eher eine noch nicht gebrochene Kette von Frustrierung und Dagegenschlagen. Ich glaube nicht, daß es ein Naturgesetz ist, daß Flüchtlinge ins Meer geschüttet werden müssen und Millionen von Kindern verhungern sollen.«[63] »Die Frage hier lautet also nicht, was sich im Menschen oder in der Welt zuerst verändern muß – die Verringerung von individueller Angst oder der Abbau inhumaner ökonomischer und politischer Machtverhältnisse. Der Mensch als einzelner wird aufgefordert, die schrittweisen Veränderungen, die seiner inneren und äußeren Realität und seinen jetzigen Fähigkeiten entsprechen, vorzunehmen; und dies kann mit der

Bewußtwerdung und Handlungsfähigkeit der eigenen Person ebenso geschehen wie mit Informations- und Handlungsbereitschaft im gesellschaftlichen Rahmen. Für beides sind Mut und Einsatz notwendig. Wir glauben, daß wir es uns nicht leisten können, auf bessere Situationen, innerlich oder äußerlich, zu warten, ehe wir etwas tun. Wir wollen auch in Situationen inneren Eingeengtseins und äußerer Bedrohungen versuchen, lebendig zu lernen, lebendig zu leben.«[64]

TZI ist ein Modell für den Menschen, der im organischen Gleichgewicht lebt: Sich selbst, die anderen und seine Aufgabe in der Umwelt wichtig zu nehmen, soll unsere Leitlinie sein. Gerade weil TZI es ermöglicht, sich selbst und andere so zu leiten, daß heilende Tendenzen im Menschen angeregt werden, eignet sich TZI formal und inhaltlich hervorragend für Kommunikationstraining.

TZI ist nicht über Lesen allein zu vermitteln. Das Konzept des Lebendigen Lernens geht davon aus, daß Erlebnis und Begrifflichkeit zusammengehören.

TZI kann überall dort eingesetzt werden, wo Menschen sich begegnen: in Schulklassen, Wohngruppen, Bürgerinitiativen, Selbsthilfegruppen, in Vereinen wie auch in beruflichen Teams.

Das TZI-Dreieck in der Kugel:

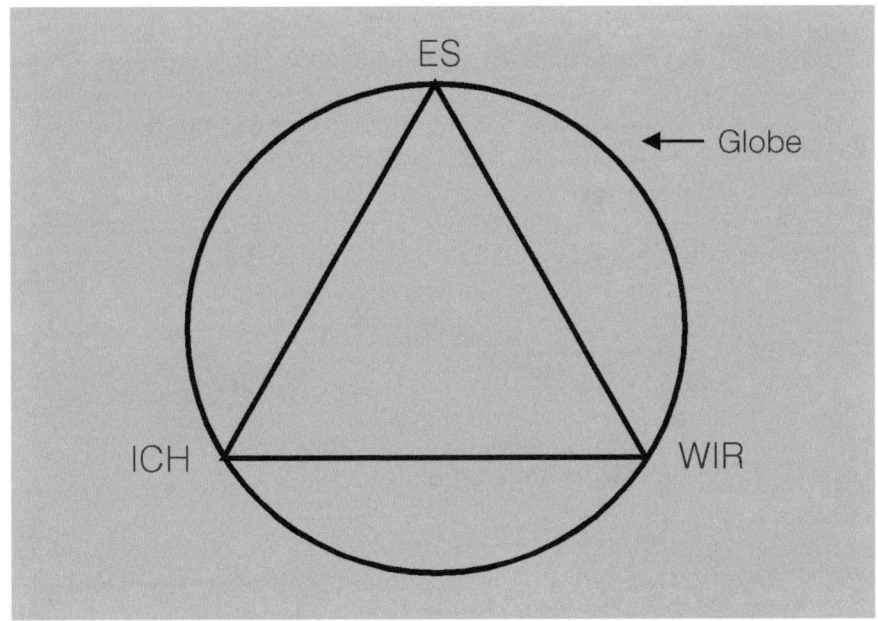

Das TZI-Dreieck in der Kugel zeigt die wesentlichen Punkte jeder Gruppenarbeit auf.

»Sie sind alle vier miteinander verbunden und gleich wichtig. Diese Punkte sind:

- die Person, die sich selbst, den anderen und dem Thema zuwendet (= ICH);
- die Gruppenmitglieder, die durch die Zuwendung zum Thema und ihre Interaktion zur Gruppe werden (= WIR);
- das Thema, die von der Gruppe behandelte Aufgabe (= ES);
- das Umfeld, das die Gruppe beeinflußt und von ihr beeinflußt wird, also die Umgebung im nächsten und weitesten Sinn (= GLOBE).«[65]

ES, WIR und ICH stehen auch für drei Formen des Lernens.

ES für akademisches Lernen, meist Frontalunterricht oder »Musik von vorn« genannt. Ich empfehle, daß die Mitglieder der Lernselbsthilfegruppe Kommunikation immer wieder kleine Vorträge zu selbst ausgewählten Themen halten.

WIR steht für Lernen in der Gruppe. Reden lernen wir nicht durch einen akademischen Vortrag. Es muß in einer möglichst realitätsnahen Situation in einer Gruppe für Sie erfahrbar werden, daß Sie gut frei sprechen können, wenn Sie sich nur trauen.

ICH steht für psychologisches Lernen. Ausgangspunkt sind persönliche Erfahrungen. Ein komplizierter und differenzierter Fachvortrag über Redeängste würde die vorhandenen Ängste mit ziemlicher Sicherheit vergrößern. Beim psychologischen Lernen setzen wir uns in einen Kreis und teilen uns mit, wie jede und jeder von uns mit Redeängsten umgeht. Allein die Erfahrung, daß alle Redeängste haben, nur einige es besser verbergen können als die anderen, ist nicht nur tröstlich, sondern hilfreich. Wer vor sich selbst oder vor einer Gruppe zugeben kann, daß er Redeangst hat, hat schon 50 Prozent davon abgebaut. Mit den restlichen 50 Prozent lernen wir in der Gruppe umzugehen.

Die Kunst des Gruppenleiters und der Gruppe selbst besteht darin, ICH, WIR, ES in dynamischer Balance zu halten.

Zwei der wichtigsten TZI-Postulate sind: »Sei dein eigener Chairman« und »Störungen haben Vorrang«. Damit wird die Verantwortlichkeit gegenüber sich selbst und die Beschäftigung mit der eigenen Person festgelegt, und der Vorrang für Störungen erzwingt eine Beschäftigung mit der Gruppe.

In der Lernselbsthilfegruppe wird also nicht nur über Kommunikation (ES) gesprochen und diskutiert, sondern in gleicher und möglichst ausbalancierter Weise werden ebenso die einzelnen Personen (ICH), die

Gruppe (WIR) und das Umfeld (GLOBE) mit einbezogen. Dabei bemühe ich mich um erfahrungsorientiertes Lernen anhand von Beispielen.

Hinter dieser Arbeitsweise steht ein humanistisch-ganzheitliches Grundprinzip, daß die gleiche Wichtigkeit der vier Faktoren ICH, WIR, ES, und GLOBE betont.

Die Aufgabe des Gruppenleiters, im Idealfall der Gruppe, besteht darin, den gerade vernachlässigten Teil in Erinnerung zu rufen, um Balance herzustellen. Werden zu viele Vorträge gehalten und die Zuhörerinnen und Zuhörer unruhig, so wird auf eine Übung gedrängt. Hat eine Teilnehmerin oder ein Teilnehmer Angst vor Videoaufnahmen, stelle ich die Person und die Redeängste in den Vordergrund.

Dieses Prinzip der dynamischen Balance ist sehr anschaulich am TZI-Symbol, dem gleichseitigen Dreieck in der Kugel, nachvollziehbar. Die Gruppe kann so lange lebendig miteinander lernen, wie es gelingt, ein dynamisches Gleichgewicht dieser vier Faktoren herzustellen.

Grundlegend für das System themenzentrierter Interaktionen sind drei Axiome, feststehende Grundsätze, die keiner Beweise bedürfen.

1. Der Mensch ist eine psycho-biologische Einheit. Er ist Teil des Universums. Er ist darum autonom und interdependent. Autonomie (Eigenständigkeit) wächst mit dem Bewußtsein der Interdependenz (Allverbundenheit).

2. Ehrfurcht gebührt allem Lebendigen und seinem Wachstum. Respekt vor dem Wachstum bedingt bewertende Entscheidungen. Das Humane ist wertvoll; Inhumanes ist wertbedrohend.

3. Freie Entscheidung geschieht innerhalb bedingter innerer und äußerer Grenzen. Erweiterung dieser Grenzen ist möglich.

Die Postulate

Aus diesen drei Axiomen leiten sich zwei Postulate ab. Sie sind Forderungen auf der Basis des Paradoxons der Freiheit in Bedingtheit. In den beiden Postulaten sind folgende zentrale Intentionen der TZI festgeschrieben: Das Erkennen eigener und fremder Gefühle und eigener und fremder Bedürfnisse sowie deren Artikulation.

Das erste Postulat lautet:

Sei dein eigener Chairman / Sei deine eigene Chairwoman.

Ich horche in mich hinein: Welche Gefühle, Bedürfnisse, Wünsche spüre ich. Welche körperlichen Empfindungen habe ich? Ausgangspunkt meines Handelns soll nicht sein, was »man« sagt, sondern entscheidend ist, was ich zum Ausdruck bringen möchte.

Ich lenke den Blick auf die äußere Wirklichkeit. Es gilt, das Umfeld wahrzunehmen, persönliche Lebensumstände und die gesellschaftlichen Rahmenbedingungen. Ich mache mir die eigene Abhängigkeit bewußt.

Der dritte Schritt fordert zu einer verantwortlichen Entscheidung aus dem Blickwinkel der inneren und äußeren Perspektive auf. Verantwortung übernimmt eine Chairperson nur für die eigenen Handlungen. So ist z. B. die Chairperson keinesfalls für die »Stimmung« in einer Gruppe verantwortlich, was häufig in der Praxis erwartet wird, oder die Chairperson selbst glaubt, daß sie verantwortlich wäre. Beides ist falsch. Jeder und jede ist für sich selbst verantwortlich.

Das zweite Postulat heißt: Störungen haben Vorrang.

Was sind Störungen? Es sind sowohl Ärger, Langeweile, Konflikte, Zerstreutheit als auch Freude, Begeisterung und Engagement. Störungen fragen nicht nach Erlaubnis, sie sind einfach da. Störungen haben nur scheinbar nichts mit dem Thema zu tun. Bevor die Störung nicht beseitigt ist, ist kein lebendiges Lernen möglich. Sie wird deshalb zum Mittelpunkt des Gruppengespräches, bis sie beseitigt ist. Dieses Verhalten ist in unserer Alltagskommunikation neu und ungewohnt, aber es gibt aus meiner Sicht keine Alternative.

Mit Störungen umgehen können erfordert eine außerordentliche Sensibilität. Sie ist aus meiner Sicht die Hauptqualifikation eines Teammoderators und eine Qualifikation, mit der Sie im Berufsleben viel Erfolg haben werden.

Durch die Einbeziehung innerer und äußerer Störungen und der Auseinandersetzung in der Gruppe wird im Gegensatz zu vordergründigen Erwartungen ein Gemeinschaftsgefühl erlebt, das als wohltuend empfunden wird. Es ist ein Modell, wie Menschen mit sich und anderen humaner leben könnten.

Ich erlebe das in meinen Seminaren immer wieder in der abschließenden Seminarkritik. Es stehen nicht die Lernerfolge im Vordergrund, sondern folgende Rückmeldungen: »Der Kurs war nicht schlecht, ich habe einiges gelernt, deine Art das Seminar zu leiten hat mir gefallen, aber das Schönste war, daß lauter nette Menschen in der Gruppe waren.« Häufig antworte ich: »Ja, aber macht Euch klar, daß wir ein willkürlich zusammengewürfelter Haufen waren. Was Euch so gefallen hat, ist die Art, wie wir miteinander umgegangen sind.«

Die Hilfsregeln

Aus den drei Axiomen und den zwei Postulaten sind Hilfsregeln abgeleitet, die die Gruppenkommunikation erleichtern und fördern. Die Hilfsregeln sind Angebote, keine dogmatischen Gesetze. Manche sind allgemein anwendbar, andere eher situationsspezifisch. Die Hilfsregeln sind nur im Kontext zu sehen. Teilweise widersprechen sie sich sogar, z.B. »Störungen haben Vorrang« und »Nur einer zur gleichen Zeit«. Dieser Widerspruch muß in der Gruppe ausbalanciert werden. Die Formulierungen sollten Sie der Gruppensituation bzw. der Gruppensprache anpassen. Im Idealfall entwickelt jede Gruppe ihre eigenen Regeln.

Für den einzelnen bieten die Hilfsregeln Unterstützung bei der Überprüfung eigener Beiträge. Sie eignen sich hervorragend dazu, eigene wie fremde Beiträge zu spiegeln und zu reflektieren.

Die wiederholte Einübung und Anwendung der Hilfsregeln in der Gruppe ermöglicht darüber hinaus eine effektive Informationsverarbeitung und dauerhafte Speicherung des Wissens.

1. Vertritt dich selbst in deinen Aussagen; sprich per »Ich« und nicht per »Wir« oder per »Man«.
Durch eine Ich-Aussage übernehme ich die Verantwortung für das, was ich sage. Man und Wir sind Versteckspiele. Die Hilfsregel ermutigt, selbstverantwortliche Aussagen zu machen.

2. Wenn du eine Frage stellst, sage, warum du fragst und was deine Frage für dich bedeutet. Vermeide das Interview.
Es gibt in unserer Alltagskommunikation wenig echte Fragen. Fragen dienen häufig dazu, die eigenen Ansichten nicht offen auszusprechen. Dann sind Fragen Vermeidungsspiele.

3. Sei authentisch und selektiv in deiner Kommunikation. Mache dir bewußt, was du denkst und fühlst, und wähle, was du sagst und tust.
Selektive Authentizität bedeutet, daß ich die Verantwortung dafür übernehme, wie das, was ich sage, beim anderen ankommt. Alles was ich sage, ist ehrlich, nicht etwa wahr. Das bedeutet aber nicht, daß ich immer auch alles sage.

4. Halte dich mit Interpretationen zurück, sprich statt dessen deine persönlichen Reaktionen aus.

Nicht erbetene Interpretationen drängen den Kommunikationspartner in eine defensive Haltung. Wenn Sie trotzdem Aussagen machen, zeigen Sie den Zusammenhang mit Ihrer Person auf. Weshalb war es Ihnen wichtig, gerade jetzt diese Aussage zu machen?

5. Sei zurückhaltend mit Verallgemeinerungen.
Verallgemeinerungen haben die Eigenart, den Gruppenprozeß zu unterbrechen. Sie sind am Platz, wenn ein Unterthema ausreichend diskutiert und der Wechsel des Gegenstandes angezeigt ist.

6. Wenn du etwas über das Benehmen oder die Charakteristika eines anderen Teilnehmers aussagst, sage auch, wie du ihn siehst.
Diese Regel verhindert, zusammen mit der Frage-Regel (»Frage nicht ohne Zufügung deiner Motivation«), daß sich die Gruppe einen Prügelknaben heraussucht. Die Aussage darüber, wie ich einen anderen sehe, ist meine persönliche Meinung ohne Anspruch auf allgemeine Gültigkeit. Wenn der Sender hinzufügt, was ihm seine Fragen und sein Feedback bedeuten, werden echte Dialoge begünstigt.

7. Seitengespräche haben Vorrang. Sie stören und sind meist wichtig.
Weshalb werden in einer Gruppe Seitengespräche geführt? Ein Thema bewegt mich so, daß ich es beim Nachbarn loswerden muß, ich traue mich nicht, es spontan einzubringen. Oder ich fürchte wortgewandte Sprecher in der Gruppe, denen ich mich unterlegen fühle. Es ist auch möglich, daß ein Teilnehmer aus dem Gruppenprozeß herausgefallen ist und versucht, darüber wieder den Einstieg zu finden. Für diese Regel benötigen wir viel Fingerspitzengefühl, damit sie als Aufforderung erlebt wird und nicht als Zwang.

8. Nur einer zur gleichen Zeit.
Wir können zur gleichen Zeit miteinander singen, nicht aber reden. Wenn ich mich auf die Beiträge konzentrieren möchte, müssen sie hintereinander erfolgen. Diese Regel gilt sowohl für verbale Äußerungen, als auch für nichtverbale Signale wie Gesten oder Paarbildungen.

9. Wenn mehr als einer sprechen will, verständigt euch in Stichworten, über was ihr sprechen wollt.
Auf diese Weise werden die Anliegen aller berücksichtigt. Eine kurze Abstimmung mindert explosive Bedürfnisse, sich mitzuteilen, und befähigt die Gruppe zu wählen. Die Sprechordnung kann auf verschiedene Arten bestimmt werden, z. B. durch das offenbar starke Bedürfnis eines

Teilnehmers, das Interesse an einer plötzlich auftauchenden Äußerung oder durch Vorschläge eines Gruppenmitgliedes.

10. Werde wach für deine Gefühle. Sie sind gültig für dich und den jeweiligen Augenblick. Sie sind deine Energiespender.
Achten Sie nicht nur auf das, was gesagt wird, sondern auch auf Ihre Gefühle. Teilen Sie sie mit. Sympathie und Freude gehört dazu, aber ebenso Ärger und Wut.

11. Beobachte deine Körpersignale und die der anderen.
Diese Hilfsregel macht auf die Gleichwertigkeit von Wort- und Körpersprache aufmerksam. Cornelia Löhmer und Rüdiger Standhardt schreiben hierzu: »Weil unsere Erfahrungen als Gefühle durch unseren Körper hindurchgehen, sind Körperempfindungen Hinweise aus unbewußten und tieferen Gefühlsschichten. Körpersignale sind unmittelbarer und daher authentischer als das gesprochene Wort und können einen wertvollen Beitrag zum Thema leisten.«

12. Wenn du willst, durchbrich alle diese Regeln.
Mit dieser Regel wird nochmals die Wirksamkeit und Bedeutung von Regeln hinterfragt. Sie bringt zum Ausdruck, daß Hilfsregeln nur dann sinnvoll sind, wenn sie die Kommunikationsentfaltung fördern. Die Verabsolutierung von Regeln ist Mißbrauch und dient dem Geist, den sie bekämpfen möchten.

Das kleine ABC der Selbsthilfe

Das Prinzip der Selbsthilfe
Jeder entwickelt sich selbst, und dadurch, nur dadurch hilft er den anderen, sich selbst zu entwickeln. Der Gruppendreisatz lautet: »Keine Fragen. Keine Ratschläge. Jeder und jede über sich.« Auf Fremdhilfe wird verzichtet. Für mich sind die folgenden Regeln die wichtigsten. Wenn sie eingehalten werden, kann die Gruppe erfolgreich miteinander arbeiten:
- Alles, was in der Gruppe gesprochen wird, bleibt in der Gruppe.
- Ich entscheide, ob ich rede oder schweige. Durch diese Regel wird die persönliche Integrität des einzelnen gewährleistet.
- Störungen haben Vorrang. In der Gruppe ist das »dran«, was gerade »drin« ist.

Die eigene Sache

- Selbsthilfegruppen handeln in eigener Sache. Jeder und jede geht in die Gruppe wegen eigener kommunikativer Defizite.
- Jeder und jede ist in eigener Sache für sich selbst verantwortlich. Jeder und jede bestimmt über sich selbst. Bringt die Arbeit in der Gruppe nichts, so sucht jeder und jede die Ursachen bei sich selbst, nicht beim Gruppenleiter oder bei den anderen.
- Alle in der Gruppe sind gleich, es gibt keine Hierarchie, es gibt keinen Trainer, zu dem man aufschaut.
- Die Gruppe entscheidet selbstverantwortlich.
- Die Selbsthilfegruppe ist kein Lebensersatz, sondern Trainingslager und Übungsgelände fürs Leben.

Die Gruppenweisheiten

- Rede über alles, aber sprich von dir.
- Rede über alles, aber nicht über 20 Minuten.
- Das Wichtigste zuerst; erzähl nicht unbedingt das, was du auch deinem Friseur erzählen könntest.
- Die Gruppe gibt dir nicht das, was du dir wünschst, sondern das, was du brauchst.
- Eile mit Weile.
- Wenn die Gruppe dir sagt, du bist ein Frosch, dann wird es höchste Zeit, daß du dich nach einem Teich umsiehst.
- Denk nach!
- Du bist verantwortlich.
- Nur du allein schaffst es, aber du schaffst es nicht allein.
- Der Weg ist das Ziel.

Das organisatorische Gerüst

Die Lernselbsthilfegruppe Kommunikation sollte mindestens einmal im Monat zusammenkommen, besser noch alle 14 Tage, sonst reißt der gemeinsame Faden. Eine Dauer von etwa zwei Stunden, möglichst in einem neutralen Raum, hat sich bewährt. Die Gruppe bestimmt selbst, wie groß sie sein möchte, damit sinnvolles Lernen möglich ist. Ich empfehle mindestens sechs Personen, möglichst nicht mehr als zwölf. Wenn eine Gruppe zu klein bleibt, fehlt ihr die breite Auffächerung des Erlebens, der Gefühle und der Anschauungen. Die Teilnahme ist kostenlos.

Selbstdiagnose

Woran kann ich erkennen, ob eine Gruppe ernsthaft arbeitet? Ich stelle mir folgende Fragen: Wird die Grundordnung der Selbsthilfe beachtet?

Ist die Kontinuität gesichert, wird die Regelmäßigkeit eingehalten? Sind die zwei Stunden von intensiver Arbeit erfüllt? Bringt sich jeder in die Gruppe ein? Wenn es nicht klappt, fangen Mitglieder an, die Schuld bei den anderen zu suchen? Rede ich nur über meine Gefühle oder zeige ich sie auch? Hat die Gruppe aufgehört, gemeinsame Beschlüsse zu fassen? Macht nur noch der Leiter Vorschläge? Wird auf regelmäßige Rotation verzichtet? Ist die Sprechzeit innerhalb der Gruppe etwa gleichmäßig verteilt? Handelt es sich auf der Sprachebene um intellektuelles Geschwätz oder wird die Sprache des Herzens gesprochen? Arbeitet die Gruppe im Hier und Jetzt? Werden die aus der Vergangenheit stammenden Gefühle Furcht, Zorn und Schmerz getilgt? Beschäftigt sich die Gruppe nur mit einer Veränderungsebene, oder wird stets die Balance zwischen allen drei Ebenen hergestellt?

Wer kennt sie nicht die Klage, aus allen Vereinen und Gruppierungen: Es sind immer dieselben, die die niederen Arbeiten machen müssen. Wenn Sie langsam sauer dabei werden, dann handeln Sie nach den Prinzipien der Selbsthilfe: Tun Sie es nicht mehr. Sie werden sehen, ein anderer macht es schon. Wenn nicht, dann ist die Gruppe auch sonst nicht arbeitsfähig. Ein jeder sollte einen kleinen Teil der Aufgaben übernehmen: Den Raum organisieren, eine Videokamera besorgen, Getränke heranschaffen oder eine Adressenliste erstellen. Es sollte regelmäßig darüber in den Gruppen berichtet und abgestimmt werden. Ich empfehle das Rotationsprinzip auch bei den kleinen Aufgaben.

Techniken

Die Erarbeitung eines Vortrages ist ein Produktionsprozeß, der durchaus mit der Bildhauerei verglichen werden kann. Vorstellungen und Gedanken wachsen und reifen, die grobe Form bildet sich heraus. Danach wird gefeilt und poliert. Künstlerisch und vor allem kreativ sollten wir an unsere Referate herangehen. Wenn wir uns hinreichend Zeit nehmen, sind wir in der Lage, aus bekannten Fakten und Argumenten neue Kombinationen und Denksysteme zu entwickeln. Dann sind wir kreativ. Die Erarbeitung eines Referates ist auch ein handwerklicher Vorgang. Ein guter Inhalt ist nur durch eine entsprechend gute Form zu vermitteln. Zwar kann die Form nichts ohne Inhalt bewirken, aber auch der Inhalt ohne die geeignete Form bleibt wirkungslos. »Die Form ist das Gesetz des Inhalts«, sagt Imanuel Kant.

Jede sorgfältige Vorbereitung beginnt mit drei Voraussetzungen:

Machen Sie sich sachkundig

Entscheidend ist, daß ich mich mit dem Gegenstand der Rede vertraut gemacht habe und weiß, wovon ich rede. Lassen Sie sich niemals auf einen Vortrag ein, wenn Sie zu dem Thema nichts Wesentliches zu sagen haben.

Nehmen Sie sich genügend Zeit

Wenn ich mir die notwendige Zeit für die Vorbereitung eines Referates nehme, spüre ich, daß das Arbeiten an einem Thema und die Bewältigung auftauchender Schwierigkeiten zufrieden macht. Dieses Erfolgserlebnis stellt sich nur dann ein, wenn ich nicht unter Streß arbeite. Viele

Menschen behaupten, nur unter Zeitdruck schöpferisch tätig sein zu können. Ich bezweifle das: Zeitdruck blockiert den Fluß der Einfälle.

Erarbeiten Sie sich eine Systematik

Sie ersparen sich viel Ärger, wenn Sie Ihre Vorträge anhand einer Systematik erarbeiten. Diese Systematik müssen Sie nach Ihren persönlichen Bedürfnissen selbst entwickeln.

Schritte zur Vorbereitung

Die Strukturierung

Wissen allein ist nicht ausreichend, um eine gelungene Rede zu halten. Ein Vortrag muß so aufbereitet werden, daß er nicht nur verstanden, sondern auch behalten wird. Sie erreichen das, indem Sie für äußere Übersichtlichkeit und innere Folgerichtigkeit sorgen. Es empfiehlt sich, stets den Konstruktionsplan einer Rede deutlich zu machen.

Die folgenden Gliederungsschemata können Ihnen dabei helfen.

Die klassische Methode

Eingang	Erlangung des Wohlwollens, Aufmerksamkeit erregen, den Sende-/Empfangsvorgang herstellen
Erzählung	Gegenstand entwickeln, zum Thema führen
Hauptfrage feststellen	Problembewußtsein wecken
Beweisführung	Argumentation – den eigenen Standpunkt begründen – den gegnerischen Standpunkt widerlegen
Das Ergebnis feststellen	Zielsatz
Schluß	Zusammenfassung, Aufruf

Die analytische Methode

Einleitung

Was liegt vor?
Wie sind die Zustände?   } Analyse

Gründe und Ursachen dafür?

Was müßte stattdessen sein?   } Utopie

Mit welchen Mitteln können
die Zustände geändert werden? } Strategie

Schluß (Handlungsaufruf
oder Kerngedanken)

Die medizinische Methode

Symptome   Äußere Erscheinungen

Diagnose   Innere Ursachen

Prognose   Schadensverlauf bei Nichteingreifen

Medikation   Welche Mittel dienen der Heilung?

Therapie   Heilungsverlauf

Die dialektische Methode

These   Feststellung

Antithese   Gegenfeststellung

Synthese   Zusammenschau

Die historische Methode

Einleitung

Hauptteil   Chronologische Abfolge der Ereignisse

Schluß

Diese Methode ist grundsätzlich nicht zu empfehlen, sie wirkt langatmig und ist spannungsarm. Sie sollte nur angewendet werden, wenn es auf die exakte zeitliche Abfolge besonders ankommt!

Die Stoffsammlung

Ich sammle alles, was es zu dem Thema gibt. Es ist für mich einer der seltenen Fälle, wo Quantität vor Qualität geht. Eine Stoffsammlung sollte ständig wachsen. Wenn ich vor der Frage stehe, ob ich den Stoff aufheben soll oder nicht, entscheide ich nach dem Grundsatz: Im Zweifelsfall immer aufheben.

Ich unterscheide beim Sammeln zwischen Fremdstoff und Eigenstoff. Fremdstoff sind die Materialien, die ich aus fremden Quellen habe, der Eigenstoff ist aus meinem eigenen Erfahrungsbereich.

Fünfzig Prozent Fremdstoff, fünfzig Prozent Eigenstoff sind für mich der Idealfall. Natürlich ist die Verteilung auch vom Thema abhängig. Wenn Ihnen gar kein Eigenstoff einfällt, können Sie sicher sein, daß etwas nicht stimmt, und die Gefahr ist groß, daß einiges bei Ihrem Vortrag schief läuft. Meine Mißerfolge hatten fast immer drei Ursachen. Entweder hatte ich mir zu wenig Zeit für die Vorbereitung genommen oder zu viel Stoff auf einmal gebracht. Der häufigste Grund jedoch war, daß ich aus Eitelkeit Referatsverpflichtungen angenommen hatte, obwohl ich mit der Materie nicht hinreichend vertraut war. In solchen Fällen konnte ich mich nur auf Fremdstoff verlassen, und es entstand ein Referat, das als steril und unlebendig empfunden wurde.

Verlassen Sie sich nicht nur auf Ihre Hausbibliothek, sondern recherchieren Sie in öffentlichen Bibliotheken.

Eigenstoff ist für Ihren Vortrag unabdingbar, er ist das Salz in der Suppe. Für die Sammlung des Eigenstoffes benötige ich bedeutend mehr Disziplin. Meinen Eigenstoff notiere ich auf Karteikarten und Zettel, auch unterwegs. Tagebuch schreiben wäre eine schöne Sache, leider bringe ich selten die Disziplin dazu auf.

Ihre Zuhörerinnen und Zuhörer wollen wissen, was Sie als Person mit dem Thema zu tun haben. Achten Sie deshalb auch bei Fachvorträgen besonders auf Eigenstoff. In ihm finden Sie die Selbstoffenbarungsanteile Ihrer Nachrichten. Wie entscheidend Selbstoffenbarungsanteile für den Erfolg Ihrer Rede sind, können Sie leicht herausfinden. Wo wird aufmerksam zugehört, wo ist es spannend? Welche Abschnitte mit welchen Inhalten werden anschließend intensiv und heftig diskutiert? Sie werden feststellen, daß es in der Regel die Teile sind, die als Eigenstoff zu bezeichnen sind und hohe Selbstoffenbarungsanteile aufweisen.

Viele Referenten verstecken sich gern hinter Zitaten: »Schon Lessing hat gesagt« oder »Wie Adorno doch so richtig bemerkte«. Das ist aus meiner Sicht wenig erfolgversprechend. Üben Sie sich auch nicht in der Kunst, etwas zu zitieren, was sie nicht im Original gelesen haben. Ihr eigener Standpunkt ist viel interessanter.

Die Auswahl

Bei der Stoffauswahl empfehle ich im Zweifelsfalle weglassen. Qualität geht jetzt vor Quantität. Weniger ist meistens mehr.

Wir neigen aus mangelndem Selbstbewußtsein dazu, Referate mit Fakten zu überladen, wenn nicht gar vollzustopfen. Wir wollen alles vortragen, was wir wissen, weil wir uns keine Blöße geben wollen. Aber das ist eine Selbsttäuschung. Natürlich ist es beruhigend, wenn Sie zu einem Thema viel wissen. Behalten Sie aber lieber einiges im Hinterkopf, denn in der anschließenden Diskussion Ihres Referates müssen Sie erneut Ihre Sachkenntnis unter Beweis stellen. Der Drang, alles mitteilen zu wollen, liegt in der Angst, daß ein Diskussionsredner aufsteht und sagt: »Es fehlen mir im Referat viele Fakten und Argumente, und das haben Sie vergessen, und jenes hätten Sie erwähnen müssen.« Das sind Wichtigtuereien. Sie brauchen keine Angst vor solchen Leuten zu haben. Die Zuhörerinnen und Zuhörer haben ein feines Gespür dafür, was Diskutanten mit solchen Beiträgen beabsichtigen, sie spüren, ob es um ehrliche Kritik geht oder nicht. Je souveräner Sie darauf reagieren, um so qualifizierter und sachkundiger wirken Sie auf Ihr Publikum.

Welche Kriterien lege ich bei der Stoffauswahl an? In erster Linie sind es inhaltliche Kriterien. Ich stelle mir folgende Zielfragen: Worauf will ich hinaus? Was ist mein Anliegen? Was will ich bewirken? Wen will ich wie erreichen? Worauf sind die Zuhörer besonders gespannt? Welche innere Einstellung haben sie zum Thema? Weitere Auswahlkriterien sind: Welche Zahlen, Tabellen, Beweisführungen brauche ich dafür? Rede ich vor Laien oder vor Fachleuten? Wieviel Zeit steht mir zur Verfügung? Wie viele Zuhörer erwarten die Veranstalter?

Die Grobgliederung

Ich gliedere und ordne jetzt den Stoff mit Hilfe einer der Gliederungsmethoden. In der Regel arbeite ich mit der analytischen Methode. Ich ordne den Stoff in die Bereiche Analyse/Strategie/Utopie oder Zielvorstellung. Stelle ich fest, daß z.B. im Utopie- oder Zielbereich zu wenig Material vorhanden ist, so greife ich auf meine Stoffsammlung zurück. Ist nicht genügend Stoff für einen der Teilbereiche vorhanden, so begebe ich mich wieder auf die Recherche. Das ist einer der großen Vorteile dieser Gliederungsmethode. Sie zwingt mich, einen Sachverhalt umfassend zu durchdenken. Stelle ich z.B. im Strategiebereich fest, daß zu wenig Lösungsvorschläge vorhanden sind, so bemühe ich mich, oft auch mit fremder Hilfe, um weitere Vorschläge und Gesichtspunkte.

Habe ich meinen Referatsstoff in die Bereiche Analyse, Strategie, Utopie/Ziel eingeteilt, so existiert bereits die Grobgliederung. Der Denkablauf der analytischen Methode zwingt meinen Text nicht nur in eine systematische Form, sondern erzeugt darüber hinaus einen Spannungsbogen.

Die vorläufigen Stichworte

Ist der zu bearbeitende Stoff für mich völlig neu, fasse ich ihn in Stichworte und schreibe ihn auf Moderationskärtchen, die ich auf dem Tisch ausbreite oder an eine Pinnwand hefte. Ich sortiere sie nach Wichtigkeit. Ich suche nach einer Reihenfolge, die mir für das Referat geeignet erscheint. Der Vorteil dieser Methode ist, daß ich die Kärtchen immer wieder hin- und herschieben kann, bis ich mich für eine endgültige Reihenfolge entscheide. Mit dieser Methode finden Sie am besten heraus, wie Sie Ihre Fakten optimal aneinanderreihen. Gleichzeitig prägen sich durch die optische Präsentation beim Gliedern und Ordnen die Grundgedanken besser ein. Auf diese Art eignen Sie sich auch den Fremdstoff besser an. Lassen Sie sich Zeit dabei und probieren Sie Alternativen aus.

Die »Bruttätigkeit«

Nachdem ich die vorläufige Stichwortfassung erstellt habe, beschäftige ich mich intensiv mit dem Inhalt. Ich nenne diese Phase meiner Vortragsvorbereitung »Bruttätigkeit«. Dies bedeutet für mich Überdenken, Selbstbefragung, Meditation, Verknüpfung der Gedanken, eine Gedankenkette herstellen. Was ist mein Hauptanliegen? Wie kann ich alle Einzelheiten zu einem Ganzen zusammenfassen? Je eingehender Sie sich in der »Brutphase« mit dem Inhalt des Referates beschäftigen, desto besser beherrschen Sie ihn im Vortrag und desto leichter tun Sie sich in der anschließenden Diskussion.

Die Zuspitzung

Nach Abschluß der »Brutphase« stellt sich die wichtigste Aufgabe: das Herausarbeiten der Kerngedanken. Hegel nannte es die Arbeit der Zuspitzung: »Die denkende Vernunft aber spitzt, sozusagen, den abgestumpften Unterschied des Verschiedenen, die bloße Mannigfaltigkeit der Vorstellung zum wesentlichen Unterschied, zum Gegensatz zu.«
 Eine reine Addition von Sachargumenten ergibt noch keine Idee. Tatsachen müssen verdichtet werden. Wenn der Inhalt unserer Referate bei den Zuhörerinnen und Zuhörern ankommen soll, so ist folgendes zu beachten: Wir müssen Gedanken und Ideen in Botschaften »stecken«, die sich in den Köpfen und Herzen der Menschen festsetzen können.
 Ich habe die Erfahrung gemacht, vor allem bei Studenten, daß sie zwar viel Fleiß auf ihre Referate und Zulassungsarbeiten verwenden, aber schlagartig durch die Frage zu verunsichern sind: Können Sie mir bitte kurz drei oder vier Kerngedanken benennen, die in Ihrer Arbeit enthalten sind? Meistens kommt dann außer Verlegenheit nichts. Aber gerade in diesem Teil der Vorbereitung eines Vortrages liegt die eigenständi-

ge geistige Arbeit. An dieser Stelle zeigt sich, ob Sie den Stoff hinreichend und umfassend durchdacht oder ob Sie sich nur Fremdstoff angeeignet haben.

Die endgültigen Stichworte

In der vorläufigen Stichwortfassung habe ich festgehalten, was ich vortragen möchte, sie ist in erster Linie eine Gedächtnisstütze für die Ausarbeitung des Vortrages. Bei der endgültigen Stichwortfassung erstelle ich die Gedankenstütze, die ich für den Vortrag benötige. Stichworte sind nicht nur einzelne Merkwörter, sondern können auch Halbsätze sein. Ich achte darauf, daß ich sie mit einem schnellen Blick aufs Manuskript erfassen kann. Schreiben Sie groß und deutlich und heben Sie die einzelnen Stichworte optisch voneinander ab.

Es widerspricht meinen Erfahrungen, daß es sinnvoll ist, einen vollständigen Vortragstext zu schreiben. Ich rate auch Anfängern davon ab, es macht sie nur scheinbar sicherer. Beim Freien Sprechdenken erfolgt das Denken im Dialog zwischen Sender und Empfänger. Bei dieser Art des Vortragens werden die Sätze, indem von den Stichwörtern Denkimpulse ausgehen, erst während des Sprechvorganges fortwährend gebildet. Der Vorlesende mit einem ausformulierten Text klebt zwangsläufig am Manuskript, und sein Dialogpartner ist nicht das Publikum, sondern der Text. Beim Freien Sprechdenken ist Ihr Dialogpartner das Publikum, das Manuskript dient Ihnen lediglich als Gedächtnisstütze.

Häufig kommt an dieser Stelle von jungen Wissenschaftlern der Einwand, die Kolleginnen und Kollegen würden mit einem ausgefeilten Manuskript auf die Kongresse kommen und ablesen. Stimmt, allerdings mit folgender Ausnahme: Die fachlich Routinierten und Versierten, die Könner, referieren von einem Stichwortzettel.

Ich empfehle, von Anfang an die Stichworttechnik einzuüben. Damit zwingen Sie sich, Texte und Informationen präzise in ihrer gedanklichen Struktur zu erfassen. Das hat Vorteile: Der Vortrag ist lebendig. Nur so fühlen Sie sich wohl beim Reden und können Ihre Ressourcen mobilisieren. Sie lernen die Technik, komplizierte Sachverhalte in Stichworten festzuhalten, die Ihnen nicht nur bei Ihrer Vortragstätigkeit hilfreich ist, sondern Sie in die Lage versetzt, bei Vorträgen anderer oder in Besprechungen Wichtiges mitzuschreiben, sich aber gleichzeitig voll auf das Vorgetragene zu konzentrieren.

Ihre Qualifikation weisen Sie nicht in erster Linie durch den Vortrag nach, sondern durch Niveau und Qualität der anschließenden Diskussion. Einen Vortrag können Sie vorlesen, in der anschließenden Diskussion sind Sie aber gezwungen, frei zu sprechen. Die Diskussionsbeiträge der Teilnehmer können Sie sich jedoch nur mit Hilfe der Stichworttechnik merken. Liegt Ihr Diskussionsniveau deutlich unter dem Niveau Ihres Vortrages, so geraten Sie in eine Glaubwürdigkeitslücke. Beherrschen Sie die Stichworttechnik und das Freie Sprechdenken, gelten Sie als souverän und fachkompetent.

Die endgültige Stichwortfassung erstelle ich in folgender Reihenfolge: zuerst den Hauptteil, dann den Schluß und zuletzt die Einleitung. Sie können Ihre Gedanken hand- oder maschinenschriftlich oder stenographiert zu Papier bringen. Ich persönlich bevorzuge ein handschriftliches Manuskript, weil die Konzentration auf Maschinenschrift mich zu sehr vom Gedankenfluß abbringt und mich beim Formulieren stört. Wählen Sie die Form, die Ihnen am meisten Sicherheit bietet.

Es liegt auf der Hand, daß der Schluß einer Rede, wenn er gut aufbereitet ist, am eindringlichsten und längsten bei den Zuhörerinnen und Zuhörern haften bleibt. Vermeiden Sie den »Rührteigschluß«, beschränken Sie sich auf eine Zusammenfassung der Kerngedanken. Eine andere Möglichkeit ist, einen Handlungsaufruf zu formulieren. Bei der Einleitung geht es darum, Kontakt mit dem Publikum herzustellen, sie ist mein Eisbrecher. Grundsätzlich überlege ich mir die Einleitung wenige Minuten vor Redebeginn. Ich bemühe mich vorwiegend auf der Beziehungsebene um Kontakt und horche in einem Zustand aufmerksamer Wachheit ins Publikum hinein. Ich versuche, die Zuhörerinnen und Zuhörer gefühlsmäßig da abzuholen, wo sie sich gerade befinden. Zu Hause überlege ich mir für die Einleitung – entgegen vielen Empfehlungen – nichts. Zufälle darf es am Anfang einer Rede durchaus geben, im Hauptteil haben Zufälle allerdings nichts mehr zu suchen.

Der TÜV

Überprüfen Sie anhand der »Vier Verständlichmacher« Einfachheit, Kürze/Prägnanz, Gliederung/Ordnung, zusätzliche Stimulanzen Ihre Rede oder Ihr Referat. Die Leitlinie dafür hat der Meister der Sprache, Kurt Tucholsky, treffend formuliert: »Man gebrauche gewöhnliche Worte – und sage ungewöhnliche Dinge!«

Die Aneignung

Die gedächtnismäßige Aneignung einer Rede bedeutet, inwendig zu lernen, statt auswendig zu lernen, das heißt einprägen der Gliederung, der Grundgedanken, der Argumente, der Kerngedanken anhand meines Stichwortzettels. Ich überprüfe, ob mir anhand meiner Gedächtnisstütze die entsprechenden Sätze und Formulierungen einfallen. Wenn nicht, verbessere ich meinen Stichwortzettel.

Häufig wird für die gedächtnismäßige Aneignung der Rede empfohlen, wenigstens die ersten Sätze des Beitrages auswendig zu lernen. Ich kann davor nur dringend warnen. Was Sie sich als raffinierten Redeeinstieg ausgedacht haben, hat meistens mit der aktuellen Sprechsituation wenig zu tun. Entscheidend ist, daß Ihnen das Drehbuch Ihres Vortrages stets gegenwärtig ist, keinesfalls jede einzelne Formulierung.

Die Redeprobe

Jetzt ist es so weit, die Rede wird geübt, und ich stelle mir die Frage: »Ist sie tauglich zum Vortrag?« Ich übe mehrmals und stelle mir dabei die reale Sprechsituation vor. Die Phantasie ermöglicht mir, mich auf eventuelle Ereignisse vorzubereiten.

Vor dem Spiegel überprüfe ich Gestik, Körpersprache und Stimmmodulation. Sprechen Sie laut und deutlich, als stünden Sie vor einem größeren Publikum. Wenn Sie bei der Redeprobe mehrmals an derselben Stelle steckenbleiben, schreiben Sie den Stichwortzettel um. In diesem Fall stimmt etwas nicht bei der Verknüpfung der Gedanken. Ändern Sie an dieser Stelle Ihr Manuskript.

Entscheidend ist, ob das Senden und Empfangen zugleich zwischen Ihnen und dem Publikum zustande kommt. Wenn Sie in der Lage sind, Ihre Rede frei vorzutragen, ergibt sich Ihr Vortragsstil nahezu automatisch aus diesem Vorgang. Der Sende- und Empfangsvorgang reguliert Ihre Lautstärke, Ihre Betonung, die Wiederholungen, das Sprechtempo.

Weitere gute Probemöglichkeiten bestehen darin, Ihre Rede auf Tonband oder mit der Videokamera aufzunehmen oder die Rede vor Freunden oder der Familie zu testen. Üben Sie nicht zu oft, vor allem nicht ständig hintereinander. Legen Sie nach zwei, maximal drei Proben das Manuskript beiseite, und üben Sie nach ein paar Tagen erneut.

Wenn Sie als Anfänger Referate und Vorträge sorgfältig in dieser Form einstudieren, behalten Sie diese Fähigkeiten für Ihr ganzes Leben. Später haben Sie es nicht mehr nötig, sich einen Vortrag rhetorisch anzueignen.

Jede Redeprobe sollte auch eine Überprüfung der Redezeit beinhalten. Bauen Sie einen Zeitkontrollplan in Ihre Rede ein. Überlegen Sie, wie Sie wichtige Aussagen visualisieren können. Achten Sie jedoch darauf: Die Rede ist das Hauptmedium der Vermittlung, nicht die Folie oder die Wandzeitung. Wenn Sie eine Folie benutzen, kopieren Sie sie und halten Sie sie in der Hand. Weisen Sie beim Sprechen nur kurz auf die Folie hin, sprechen Sie stets zum Publikum. Beim Freien Sprechdenken sind Sie Sender und Empfänger zugleich, unterhalten Sie sich mit den Zuhörern, nicht mit Ihrem Manuskript.

Findling

»Du holst dir aus dem Steinbruch einen Stein, dann kommt der bewußte Vorgang der Bearbeitung dieses Brockens Stoff, nennen wir es: Stoff.
Da wissen wir noch zu wenig drüber, da weiß ich auch selber zu wenig
drüber, ich kenne nur diesen Vorgang, der sich bei mir immer wiederholt,
daß ich nicht mit meisterlicher Sicherheit an eine Sache herangehen
kann. Selbst wenn ich drei Schreibmaschinenseiten einer Rezension
schreiben soll oder will, dann fange ich immer wieder von vorne an, hole
mir erst den Brocken oder, sagen wir in dem Fall, den kleinen Stein und
dann fange ich an, den zu bearbeiten. Ich weiß nicht, wie das bei anderen Autoren ist. Für mich ist jedes Geschriebene ein Experiment. Ich weiß
vorher nicht, was daraus wird ... Was da im einzelnen passiert, mit dir,
in dir, um dich herum, während du daran arbeitest, das ist nicht eruier-
bar. Und ich selber rede darüber und gucke mir das nachher an, dann
denke ich immer, es ist nicht alles gesagt, auch nicht alles sagbar, alles
ausdrückbar ... Ich glaube, da bleibt immer ein Rest.«

Heinrich Böll in einem Gespräch mit Heinrich Vormweg
über den Schreibprozeß[66]

Moderation

Es würde den Rahmen dieses Leitfadens sprengen, ausführlich auf die Kunst des Moderierens einzugehen. Wenn die Regeln der Selbsthilfegruppen eingehalten werden oder Sie nach den TZI-Regeln moderieren, steuert sich der Gruppenprozeß (fast) von allein. Aber im gesellschaftlichen und politischen Leben wird meistens nach anderen Regeln moderiert, und die Kunst, eine Versammlung auf herkömmliche Art und Weise zu leiten, ist eine Schlüsselqualifikation, die unverzichtbar ist, wenn Sie sich im gesellschaftlichen und politischen Bereich einmischen wollen. Gerade wer starre Versammlungsformen überwinden will, sollte in der Lage sein, mit dem klassischen Handwerkszeug der Veranstaltungskommunikation souverän umzugehen. Leider wird dieses Wissen häufig dazu benutzt, eine Versammlung zu manipulieren, und das ist nur deshalb möglich, weil nur wenige sich in Antrags- und Geschäftsordnungsdebatten auskennen und diese wenigen dieses Wissen auch noch als »Herrschaftswissen« für sich behalten. In der Lernselbsthilfegruppe sollten Sie deshalb auch herkömmliche Leitungsformen einüben.

Wir unterscheiden zwischen klassischer und visueller Moderation. Bei der klassischen Moderation steuere ich den Veranstaltungsablauf mit Hilfe von Sach- und Geschäftsordnungsanträgen, die den Inhalt und das Verfahren regeln. Das Geschäftsordnungsverfahren habe ich ausführlich erläutert, weil diese Gewohnheitsregeln, die in vielen Versammlungen und allen Parlamenten praktiziert werden, nur selten dargestellt werden. Das gleiche gilt für die Sachantragsberatung. Bei visueller Moderation arbeite ich mit Moderationskarten, mit denen ich den roten Faden und die Inhalte des Diskussionsverlaufs sichtbar mache. Für die visuelle Moderation verweise ich auf die einschlägige Literatur. Ich gehe nur auf die Grundformen ein. Es ist sehr viel leichter, als es in manchen Büchern beschrieben wird. So wertvoll Pinnwände oder ein teurer Moderationskoffer sind, ein großer Tisch, ein Fußboden, eine glatte Wand, selbstgeschnittene Moderationskärtchen und ein paar Filzstifte tun es auch.

Klassische Moderation

Wir haben zwischen zwei Antragsformen zu unterscheiden: Sachantrag und Geschäftsordnungsantrag.

Der Sachantrag enthält Forderungen in der Sache. Ich beantrage, in der nächsten Gruppensitzung über Redeängste zu diskutieren, oder ich bitte darum, ein längeres Referat, welches ich demnächst halten muß, ausprobieren zu dürfen.

Der Geschäftsordnungsantrag regelt das Verfahren einer Versammlung: Ich beantrage Raucherpause, Redezeitbegrenzung, Schluß der Debatte, Schluß der Rednerliste, Vertagung usw.

Wer darf einen Sachantrag stellen?

Jeder und jede, wenn er/sie dem jeweiligen Gremium (Lernselbsthilfegruppe, Parlament, Verein) angehören.

Wie oft? So oft er/sie will.

Schriftlich oder mündlich? Beides ist möglich.

Ein Sachantrag wird nicht gleich zur Abstimmung gestellt, er muß behandelt werden. Der Antrag wird aufgerufen, und es wird um Wortmeldungen gebeten. Es folgt eine Sachdebatte.

Wer darf sich in der Sachdebatte zur Wort melden? Jede(r).

Nach welcher Reihenfolge werden die Wortmeldungen erteilt?

Das Ordnungsprinzip ist der Eingang der Wortmeldungen: Wer sich zuerst meldet, ist zuerst dran.

Wie oft darf er/sie reden? So oft er/sie will.

Wie lange?

So lange er/sie will. Es sei denn, die Versammlung hat sich vorab eine Geschäftsordnung gegeben, wo die Redezeit geregelt ist.

Darf ein Redner sich erneut zu Wort melden? Ja.

Wie oft? So oft er will.

Liegt keine Wortmeldung mehr vor, so wird über den Antrag abgestimmt. Es wird positiv abgestimmt: Wer ist dafür, wer ist dagegen, wer enthält sich der Stimme? Nichtabgabe der Stimme zählt als Enthaltung.

Wenn nicht eine größere Mehrheit vorgeschrieben ist, z. B. $2/3$ Mehrheiten bei Satzungsänderungen, so ist der Antrag bei einer Stimme Mehrheit (relative Mehrheit) angenommen, bei Stimmengleichheit abgelehnt. In der Debatte können Abänderungsanträge zur Beratungsgrundlage unabhängig von Antragsfristen jederzeit mündlich oder schriftlich eingebracht werden. Liegen Abänderungsanträge zu dem Antrag vor, so werden sie vorrangig behandelt. Es wird über die weitestgehende Abänderung zuerst abgestimmt.

Es handelt sich um ein durch und durch demokratisches Verfahren. Das Verfahren kann aber auch dazu benutzt werden, eine Debatte hinauszuzögern, zu stören oder die Meinungsbildung zu verhindern.

Damit wir uns dagegen wehren können, steht uns das Instrumentarium der Geschäftsordnung (GO) zur Verfügung. Geschäftsordnungsanträge regeln das Verfahren einer Versammlung. Bei Geschäftsord-nungsanträgen (GO) gelten folgende Prinzipien:

GO-Anträge werden vorrangig behandelt. Sie werden außerhalb der bestehenden Rednerliste verhandelt. Woran erkennt der Moderator einen GO-Antrag? Im Unterschied zum Sachantrag melden wir uns mit zwei erhobenen Händen und rufen »Zur Geschäftsordnung, bitte«.

Ist einem Redner bereits das Wort erteilt, und ein anderer Versammlungsteilnehmer meldet sich zur Geschäftsordnung, so hat der Redner das Recht, nach den alten Bedingungen zu reden. (Der Moderator: Dem Redner ist bereits das Wort erteilt, danach liegt von Herrn H. ein Geschäftsordnungsantrag vor.) Wenn der Redner seinen Wortbeitrag beendet hat, dann wird vorrangig der GO-Antrag von Herrn H. behandelt.

Wie viele Teilnehmer dürfen sich bei einem GO-Antrag zu Wort melden? Während sich bei einem Sachantrag beliebig viele Leute zu Wort melden können, gilt bei GO-Anträgen die Regel: Einer dafür/einer dagegen. Es ist darauf zu achten, daß die Redner zur GO zum Verfahren reden und nicht etwa mit Hilfe des Prinzips »vorrangig« außerhalb der Rednerliste in die Sachdebatte eingreifen. Das ist vom Moderator zu unterbinden. Weiter ist bei GO-Anträgen darauf zu achten, daß nur zur GO sprechen darf, wer noch nicht zu dem jeweiligen Tagesordnungspunkt oder zur Antragsberatung gesprochen hat.

Dann wird abgestimmt. Wer ist dafür? Wer ist dagegen? Es wird im Gegensatz zu den Sachanträgen nicht nach Enthaltungen gefragt.

Wann ist ein Antrag angenommen? Bei einer Stimme Mehrheit, bei Stimmengleichheit ist er abgelehnt. Wenn keine Gegenrede zu dem GO-Antrag erfolgt, so gilt der Antrag auch ohne Abstimmung als angenommen. Wenn ich eine Abstimmung herbeiführen möchte, aber inhaltlich nicht dagegen sprechen möchte, rufe ich: »Dagegen, ohne Begründung« in den Saal. Dann muß abgestimmt werden.

Wie verfahren wir, wenn zur gleichen Zeit mehrere GO-Anträge gestellt werden? Z. B. Redezeitbegrenzung auf 3 Minuten, auf 10 Minuten und auf 5 Minuten? Dann greift das Prinzip »weitergehend«. Der Moderator läßt über den weitestgehenden Antrag zuerst abstimmen. Welcher ist der weitestgehende? Derjenige, der das bisherige Verfahren am weitestgehenden einschränkt, also in unserem Fall der Antrag auf 3 Minuten Redezeitbegrenzung. Werden drei Minuten abgelehnt, dann wird über 5, dann über 10 Minuten abgestimmt. Werden alle drei GO-Anträge abgelehnt, so wird in der Rednerliste fortgefahren, und es gelten die alten Bedingungen.

Was können wir auf einer Versammlung tun, wenn die Rednerliste geschlossen ist (der GO-Antrag: »Schluß der Rednerliste« wurde angenommen) und ein Teilnehmer von den Versammlungsrednern inhaltlich und persönlich angegriffen wird? Da die Rednerliste geschlossen ist, kann der Angegriffene sich nicht mehr zu Wort melden. Es gibt zwei Möglichkeiten: Inhaltlich kann er nur antworten, wenn ein Teilnehmer, der zu dieser Sache noch nicht gesprochen haben darf, den Antrag auf Wiedereröffnung der Rednerliste stellt und dieser Antrag mit Mehrheit angenommen wird. Dann kann der Betroffene sich melden und sich in die Sachdebatte einbringen. Wird der GO-Antrag abgelehnt, so ist eine Entgegnung in der Sache nicht mehr möglich. Es bleibt ihm nur noch die Chance einer Persönlichen Erklärung (PE). Sie ist ein Minderheitenrecht und nicht von Mehrheiten auf der Versammlung abhängig. (Frage des Moderators: Herr H. möchte eine persönliche Erklärung abgeben, wer ist dafür? Das kommt leider sehr häufig vor, ist aber ein grober Verstoß gegen dieses Minderheitenrecht.) Eine Persönliche Erklärung muß zugelassen werden, die Person hat ein Anrecht darauf, unabhängig von der Mehrheit der Versammlungsteilnehmer.

Wann kann eine PE abgegeben werden? Am Schluß der Debatte vor der Abstimmung. Es dürfen allerdings nur Erklärungen zur eigenen Person sein, nicht etwa Bemerkungen zur Sache. Das wäre die Erschleichung eines Sachbeitrages.

Wichtig ist vor allem für den Moderator, den Ablauf des Verfahrens für alle Teilnehmer der Versammlung durchsichtig und klar zu machen. Er sollte, wann immer er es für angebracht hält, den Ablauf des Verfahrens erklären, damit GO-Debatten nicht nur eine Angelegenheit für wenige Eingeweihte bleiben. Das mag Ihnen sehr bürokratisch und starr vorkommen, trotzdem sollten Sie sich dieses Handwerkszeug aneignen. Selbst wenn Sie grundsätzlich visuell moderieren, die klassische Antragsberatung sollten Sie auch beherrschen.

Visuelle Moderation

Wird bei klassischer Moderation überwiegend das Ohr zur Vermittlung genutzt, so ist es bei der visuellen Moderation vor allem das Auge. Der Mensch behält nach Untersuchungen 20 Prozent durch Hören, 30 Prozent durch Sehen, 50 Prozent durch Hören und Sehen, 70 Prozent worüber er selbst spricht und 90 Prozent von dem, was er selbst ausführt.

Die bekannteste Visualisierungsmethode ist Metaplan. Metaplan ist der Name eines Beratungsinstituts in Nozay bei Paris und in Quickborn bei Hamburg und ist eine Methode der Gruppenarbeit, die aus einer Mischung aus Sprache, Visualisierung und Aktion (Punkten) besteht. Kerngedanke der Metaplan-Methode ist, daß jedes Gruppenmitglied nicht nur Sprecher, sondern auch Visualisierer seiner Beiträge ist. Die Diskussionsinhalte werden allen Teilnehmern simultan sichtbar gemacht, so daß jeder sie stets vor Augen hat. Aus der Kommunikationspsychologie wissen wir, daß beim Nachrichtensenden nicht nur wirkt, was gesagt wird, sondern vor allem auch dadurch, wie und wer es sagt. Mit Hilfe der Visualisierung gelingt es, die Sachaussage in den Vordergrund zu rücken.

Kartenabfrage
Mittels der Kartenabfrage können die Wünsche der Lernselbsthilfegruppe dargestellt und das weitere Vorgehen geplant werden. Es ist eine schriftliche Sammlung von Stellungnahmen, Erwartungen, Vorschlägen, Meinungen, Gefühlen, Diskussionbeiträgen aller Teilnehmer der Gruppe zu einem Thema.

Wie stellt man eine Metaplan-Collage her?
- Alles auf Karten schreiben
- Nur ein Gedanke pro Karte
- Pro Karte nicht mehr als 7 Wörter
- Halbsätze sagen mehr aus
- Karten zuordnen
- Cluster bilden (Karten nach Sinnzusammenhang gruppieren)
- Mit Hilfe der Gruppe Überbegriffe suchen
- Überbegriffe auf ovale Karten (verschiedene Farben) schreiben

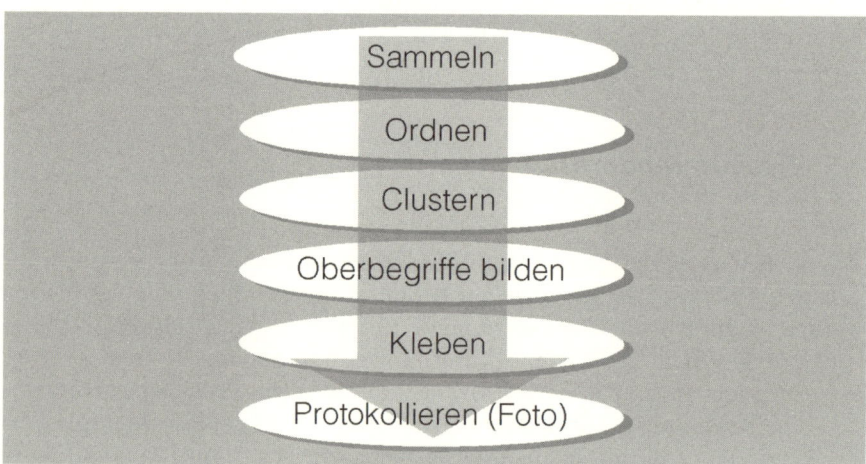

Praxistips:
- Stellwände mit Packpapier bespannen
- Nadeln in die Kopfleiste
- Moderatorenhelfer festlegen
- Beschriften der Karten
- Nur eine Idee auf eine Karte – lesbar schreiben (Karte muß auch aus größerem Abstand lesbar sein)
- Karten verdeckt einsammeln, sichtbar mischen (Anonymität)
- Auf keinen Fall kommentieren
- Zügig vorgehen
- Durcheinander, nicht geordnet nadeln
- Teilnehmern dabei nicht den Rücken zudrehen
- Kartentext laut vorlesen
- Leere Karten und Dubletten nicht unterschlagen
- Mit den kleinen oder einfachen Haufen beginnen
- Die Gruppe am Clustern beteiligen
- Überschriften gemeinsam finden

Erst wenn die Collage fertig ist, werden die Kärtchen aufs Packpapier geklebt. Die Collage kann aufgerollt und in der nächsten Gruppensitzung wieder verwendet werden. So kann ohne große Wiederholung die Diskussion dort fortgesetzt werden, wo sie zuletzt aufgehört hat.

Themenspeicher
Kartenabfrage: An welchen Themen möchte die Gruppe arbeiten?
Punkten: die Teilnehmer vergeben Punkte, das Wichtigste wird mit 3 Punkten bewertet, dann mit 2, dann mit 1 Punkt.

Nr.	Themen	Punkte	Summe
2	Redeängste	❷❸ ❶ ❷	8
3	Feedback-Regeln	❶❶ ❶ ❷	5
1	Nonverbale Kommunikation	❸❸ ❷ ❸	11
...	....		
...	....		

Brainstorming

Brainstorming (Gehirnsturm) ist eine Intuition und Phantasie anregende Methode zur Ideenfindung in Gruppen. Sie erfordert wenig Zeitaufwand und ist von hoher Effektivität. Die Ideen werden in Stichworten oder Halbsätzen auf Moderationskärtchen festgehalten und anschließend strukturiert.

Brainstorming-Regeln:

- Kritik ist grundsätzlich verboten
- Jede Idee ist erlaubt, je phantastischer, desto besser
- Jede(r) darf die Ideen der anderen aufgreifen und weiterentwickeln
- Jede(r) sollte soviele Ideen wie möglich entwickeln
- Jede Idee ist als Leistung des Teams, nicht eines einzelnen zu betrachten

Aktionsplan

Nr.	was?	wer?	mit wem?	bis wann?	Finanzen	Besonderes

Klassische Gesprächsleitung oder visuelle Moderation?

Es ist eine alte Streitfrage. Soll ich klassisch oder visuell moderieren? Es wird immer eine Einzelfallentscheidung bleiben. Die Wahl der Methoden ist abhängig von der Größe der Versammlung, vom Raum, vom Thema und von den technischen Hilfsmitteln. Als Moderator nehmen wir eine vierfache Wächterrolle wahr: Wächter über das Thema, Wächter über die Zeit, Wächter über den kooperativen Arbeitsstil, Wächter über die angemessene Beteiligung aller Gruppenmitglieder. Sie sollten die Methoden wählen, die Ihnen diese Aufgaben ermöglichen. Meine Empfehlung: Wo und wann immer es möglich ist, moderieren Sie visuell. Aber Sie sollten auch die klassische Methode beherrschen. Gelungene Moderation ist stets eine Mischform aus beidem. Wenn Sie dazu noch die TZI-Regeln beherrschen und anwenden, können Sie es zu Ihrer persönlichen Meisterschaft bringen.

Klassische Gesprächsleitung	oder	Visuelle Moderation[67]
Der Wissensstand der Gruppe ist nur umständlich zu ermitteln.		Der Wissensstand der Gruppe wird durch visuelle Techniken für alle transparent.
Der Gruppenleiter (GL) muß ahnen, ob eine geäußerte Meinung repräsentativ für die gesamte Gruppe ist.		Gruppenmeinungen können durch »visuelles Abfragen« schnell sichtbar gemacht werden.
Der GL muß bei jedem Beitrag entscheiden, ob das Gespräch bereits auf Nebenwegen ist.		Die Visualisierung erlaubt simultane Wortbeiträge, die der Moderator formal ordnet.
Durch Wortentziehung und Reihenfolge-Bestimmung behält der GL den »roten Faden« in seiner Hand.		Die Gruppe kann ihren »roten Faden«, also die Themen-Schwerpunkte, selbst bestimmen.
Die Diskussion von Alternativen kann nur nacheinander erfolgen.		Das »optische Protokoll« erlaubt es, an mehreren Enden gleichzeitig weiterzudenken.
Um das Gehörte zu behalten, muß sich jeder Notizen machen.		Das simultan entstehende »optische Protokoll« ist jedem Gruppenmitglied vor Augen und in Kopie dauerhaft.

Für Julia

Die Karaburunsche Wohlfühlkurve

Seit vielen Jahren veranstalte ich Kommunikationsseminare in einem kleinen türkischen Dorf. Dieser malerische, etwas geheimnisvoll wirkende Ort heißt Karaburun und liegt direkt an der Ägäis. Eines Tages kam mir im Unterricht die Idee, den Redevorgang mit einem Sprung ins Meer zu vergleichen. Selbst wenn das Wetter schön und das Meer angenehm warm ist, die meisten Menschen müssen sich erst überwinden, bevor sie sich ins Wasser stürzen. Wir tauchen ein, machen unruhige Bewegungen, sind leicht verunsichert oder registrieren sogar kleine Ängste. Nach einigen Sekunden tauchen wir auf, spüren die köstliche Kühle, und es stellt sich dieses herrliche Wohlgefühl ein, das uns in einen Zustand aufmerksamer Wachheit versetzt. Die Kurve, die diesen Sprung ins kühle Naß darstellt, nenne ich die Karaburunsche Wohlfühlkurve.

Ein Sprung ins Wasser ist vergleichbar mit einem Redevorgang. Wenn ich mich auf einer Versammlung zu Wort melde, muß ich mich erst dazu überwinden. Es gehört Mut dazu. Das Wohlgefühl, das sich nach dem Gelingen einstellt, ist eine Überwindungsprämie. So wenig wie ich voraussehen kann, welche Wellen mein Sprung ins Wasser verursacht, so wenig läßt sich beim Sprechvorgang voraussagen, in welche Richtung er sich entwickelt, denn eine Rede bleibt immer offen und hat den Charakter einer fortwährenden Entfaltung. Der Sprung ins Meer bzw. in die »Menge« ist die einzige Möglichkeit, um die Wirkung zu erfahren.

Für mich ist die Karaburunsche Wohlfühlkurve nicht nur ein verläßliches Barometer für die Selbsteinschätzung beim Reden, sondern ich richte mein Leben danach aus. Wenn ich mich im Einklang mit mir befinde, so gleite ich in die Wohlfühlkurve hinein. Die Unsicherheitsphase am Anfang der Wohlfühlkurve bedeutet für mich zu akzeptieren, daß ich nicht nur den Sprung ins Wasser, die Wortmeldung in der Versammlung, sondern noch viel mehr wagen muß. Ich weiß, daß ich das Wirkungsgeflecht meiner Handlungen nicht voraussehen kann. Ich kämpfe nicht verbissen um meine Ziele, sondern bin bereit loszulassen. Erst die Einsicht in die Unsicherheit verschafft Sicherheit. Die vielen kleinen Verstimmungen im Alltag, die unangenehm, aber unvermeidbar sind, erscheinen in der Kurve als leichte Schwankungen, Brüche und Zäsuren, die Depressionen, Lebenskrisen oder Krankheiten auslösen können, bilden größere Wellen. An den schmerzhaften Ausschlägen in meiner Lebenskurve wachse ich, denn lebendig sein kann ich nicht ohne die Wahrnehmung von Gefährdung, Kummer und Leid.

Durch die intensive Beschäftigung mit Kommunikation hat sich bei mir vieles entscheidend verändert. Meine wertvollste Lernerfahrung besteht darin, erkannt zu haben, daß fehlende kommunikative Kompetenz, dieses Nicht-sprechen-können, nicht in erster Linie ein Mangel an Fertigkeiten und Techniken ist, sondern ein Signal für einen Mangel in mir.

Meine Beziehungen zu anderen Menschen haben sich verbessert. Ich komme, ohne daß eine Aussprache erfolgt ist, mit Leuten, mit denen ich immer Schwierigkeiten hatte, deutlich besser zurecht. Ich bin imstande, enge, sinnvolle Beziehungen mit anderen aufzunehmen und zu unterhalten und wenn sich herausstellt, daß der Preis dafür zu hoch ist, bin ich auch in der Lage, Beziehungen zu beenden.

Meine Sprache hat sich verändert, sie ist erlebnisnäher geworden. Ich habe Einblick in meine Gefühlswelt und nütze die Kenntnis dazu, meine Gefühle zu zeigen, zu lenken oder zurückzuhalten. Ich bin in der Lage, für mich nein zu sagen, nicht gegen andere.

Als meine größte Bereicherung empfinde ich, daß ich gelernt habe, die Welt aus unterschiedlichen Sichtweisen zu betrachten und ambivalenzoffen zu diskutieren. Ausgelöst durch die intensive Beschäftigung mit Kommunikation, wächst in mir ein Bedürfnis nach spiritueller Erfahrung. Ich bin nicht nur sensibler geworden für wohltuende und angenehme Empfindungen, sondern nehme auch negative Gefühle, vor allem Einsamkeit und Verlorenheit, deutlicher wahr. Oft, wenn ich in den klaren Sternenhimmel meiner Wahlheimat Karaburun schaue, spüre ich die Verlorenheit menschlicher Existenz. Schwebt nicht die Erde wie eine winzige Feder in einem unendlichen Universum? Wurde ich nicht ungefragt ins Leben geworfen und zur Freiheit verurteilt? Kann mein Wunsch nach Liebe und Geborgenheit überhaupt erfüllt werden auf dieser frei im Raum dahintreibenden Kugel? In solchen Momenten habe ich die Vorstellung, in einem großen und kalten Kosmos zu existieren, dem ich völlig gleichgültig bin. Doch es gibt auch andere Augenblicke. Dann gelingt es mir nachzufühlen, was es bedeuten könnte, eins zu sein mit dem Universum. Eins zu sein mit etwas, das größer und weiter ist als ich selbst. Ist es eine Ahnung vom Sinn des eigenen Lebens? Irgendwie spüre ich, daß dies mein persönlicher spiritueller Weg sein könnte. Ich fühle mich in flüchtigen Augenblicken mit etwas verbunden, das jenseits meiner selbst ist. Ich nenne es nicht Gott, aber es existiert in diesen Momenten in mir eine Lebenskraft, mit deren Hilfe ich Ganzheit und Zufriedenheit erlange. Es ist ein wirksames Gegengift gegen Einsamkeit und Verlorenheit.

Dieses Buch ist in der Überzeugung geschrieben, daß wir in der Lage sind, ein volles, reiches Leben zu führen. Ich glaube daran, daß Menschen eine im Grunde positive Entwicklungsrichtung haben, wenn man ihnen Veränderungschancen einräumt. Forderungen dagegen, die voraussetzen, daß der Mensch nach utopischen Entwürfen über sich hinaus wachsen müsse, halte ich für illusionär. Ich fürchte sogar, daß in dieser Überforderung eine der Ursachen für die katastrophale Lage der Menschheit auszumachen ist. Ich plädiere dafür, sich den wirklichen Menschen zum Maß zu nehmen, denn ich teile Kants Auffassung, daß der Mensch aus »krummen Holz« gemacht sei, und daß man nicht versuchen sollte, ihn gerade zu biegen.

Ich beurteile die Dinge danach, was in ihnen an Chancen steckt. Der Mensch kann sein Potential für eine humane Gesellschaft, für eine intakte Mitwelt anders ausschöpfen, als das bislang der Fall war. Ich glaube an die Menschen und die Möglichkeit eines erfüllten, sinnvollen, geglückten Lebens im Rahmen des Menschen-Möglichen. Hoffnung ist das »positive Pendant zur Angst« (Bloch). Wieviel Hoffnung ich weitergeben kann, ist davon abhängig, inwieweit ich selbst von dieser Hoffnung erfüllt bin. Die immer wiederkehrende Behauptung, daß der und die einzelne nichts ausrichten kann, ist angesichts der Komplexität unserer gesellschaftlichen Entwicklung eine verständliche menschliche Regung, aber dennoch ein ausgesprochen gefährlicher Glaubenssatz.

Dabei denke ich an die Fabel von den zwei Fröschen. Zwei Frösche fielen in einen großen Milchtopf. Der eine Frosch schrie: »Hilfe, Hilfe, ich ertrinke«, und als keine Hilfe kam, streckte er alle viere von sich und ertrank. Der andere Frosch aber strampelte und strampelte und fand sich am Morgen erschöpft, aber lebendig auf einem Butterberg wieder.

Ich möchte im Leben der Frosch sein, der strampelt. Ich mische mich ein. Und ich warte nicht auf bessere Zeiten, sondern mit jedem Sonnenaufgang mache ich einen neuen Anfang. Denn heute, nicht erst morgen, beginnt der Rest meines Lebens.

Anmerkungen

1 Ich verwende aus sprachlichen Gründen meist männliche Formen. An wichtigen Stellen weibliche und männliche. Stets sind Frauen und Männer gemeint.

2 O'Connor/Seymour (1994)

3 Schwäbisch/Siems (1974), S. 84

4 zit. n. Watzlawick (1986), S. 10

5 Moeller (1992), S. 181

6 ARD Fernsehen, 2. August 1987, 18.05 Uhr. Wir über uns.

7 zit. n. Winteler (1995), S. 187

8 Beck (1986), S. 7

9 Küng (1991)

10 Hirschmann (1992)

11 Managementwissen 10/86

12 zit. n. Ulsamer (1995), S. 12

13 Brunner u. a. (1978), S. 52

14 Ich empfehle der Lernselbsthilfegruppe, Schulz von Thun im Original zu lesen.

15 Schulz von Thun spricht grundsätzlich von vier Aspekten einer Nachricht; ich vereinfache nochmals, indem ich von vier Kanälen spreche.

16 Schulz von Thun (1981), S. 47

17 Rogers (1979), S. 133

18 Schulz von Thun (1981), S. 61ff

19 Alfred Korzybski (1933): Menschen orientieren sich an ihren kognitiven Landkarten, ihrem »Modell der Welt« und nicht an der Welt selbst ... Eine Landkarte ist nicht das Gebiet, das sie darstellt, sondern hat, wenn sie genau ist, eine dem Gebiet ähnliche Struktur, worin ihre Brauchbarkeit begründet ist. Zit. n. Walker, Wolfgang, Abenteuer Kommunikation (1996), S. 111

20 Bandler/Grinder (1981), S. 27ff

21 Vaihinger (1924), S. 22

22 Mumford (1986)

23 Mumford (1986), S. 92 ff

24 O'Connor/Seymour (1994), S. 150 ff

25 O'Connor/Seymour (1994), S. 150

26 zit. n. Bandler/Grinder (1981), S. 43

27 Institut in Big Sur, Kalifornien, an dem Fritz Perls gearbeitet und gelehrt hat.

28 H. Foerster, in Watzlawick (1992)

29 Ulsamer (1991), S. 85

30 Rogers (1979), S. 53

31 Rogers (1993), S. 12

32 zit. n. Tausch (1996), S. 365

33 Rogers (1979), S. 70

34 Küng (1990), S. 124

35 Perls (1995), S. 8

36 Zocker (1991)

37 Langer, A., zit. n. Schulz von Thun (1981), S. 211

38 Authentizität wird vom Brockhaus mit Echtheit, Glaubwürdigkeit und Vertrauenswürdigkeit übersetzt. Rogers nennt es Kongruenz, was von Tausch (1971) mit Echtheit übersetzt wurde.

39 Schulz von Thun (1989), S. 15ff

40 Satir (1994), S. 14

41 Lechler (1980), S 90

42 Interview mit Ruth Cohn (1979), zit. n. Schulz von Thun (1981), S. 120ff

43 Im deutschen Titel hat man den Teil »and influence people« weggelassen.

44 Sie unterscheiden sich, stimmen aber in den Grundauffassungen überein.

45 s. a. Rogers, Lernerfahrungen (1974), S. 31ff

46 s. Fittkau (1994), S. 45

47 Moeller (1988), S. 164ff

48 Diese Anregungen (auch für die beiden Zeichnungen) habe ich aus dem Buch »Lampenfieber«. Ursachen Wirkung – Therapie von I. Tarr-Krüger (1993).

49 Duhm (1972), S. 50

50 Perls (1996), S. 148

51 Club of Rome (1995)

52 Zocker (1991)

53 Das blaue Buch, AA wird mündig, Unser Weg. Die Literatur der AA ist nur über die AA Kontaktstellen zu beziehen.

54 Moeller (1978), S. 239

55 Mandel u. a. (1971), S. 62

56 Mandel u. a. (1971), S. 127

57 aus Schulz von Thun (1981), S. 94

58 Schulz von Thun (1996), S. 21

59 Moeller (1992)

60 Moeller (1992), S. 152

61 Moeller (1992), S. 121

62 Löhmer u. a. (1992)

63 Ockel/Cohn (1981), S. 256

64 Matzdorf/Cohn (1992), S. 41

65 Cohn

66 aus L 80, Heft 35, S. 9

67 aus: Seminarunterlagen Moderatorentraining der Friedrich-Ebert-Stiftung in Würzburg vom 15. Februar 1992. Team: Michael Bauer, Horst Schmidt, Brigitta Stöber, Thomas Wehmer.

Literatur

Allhoff, D.-W./Allhoff, W.: *Rhetorik und Kommunikation.* bvs, 1994

Anders, Günther: *Die Antiquiertheit des Menschen.* Beck, o. J.
    Die atomare Drohung. Radikale Überlegungen zum atomaren Zeitalter.
    Beck, 1993
    Hiroshima ist überall. Beck, 1982

Apel, Karl O.: *Diskurs und Verantwortung. Das Problem des Übergangs zur*
    postkonventionellen Moral. Suhrkamp, 1990

Apel, Karl O./Kettner, Matthias: *Zur Anwendung der Diskursethik in Politik,*
    Recht und Wissenschaft. Suhrkamp, 1992

Argyle, Michael: *Körpersprache und Kommunikation.* Junfermann, 1978

Arndt, Erika/Büttner, Christian/Cohn, Ruth C. u. a.: *Aggression in Gruppen.*
    Matthias-Grünewald-Verlag, 1994

Bachmann, Winfried/Flothow, Kay: *NLP und TZI – Zwei Konzepte des*
    Kommunikationstrainings. Verlag Thomas Hobein, 1990

Bandler, Richard/Donner, Paul: *Die Schatztruhe. NLP im Verkauf. Das neue*
    Paradigma des Erfolgs. Junfermann, 1995

Bandler, Richard/Grinder, John: *Metasprache und Psychotherapie.*
    Junfermann, 1981
    Neue Wege der Kurzzeit–Therapie. Neurolinguistische Programme.
    Junfermann, 1981

Bauriedl, Thea: *Das Leben riskieren. Psychoanalytische Perspektiven des politi-*
    schen Widerstands. Piper, 1988
    Die Wiederkehr des Verdrängten. Psychoanalyse, Politik und der Einzelne.
    Piper, 1986
    Wege aus der Gewalt. Analyse von Beziehungen. Herder, 1995

Beck, Ulrich: *Die Risikogesellschaft.* Suhrkamp, 1986
    Politik im Atomzeitalter. Suhrkamp, 1988
    Politik in der Risikogesellschaft. Essays und Analysen. Suhrkamp, 1991
    Die Suche nach der sozialen Wirklichkeit. Suhrkamp, 1996

Bloch, Ernst: *Gesamtausgabe in 16 Bänden.* Suhrkamp

Brecht, Bertolt: *Gesammelte Werke.* Suhrkamp, 1976

Bruger, Klaus: *Vom Ordnungsprinzip Befehlspyramide zum Ordnungsprinzip*
    Freiheitspartnerschaft. Verlagsgemeinschaft Anarche, Nr. 62, o. J.

Brunner, E. J. u. a.: *Gestörte Kommunikation in der Schule – Analyse und*
    Konzept eines Interaktionstrainings. München, 1978

Buber, Martin: *Das dialogische Prinzip. Ich und Du. Zwiesprache. Die Frage an*
    den Einzelnen. Elemente des Zwischenmenschlichen. Zur Geschichte des
    dialogischen Prinzips. Bleicher, 1992

Camus, Albert: *Der Mensch in der Revolte. Essays.* Rowohlt, o. J.
Der Mythos von Sisyphos. Ein Versuch über das Absurde. Rowohlt, o. J.
Carnegie, Dale: *Wie man Freunde gewinnt.* Scherz, 1988
Casriel, Dan: *Wiederentdeckung der Gefühle. Um einen Schrei vom Glück entfernt.* Zwölf & Zwölf, 1995
Cohn, Ruth C.: *Zu wissen, dass wir zählen.* Zytglogge, 1990
Es geht ums Anteilnehmen. Die Begründerin der TZI zur Persönlichkeitsentfaltung. Herder, 1993
Von der Psychoanalyse zu den themenzentrierten Interaktionen, Klett-Cotta, 1991
Cohn, Ruth C./Farau, Alfred: *Gelebte Geschichte der Psychotherapie. Zwei Perspektiven.* Klett-Cotta, 1991
Cohn, Ruth C./Freudenreich, Dorothea/Frisch, Ingrid u. a.: *Lebendiges Lernen und Lehren. TZI macht Schule.* Klett-Cotta, 1995
Dilts, Robert B.: *Die Veränderung von Glaubenssystemen.* Junfermann, 1993
Dürr, Hans Peter: *Das Netz des Physikers.* Hanser, 1988
Duhm, Dieter: *Angst im Kapitalismus.* Kübler, 1972
Einstein, Albert/Freud, Sigmund: *Warum Krieg? Ein Briefwechsel.* Diogenes, o. J.
Epiktet/Teles/Musonius: *Ausgewählte Schriften.* Artemis, 1994
Eppler, Erhard: *Kavalleriepferde beim Hornsignal. Über Sprache und Politik.* Suhrkamp, 1992
Erfahrungen lebendigen Lernens. Grundlagen und Arbeitsfelder der TZI. Matthias-Grünewald-Verlag, 1985
Fast, Julius: *Körpersprache.* Rowohlt, 1979
Feldenkrais, Moshé: *Bewußtheit durch Bewegung.* Suhrkamp, 1978
Fels, Erich: *Vorträge, Reden, Diskussionen.* Tylorix Fachverlag, 1975
Fittkau, Bernd/Müller-Wolf, Hans M./Schulz von Thun, Friedemann: *Kommunizieren lernen (und umlernen). Trainingskonzeptionen und Erfahrungen.* Hahner Verlagsgesellschaft, 1994
Freud, Sigmund: *Gesammelte Werke in Einzelbänden.* Fischer, 1987
Fromm, Erich: *Die Kunst des Liebens*
Gibran, Khalil: *Der Prophet.* Walter-Vlg/CVK, 1994
Glotz, Peter: *Die Arbeit der Zuspitzung.* Siedler, 1984
Gordon, Thomas: *Managerkonferenz.* Heine, 1989
Habermas, Jürgen: *Theorie des kommunikativen Handelns.* Suhrkamp, 1981
Habermas, Jürgen: *Vorstudien und Ergänzungen zur Theorie des kommunikativen Handelns.* Suhrkamp, 1984
Die neue Unübersichtlichkeit. Suhrkamp, 1985
Der philosophische Diskurs der Moderne. Suhrkamp, 1988
Nachmetaphysisches Denken. Philosophische Aufsätze. Suhrkamp, 1988
Strukturwandel der Öffentlichkeit. Suhrkamp, 1990

Die nachholende Revolution. Suhrkamp, 1990

Erläuterungen zur Diskursethik. Suhrkamp, 1991

Heckel, Jürgen: *Dokumente zur Friedenspolitik.* Hrsg. v. d. SPD Südbayern, 1984

Helwig, P.: *Charakterologie.* Herder, 1967

Hirschman, Albert O.: *Denken gegen die Zukunft. Die Rhetorik der Reaktion.* Hanser, 1992

Huber, Wolfgang/Küng, Hans/Weizsäcker, Carl F. v./Lähnemann, Johannes/Mall, Ram. A./Probst, Herrmann/Vogel, Hans J.: *Verantwortlich leben in der Weltgemeinschaft. Zur Auseinandersetzung um das »Projekt Weltethos«.* Gütersloher Verlagshaus, 1994

Huxley, Aldous: *Die Pforten der Wahrnehmung,* Piper, 1996

Iacocca, Lee: *Iacocca. Eine amerikanische Karriere.* Econ, 1995

Jaspers, Karl: *Die Atombombe und die Zukunft des Menschen. Politisches Bewußtsein in unserer Zeit.* Piper, 1983

Jungk, Robert/Müllert, Norbert R.: *Zukunftswerkstätten.* Heyne, 1990

Jungk, Robert: *Trotzdem. Mein Leben für die Zukunft.* Droemer Knaur, 1995

Kanzantzakis, Nikos: *Alexis Sorbas.* Ullstein, 1988

Kirsten, R. E./Müller-Schwarz, J.: *Gruppentraining.* Rowohlt, 1976

Kluge, Alexander/Negt, Oskar: *Geschichte und Eigensinn.* Suhrkamp, 1993

Koch, Gerd: *Die erfolgreiche Moderation von Lern- und Arbeitsgruppen.* mi Verlag, 1988

Küng, Hans: *Projekt Weltethos.* Piper, 1991

Langer, Inghard/Schulz von Thun, Friedemann/Tausch, Reinhard: *Sich verständlich ausdrücken.* Ernst-Reinhardt-Verlag, 1993

Lechler, Walter H./Lair, Jacqueline C.: *Von mir aus nennt es Wahnsinn.* Kreuz-Verlag, 1980

Lemmermann, Heinz: *Lehrbuch der Rhetorik.* mvg, 1993

Löhmer, C./Standhardt, R.: *Themenzentrierte Interaktion.* PAL, 1992

Mandel, Anita/Mandel, Karl Herbert u. a.: *Einübung in Partnerschaft durch Kommunikationstherapie und Verhaltenstherapie.* Pfeiffer, 1971

Mehrmann, Elisabeth: *Moderierte Gruppenarbeit mit Metaplan-Technik.* Econ, 1994

Mit der Natur rechnen. Der neue Club-of-Rome-Bericht: Vom Bruttosozialprodukt zum Ökosozialprodukt. Birkhäuser, 1995

Mittermair, Franz: *Körpererfahrung und Körperkontakt. Spiele, Übungen und Experimente für Gruppen, Einzelne und Paare.* Kösel, 1996

Moeller, Michael L.: *Anders helfen. Selbsthilfegruppen und Fachleute arbeiten zusammen.* Klett-Cotta, 1981

Die Wahrheit beginnt zu zweit. Das Paar im Gespräch. Rowohlt, 1988

Selbsthilfegruppen. Anleitungen und Hintergründe. Rowohlt, 1996

Moeller, Michael L./Maaz, Hans J.: *Die Einheit beginnt zu zweit.* Rowohlt, 1993

Mumford, Lewis: *Mythos Maschine*. Fischer, 1977

Nadolny, Sten: *Selim oder die Gabe der Rede*. dtv, 1994

Nietzsche, Friedrich: *Gesammelte Werke*. Goldmann, 1994

O'Connor, Joseph/Seymour, John: *Neurolinguistisches Programmieren: Gelungene Kommunikation und persönliche Entfaltung*. VAK, 1994

Pawlowski, Klaus/Lungershausen, Helmut/Stöcker, Fritz: *Jetzt rede ich*. Verlag Niedersachsen-Druck, 1985

Perls, Frederick S./Helfferline, Ralph F./Goodman, Paul: *Gestalttherapie. Grundlagen*. dtv, 1992

Perls, Frederick S.: *Gestalttherapie in Aktion*. Klett-Cotta, 1996
Gestalt-Wahrnehmung. Verworfenes und Wiedergefundenes aus meiner Mülltonne. Verlag für humanistische Psychologie, 1981
Grundlagen der Gestalttherapie. Pfeiffer, 1980

Richter, Horst E.: *Die Gruppe. Hoffnung auf einen neuen Weg, sich selbst und andere zu befreien. Psychoanalyse in Kooperation mit Gruppeninitiativen*. Rowohlt, 1972
Lernziel Solidarität. Rowohlt, 1974
Der Gotteskomplex. Die Geburt und die Krise des Glaubens an die Allmacht des Menschen. Rowohlt, 1986
Leben statt Machen. Einwände gegen das Verzagen. Hoffmann und Campe, 1987
Umgang mit Angst. Hoffmann und Campe, 1992
Bedenken gegen Anpassung. Psychoanalyse und Politik. Hoffmann und Campe, 1995

Riemann, Fritz: *Grundformen der Angst. Eine tiefenpsychologische Studie*. Ernst-Reinhardt-Verlag, 1995

Rogers, Carl R.: *Partnerschule. Zusammenleben will gelernt sein – das offene Gespräch mit Paaren und Ehepaaren*. Fischer, 1991
Der neue Mensch. Klett-Cotta, 1993
Entwicklung der Persönlichkeit. Psychotherapie aus der Sicht eines Therapeuten. Klett-Cotta, 1994

Rogers, Carl R./Schmidt, Peter F.: *Person-zentriert. Grundlagen von Theorie und Praxis*. Matthias-Grünewald-Verlag, 1991

Satir, Virginia/Baldwin, Michele: *Familientherapie in Aktion. Die Konzepte von Virginia Satir in Theorie und Praxis*. Junfermann, 1987

Satir, Virginia/Englander-Golden, Paula: *Sei direkt. Der Weg zu freien Entscheidungen*. Junfermann, 1994

Satir, Virginia: *Kommunikation, Selbstwert, Kongruenz. Konzepte und Perspektiven familientherapeutischer Praxis*. Junfermann, 1990
Selbstwert und Kommunikation. Familientherapie für Berater und zur Selbsthilfe. Pfeiffer, 1996

Schneider, Wolf: *Wörter machen Leute. Magie und Macht der Sprache.*
Piper, 1976

Schulz von Thun, Friedemann: *Miteinander reden 1.* Rowohlt, 1981
Miteinander reden 2. Rowohlt, 1989
Praxisberatung in Gruppen. Beltz, 1996

Schwäbisch, L./Siems, M.: *Anleitung zum sozialen lernen, für Paare, Gruppen und Erzieher.* Rowohlt, 1974

Singer, Kurt: *Zivilcourage wagen.* Piper, 1992

Spitz, René A.: *Nein und Ja. Die Ursprünge der menschlichen Kommunikation.*
Klett-Cotta, 1992

Stahl, Thies: *Triffst du 'nen Frosch unterwegs. NLP für die Praxis.*
Junfermann, 1988

Stollberg, Dietrich: *Lernen, weil es Freude macht. Eine Einführung in die Themenzentrierte Interaktion.* Kösel, 1982

Strasser, Johano: *Leben ohne Utopie?* Luchterhand, 1990

Tarr-Krüger, Irmtraut: *Lampenfieber.* Kreuz Verlag, 1993

Tausch, Reinhard: *Lebensschritte. Umgang mit belastenden Gefühlen.*
Rowohlt, 1989
Hilfen bei Streß und Belastung. Was wir für unsere Gesundheit tun können.
Rowohlt, 1996

Tausch, Reinhard/Tausch, Anne M.: *Gesprächspsychotherapie. Hilfreiche Gruppen- und Einzelgespräche in Psychotherapie und alltäglichem Leben.*
Hogrefe, 1990

Thomann, C./Schulz von Thun, Friedemann: *Klärungshilfe.* Rowohlt, 1989

Tomatis, Alfred A.: *Der Klang des Lebens. Vorgeburtliche Kommunikation – die Anfänge der seelischen Entwicklung.* Rowohlt, 1990

Tournier, Paul: *Antwort die das Leben gibt.* Herder, 1987

TZI. Pädagogisch-therapeutische Gruppenarbeit nach Ruth C. Cohn. (Hrg.)
Löhmer, Cornelia/Standhardt, Rüdiger. Klett-Cotta, 1992

Ulsamer, Bertold: *Exzellente Kommunikation mit NLP.* Gabal, 1991

Vester, Frederic: *Phänomen Streß. Wo liegt sein Ursprung, warum ist er lebenswichtig, wodurch ist er entartet?* dtv, 1978
Denken, Lernen, Vergessen. Was geht in unserem Kopf vor, wie lernt das Gehirn, und wann läßt es uns im Stich? dtv, 1996

Vilmar, Fritz/Runge, Brigitte: *Auf dem Weg zur Selbsthilfegesellschaft?*
Klartext, 1983

Watzlawick, Paul: *Die Möglichkeit des Andersseins. Zur Technik der therapeutischen Kommunikation.* Huber, 1991
Anleitung zum Unglücklichsein. Piper, 1996
Die erfundene Wirklichkeit. Wie wissen wir, was wir zu wissen glauben?
Beiträge zum Konstruktivismus. Piper, o. J.

Watzlawick, Paul/Beavin, Janet H./Jackson, Don D.: *Menschliche Kommunikation. Formen, Störungen, Paradoxien.* Huber, 1990

Watzlawick, Paul/Weakland, John H.: *Menschliche Probleme und Familientherapie.* Piper, 1990

Watzlawick, Paul/Weakland, John H./Fisch, Richard: *Lösungen. Zur Theorie und Praxis menschlichen Wandels.* Huber, 1992

Weber, Walter: *Hoffnung bei Krebs. Der Geist hilft dem Körper.* Herbig, 1994

Weizenbaum, Joseph: *Kurs auf den Eisberg. Oder das Wunder wird uns retten, sagt der Computerexperte.* Pendo, 1984

Winteler, Adi: *Ich bin ganz Ohr! Wie Kommunikation gelingt.* Ariston, 1995

Zocker, Horst: *Betrifft: Anonyme Alkoholiker. Selbsthilfe gegen die Sucht.* Beck, 1991

Zoll, Rainer: *Nicht so wie unsere Eltern! Ein neues kulturelles Modell?* Westdeutscher Verlag, 1989

Zoll, Rainer (Hrg.): *Zerstörung und Wiederaneignung von Zeit.* Suhrkamp, 1988

Fremdwörterlexikon

Begriffe sind vielschichtig und haben immer mehrere Bedeutungen. Ich führe nur jene Bedeutung an, in welcher der jeweilige Begriff verwendet wird.

Akzeptanz – *Den anderen so nehmen, wie er ist, Achtung vor dem Anderssein haben, ihn nicht ändern wollen.*

Ambivalenz – *Doppelwertigkeit bestimmter Phänomene*

Anthropologie – *Lehre vom Menschen*

Assoziationen – *Verknüpfung von Vorstellungen, von denen eine die andere hervorgerufen hat*

asymmetrisch – *ungleichmäßig*

Authentizität – *Echtheit*

Autodidakt – *jemand, der sich sein Wissen ausschließlich durch Selbstunterricht aneignet*

autonom – *selbständig, unabhängig*

Axiom – *Gewißheit, die eines Beweises weder bedarf noch fähig ist.*

Chairman/Chairwoman – *Leiter/Leiterin einer Selbsthilfegruppe, zuständig für formale Angelegenheiten. Das Amt unterliegt der Rotation.*

Code – *Zeichensystem als Grundlage für Kommunikation*

dekodieren – *eine Nachricht mit Hilfe eines Codes entschlüsseln*

Dialektik – *Nach Hegels Dialektik treibt jede Begriffsetzung (Thesis) aus sich ihren Gegensatz (Antithesis) hervor; beide werden aufgehoben in einem höheren, allgemeineren Begriff (Synthesis).*

Diskurs – *(gesellschaftlicher) Lernprozeß; Themenbesetzung*

Dissens – *Meinungsverschiedenheit unter den Beteiligten*

Eklektizismus – *sich aus verschiedenen Schulrichtungen und theoretischen Systemen das heraussuchen und zusammenfügen, was man brauchen kann*

Empathie – *sich in die Welt des anderen einfühlen.*

empirisch – *auf der Erfahrung beruhend*

erratisch – *verirrt, zerstreut*

Ethik – *Normen und Maximen der Lebensführung, die sich aus der Verantwortung gegenüber anderen herleiten*

Exkurs – *Kurze Erörterung eines Spezialgebietes im Rahmen einer Abhandlung*

explizit – *ausdrücklich, deutlich, nicht versteckt*

external – *etwas nach außen verlagern, z. B. Ängste*

fiktiv – *eingebildet, erdichtet, angenommen*

fundamentalistisch – *prinzipienbestimmt*

Generalisation – *Verallgemeinerung*

Gruppendynamik – *koordiniertes Zusammenwirken, wechselseitige Steuerung des Verhaltens der Mitglieder einer Gruppe*

Guru – *als Verkörperung eines göttlichen Wesens verehrter Lehrer, Idol*

Hospitalismus – *das Auftreten von Entwicklungsstörungen bei Kindern als Folge eines Heimaufenthaltes im Säuglingsalter*

ideomotorisch – *kleine Zeichen, die ohne Mitwirkung des Willens unbewußt zustande kommen und nur durch Vorstellungen ausgelöst werden*

Inkongruenz – *Nicht-Übereinstimmen, Nicht-Zusammenpassen*

Innovation – *Erneuerung, Anwendung neuer Ideen*

inquisitorisch – *scharf ausfragend*

Integral – *ein Ganzes ausmachend; für sich bestehend*

Interaktion – *wechselseitige Beeinflussung von Individuen durch ihr Verhalten*

interpersonal – *zwischen zwei oder mehreren Personen ablaufend*

Interdependenz – *gegenseitige Abhängigkeit*

intrapersonal, intrapersonell – *innerhalb einer Person ablaufend*

Intuition – *Eingebung*

kognitiv – *die Erkenntnis betreffend*

kodieren – *der Sender übersetzt die zu übermittelnde Botschaft in vernehmbare Zeichen*

Kongruenz – *Übereinstimmung verbaler und nonverbaler Signale*

Konsens – *Zustimmung, Einwilligung*

konstitutiv – *das Wesen einer Sache ausmachen*

Kontext – *umgebender Zusammenhang, z. B. den Menschen aus dem sozialen Kontext heraus verstehen*

kontrafaktisch – *der Wirklichkeit nicht entsprechend*

Metapher – *sprachliches Bild, bildhafte Übertragung*

Mikrokosmos – *verkleinertes Abbild des Universums*

Minimalkonsens – *die kleinste Übereinstimmung*

Modus – *Art und Weise des Handelns*

Neurologie – *Wissenschaft von den Nervenkrankheiten*

Pamphlet – *Streit- und Schmähschrift*

Paradigmenwechsel – *Muster, Vorbild, Beispiel; wird heute in der Wissenschaft benutzt, um Umbrüche und neue Ansätze zu beschreiben; auch: im Sinne eines Wechsels der Blickrichtung.*

Paradoxon – *auch Paradox oder Paradoxie – ein widersinnig erscheinender Satz*

Paraverbal – *nichtverbale Aspekte des Sprechens*

Pendant – *Ergänzendes Gegenstück, Entsprechung*

Positivisten – *Bezeichnung für eine Richtung der Philosophie und Wissenschaft, die vom »Positiven«, d. h. vom Gegebenen, Tatsächlichen, Sicheren ausgeht; in ihrer Forschung und Darstellung darauf beschränkt, sieht metaphysische Erörterungen als theoretisch unmöglich und praktisch nutzlos an.*

Psycholinguistik – *Wissenschaft von den psychischen Vorgängen beim Erlernen der Sprache und bei ihrem Gebrauch*

psychosozial – *durch soziale Gegebenheiten bedingt*

Quaternität – *Vierheit*

Reflexion – *Nachdenken, Überlegung, Betrachtung, vergleichendes und prüfendes Denken, Vertiefung in einem Gedankengang*

Ressourcen – *Hilfsquelle, Reserven*

Rassismus – *Rassendenken, Rassenhetze*

rigide – *streng, unnachgiebig*

sarkastisch – *spöttisch, höhnisch*

selektiv – *auf Auswahl beruhend*

Software – *»weiche Ware«, Programme eines Computers, Einsatzanweisungen*

soziokulturell – *die soziale Gruppe und ihr kulturelles Wertesystem betreffend*

stereotyp – *feststehend, unveränderlich, ständig wiederkehrend, leer, abgedroschen*

Stimulanzen – *Anreiz, Antrieb, anregende Formulierungen*

stringent – *bündig, zwingend*

symptomatisch – *nur auf die Anzeichen, nicht auf die Ursachen eingehend*

Syntax – *Satzbau, korrekte Art, sprachliche Elemente zu Sätzen zu ordnen*

Synthese – *Zusammenschau, Verknüpfung einzelner Teile zu einem höheren Ganzen*

themenzentriert – *auf ein Thema bezogen*

Timing – *zeitliche Abstimmung verschiedener Handlungen aufeinander*

Totalität – *Gesamtheit, Vollständigkeit, Ganzheit*

Utopie – *Gedankengebilde eines gesellschaftlichen Idealzustandes*

Verdinglichung – *eine Verfestigung entfremdeter Beziehungen*

visuell – *das Sehen betreffend*

Zynismus – *verletzende, bissige, spöttische Haltung und Einstellung*

Danksagung

In erster Linie gilt mein herzlicher Dank den vielen Kursteilnehmern, die sich im Verlauf der letzten fünfzehn Jahre mit mir auf das Abenteuer Kommunikation eingelassen haben. Ohne die Lernerfahrungen, die ich dabei machen durfte, wäre dieses Buch nicht zustande gekommen. Nicht weniger herzlich bedanke ich mich bei Willi Pein, der mich nicht nur den Umgang mit Computern gelehrt hat, sondern immer hilfreich zur Seite stand und das Buch von Anfang bis Ende engagiert und kritisch begleitet hat. Für viele Anregungen und für die Durchsicht des Manuskriptes danke ich Erika Ekisola, Marina Khanide, Anka Mack, Angelika Pein, Adi Trumpf, Rainer Wundrak und dem Garchinger Maler Jürgen Pichler Dank für die Computer-Graphiken.

Große Teile des Manuskriptes habe ich auf dem Dorfplatz in Karaburun geschrieben. Kadir, Kâzim und Hikmet haben mich während des Schreibprozesses mit all den Köstlichkeiten verwöhnt, die die Mittelmeerküste zu bieten hat. Ihnen sei herzlich gedankt. Ibrahim Söl danke ich für die vertrauensvolle Überlassung seiner wunderschönen Villa am Meer.

Last but not least möchte ich mich beim A1 Verlag bedanken, der von Anfang an auf die Idee dieses Buches gesetzt hat. Inge Holzheimer, Albert Völkmann und Herbert Woyke haben das umfangreiche Manuskript sorgfältig lektoriert und ihm den letzten Schliff gegeben. Ein herzliches Dankeschön für die »Hilfreiche Beziehung«, die sie mit mir eingegangen sind.

3. Auflage 2006

© by A1 Verlag, München

Alle Rechte vorbehalten

Satz: Fotosatz Kretschmann GmbH, Bad Aibling

Litho: Kochan & Partner, München

Graphiken: Jürgen Pichler, Oberschleißheim

Typographie, Umschlagentwurf und Gestaltung: Konturwerk, Herbert Woyke

Druck und buchbinderische Verarbeitung: Friedrich Pustet, Grafischer Großbetrieb, Regensburg

Papier Innenteil: 100 g/m² Fly cream von Schleipen

Papier Umschlag: 280 g/m² Nettuno Pompelmo von Fedrigoni

Gesetzt aus der 10,25/12,2 Punkt Sabon Roman

Printed in Germany

ISBN 3-927743-29-1